カラー版

イチから知りたい！

神道の本

三橋 健

西東社

目次

5章

神道の祭 85〜108

6章

日本神話と神々の系譜 109〜142

7章 神社に祀られる神々 143〜168

8章 全国展開した神社信仰の分布 169〜186

9章 全国の有名な神社 187〜212

10章

日常の中の神道 213～238

付録

全国の主な神社一覧 239～247

本書は特に明記しない限り、2013年9月1日現在の情報にもとづいています。

本書を読む前に

日本人の心を知るには、神道を知ることが重要である。しかし日本人の中には、神道のことをよく知らない人が多い。

本書では一般の人々に向けて、図やイラスト、写真などを交えて神道・神社・祭などを正しく理解できることを目指している。入門書であるが、単なる入門書ではない。この書を通して「知る」だけでなく、そこからさらに進めて「わかる」へ至る第一歩となるものと確信している。『論語』は「学びて思わざれば則《すなわ》ち罔《くら》し」と論《さと》している。これは、むやみに知識を受け入れるだけで、自分で思索しなければ、何もわかっていないのと同じという意味である。

既存の知識に対して、自分なりに疑問を持ち、検討を加え、否定しながら思索にふける必要がある。このように「知る」神道から「わかる」神道へと駒を進めながら、自分なりに思索を繰り返しているうちにおのずと神道が身につき、本当の「神道」がわかるようになるであろう。

神道学者　三橋 健

本書のポイント

イラストや写真などを多数掲載してわかりやすい
いろいろな角度から神道・神社・祭りについて解説
神道についての面白いコラムが満載
難しい神道の用語も、欄外にやさしく解説があるからわかりやすい
出産関連の人生儀礼
出産に関わる人生儀礼
安産と子どもの健やかな成長を祈る

- 本文中の神名表記は、原則として『古事記』の表記によった。
- ただし、9章 全国の有名な神社、［付録］全国の主な神社一覧では、それぞれの神社における祭神名を掲げてある。
- 神名・祝詞などは歴史的仮名遣いで表記すべきだが、一般読者を考慮して、現代仮名遣いに改めた。
- 年月日は、明治五年までは旧暦（太陰太陽暦）、明治政府が太陽暦を採用した明治六年からは新暦で表記している。
- 本書における人物の名前は、諱や字に限らず、その人物が最も一般的に通用している呼び名で表記した。

1章

神道とは何か？

神道とは何か？

1

生活の中の身近な宗教

日本人の生活と神道

日本の風土に根ざした神道

神道《しんとう》は日本の風土から生まれた日本固有の民族宗教である。日本人は自然のいたるところに神を感じ、崇拝してきた。そんな素朴な**自然崇拝**から神道は始まったが、それは神道の一側面であり、神道＝自然崇拝ではない。神道は**自然の法則を重視する宗教**ということなのである。

神道は、私たちの日常生活に深く根をおろしているけれども、それに気がついていないことが多い。普段の何気ない動作や行動にも神道の影響は色濃く残っている。

日常生活に深く根付いている神道

日常生活の中で身近な神道の儀礼といえば、まず初詣などの**年中行事**が挙げられる。日本人は神道を宗教儀礼というよりも、習俗や慣習の一つとして考えている。

その土地に生まれると、その土地の「**氏神《うじがみ》の氏子《うじこ》**」になる。氏神とは、その土地を守護している神のことで**産土神《うぶすながみ》**ともいう。その氏子になるために、**初宮参《はつみやまい》り**をして、氏子の一員となる。こうした**人生儀礼**は、神社を中心に行われている。**神社**は日本人の生涯にとって不可欠な存在なのである。

一方、家の中に目を向けてみると、**神棚《かみだな》**がある。これは家における神祭の中心であり、旧家には、台所や玄関にも神が祀られていることがある。

人間が生活してゆくうえで欠かせない衣食は、**『日本書紀《にほんしょき》』***などに登場する月夜見尊《ツクヨミノミコト》と保食神《ウケモチノカミ》の神話にその起源が求められる。

また掃除のときに使う**ハタキ**は、神職が罪穢《つみけが》れを祓《はら》う神事を執り行う際の**大麻《おおぬさ》**（⬇P218）と共通するものがある。

このように神道は、日本人の生活の中に根強く生き続けている宗教であるといえよう。

＊**『日本書紀』**：奈良時代に成立した日本第一の正史。この中で月夜見尊が保食神を訪ねると口から吐き出した食べ物でもてなしたので、月夜見尊が怒って保食神を殺した。すると、その屍から牛・馬・粟・蚕・稗・稲・麦・大豆・小豆が生じた。これが衣食の起源神話とされる。

日本人の生活に関わる神道

年中行事（初詣《はつもうで》）

人生儀礼（七五三）

神棚《かみだな》

家の守護神（竈《かまど》の神）

祭礼《さいれい》

食の起源

衣服の起源

ハタキの起源

要点 神道は、日本人の日常生活の中に深く根をおろしている。何気ない行動や習慣にも、神道の影響が色濃く残っている。神道とは日本人の生活そのものともいえる。

2

受け継がれる天照大御神の誓約
神道の教えとは？

「産む」より「育てる」を重視する神道

神道とは何か。それは「**神の道**」と定義できる。これを具体的に説明すると、稲を植え、育てることであるといえる。神道は、農耕と非常に関わりが深い宗教なのだといえる。

また、神道では「**自然の理法《りほう》**」に従うことを肝要としている。神道という語を分解すると「**神＝不思議な**」、「**道＝理法、ことわり**」となる。

たとえば、春、夏、秋、冬の順に四季が変化するのは不思議な自然の理法である。四季に合わせて、春に稲を植える、これは自然の理法に従うことで、これが「神道」なのだ。

ところが、稲の生育とともに雑草も生える。自然に逆らい、雑草という悪を取り除くのも「神道」なのである。つまり神道には「**自然に従うこと**」と「**自然に逆らうこと**」の二つの側面がある。

雑草（悪）を取ることにより、稲（善）が育つのを助ける。すなわち「産む」だけでなく、「**育てる**」ところに「**道**」ができるというのが、神道の根本の教えなのである。

神道の教えは天照大御神の教え

高天原《たかまのはら》を統治し、皇室の祖神である**天照大御神《アマテラスオオミカミ》**が、神道では最も尊い神である。そして天照大御神《アマテラスオオミカミ》こそが、**神道の創始者たる存在**である。『日本書紀』神代巻《しんだいかん》では、天照大御神の「***斎庭《ゆにわ》の稲穂の神《しん》勅《ちょく》**」が記されている。これは「**高天原の斎庭の稲穂を我が子（孫）に任《まか》せる**」という内容である。

天照大御神は孫の***邇々芸命《ニニギノミコト》**に稲穂を渡し、それを育てることを委託した（⬇P132）。現在、天皇陛下は皇居内の水田に稲を植え、秋に収穫して天照大御神に供える。これは天照大御神との誓約を守っていることを意味する。

---

* **斎庭**：高天原にある神に捧げる聖なる田のことを指す。これは神社に設置される神様の稲田である神饌田《しんせんでん》の由来となった。
* **邇々芸命**：天照大御神の孫にあたり、天孫降臨で地上に降りて皇室の祖となった。

稲作と関係が深い神道の教え

稲作と関係が深い神道の教え

米を収穫するには、自然に従って稲を植えなければならない。

稲を育てるには、自然に生えてくる雑草を取り除く必要がある。

稲は植えっぱなしにしても育たない。雑草（悪）を取り除くことにより稲（善）が育つ。

要点 稲作と神道の教えは関係が深い。

稲作が神の教えになった経緯

高天原では神が稲作をなさる。

↓

天孫降臨に際し天照大御神は御孫の邇《ニ》々《ニ》芸命《ギノミコト》に稲作を委任する。

↓

高天原で神様が行っている稲作を習い、地上で人間が行うことが神道。

要点 「斎庭の稲穂の神勅」による、天照大御神の誓約を守るために、人間は地上で稲穂を育てている。

「斎庭の稲穂」〔部分〕（今野可啓／神宮徴古館蔵）。天照大御神は斎庭の稲穂を邇々芸命に委ねておられる。

3

日本人が清潔好きな理由
穢れと清めの生活と神道

清潔好きな日本人の生活と神道との関わり

罪や穢《けが》れ、ちりやほこりは、私たちの暮らしを不幸にするものであり、それらを除去して、清らかに生活することが神道では理想とされる。肉眼で見えない罪や穢れを清める神道的な行法を**禊《みそぎ》**＊・**祓《はら》え**と呼ぶ。

神道では、**清浄**を重視する。同じように日本人は清潔好きな民族である。神道の基本理念である禊・祓えの観念は、そのような日本人の生活と密接に関わっている。

清めの行為と共通する日常の行動

たとえば、肌着は私たちの汗や垢《あか》を吸い取ってくれる。そのため、すぐに汚れてしまう。汗などで汚れた肌着は早く着替えないと気持ち悪い。

毎日取り替えると、気分もすっきりする。これとは逆に汚れても取り替えないでいると、病気になってしまう。また身も心も清らかな状態を保つことができない。

汗をかいたら、新しい肌着に着替えるが、その前に、シャワーを浴びたり、入浴したりする。これは罪穢れを祓い清める禊《みそぎ》・祓《はら》えと共通するものがある。

また、汗をかいて汚れた服や肌着を洗濯するのも、神道における「禊」の理念に通じるものがある。

こうした衣服を毎日変える、入浴する、洗濯するといったことは、日常生活における「**清め**」の行為にあたる。これらを行うことによって、身や心が清められて、すっきりした気持ちになれる。

神道では、汗や垢がついて汚れた衣服には、罪・穢れが付着していると考える。

同じように、神様の衣服にあたるのが、祓えの神事で用いられる**大麻《おおぬさ》**（➡P218）である。大麻は神の衣服を示しており、祭のたびに新しいものと取り替えられる。

＊**禊・祓え**：禊は水の中に入って、身体を振り動かして、罪・穢れを洗い落とす行法であるが、“みそぎ”の“み”は「身」を示し「水」の意味はない。一方の祓えは、罪・穢れを人形（形代）に移して川や海へ流すことである。

穢れと清めの生活と神道

❖日常生活にみる禊・祓えの行為

入浴する

衣服を毎日変える

洗濯する

↓

身や心が清められて、すっきりとした気分になる。

要点 神道の基本理念である禊・祓えの観念は、清潔好きな日本人の行動と深く関わっている。

神道こぼれ話

温泉でリフレッシュするのは理由がある？

湯船《ゆふね》（槽《ふね》）につかってのんびりすれば、心と体をリフレッシュできる。神道では、地底（黄泉《よみ》の国＝常世の国）から湧き出る泉は霊泉であり、それにつかれば生命・霊魂に生気を与えることができると信じられてきた。また湯をたたえる桶を湯船（槽）という。この「船・槽」とは死者を入れて魂の復活を願った船と同じ意味がある。湯は斎《ゆ》（神聖であること）に通じており、湯船は斎船《ゆふね》で、そこに入ることでリフレッシュできる効果があるということなのだ。

4

中国から伝来した「神道」という言葉

神道という語の由来は?

仏教に対抗して使われた神道という語

「神道《しんとう》」という言葉は、もともと中国から伝わった中国語であった。中国の文献で「神道」という言葉が初めて登場するのは『易経《えききょう》』*であり、そこでの神道は「**霊妙不《れいみょうふ》可思議《かしぎ》な自然の法則**」という意味で用いられている。この言葉が古代に中国から伝わり、日本語となったのである。

日本における「神道」という言葉は、さまざまな意味がある。代表的なものとして、①日本の民族宗教的風習としての宗教的信仰、②神の権威・力・働き、以上のような意味がある。

上記の意味としての「神道」という語が初めて確かな文献に登場するのは奈良時代初期に完成した『**日本書紀《にほんしょき》**』である。

そこでは「(天皇は)仏法《ほとけのみのり》を信《う》けたまひ、神道《かみのみち》を尊《とうと》びたまふ」(用明天皇即位前紀)、「(天皇は)仏《ほとけの》法《みのり》を尊《とうと》び、神道《かみのみち》を軽《あなづ》りたまふ」(孝徳天皇即位前紀)「惟神《かむながら》は神道《かみのみち》に随《したが》ふを謂《い》ふ」(孝徳紀大化三年)とある。前の二例は「神道」が、「仏法」に対比して用いられている。

『日本書紀』は**外国に向けての公的な歴史書**であるから、そこに初見する「神道」という語も、外来の宗教(仏法)と対抗する意味で使用されていたことがわかる。

全般的に使われなかった神道という言葉

奈良時代、『日本書紀』で神道という言葉が初めて用いられるようになったが、一般的に広まらなかった。それは「神道」という語が**政治的色彩の強い言葉**であり、外国に向けた対外的な用語として使われたからである。

このように「神道」という語は広まらなかったが、「**古道**」という語などにより、神代から連綿と続いてきた道として神道の精神は大切に守られていたものと思われる。

---

* **易経**:古代中国で考案された占法。算木《さんぎ》と筮竹《ぜいちく》とを用いて卦《け》を立てるが、その際に、根拠となる書が『易経』である。

神道という語の由来

❖ 中国から輸入された言葉

神道という語は中国でつくられた成語である。中国の文献『易経《えききょう》』で使用されていた語が、日本に輸入された。

↓

（天皇は）仏法《ほとけのみのり》を信《う》けたまひ、神道《かみのみち》を尊《とうと》びたまふ
（用明天皇即位前紀）

（天皇は）仏法《ほとけのみのり》を尊《とうと》び、神道《かみのみち》を軽《あなづ》りたまふ*
（孝徳天皇即位前紀）

惟神《かむながら》は神道《かみのみち》に随《したが》ふを謂《い》ふ
（孝徳紀大化三（６４７）年四月二十六日条）

↓

『日本書紀』の中で初めて「神道」という言葉が使われた。

要点 日本固有の民族宗教を意味する「神道」という言葉は、外来宗教である「仏法」に対抗して用いられた。

神道こぼれ話

西洋に伝えられた「神道」という語

戦国時代に、日本へやってきた宣教師の間では、すでに「神道」という語は知られていた。そのことを知ることができる文献の一つは、イエズス会が日本での布教のために作った辞書『日葡辞書《にっぽじしょ》』である。

これは、約三万二千語の日本語をすべてポルトガル語で解説した辞書であり、十七世紀初頭に長崎で発行された。この『日葡辞書』の中に「シントウ」の項目があり、神道のことが西欧に向けて紹介されている。「シントウ」とは、「カミス（神々）の道」とあり、「カミス（神々）とカミス（神々）に関すること」という説明がなされている。

このことからしても、「シントウ」という語は、世界共通用語として使用されていたことがわかるのだ。

---

*「**神道を軽りたまふ**」：これに対して「生國魂社《いくくにたまのやしろ》の樹を伐ったこと」と注記してある。なお樹を伐った理由としては、難波宮造営用材説、四天王寺堂塔用材説がある。

神道とは何か？

5

肉眼では見ることができないのが神

神道における神とは？

稲妻と祭壇を表した「神」という字

神道の「カミ」という言葉には、さまざまな語源説がある。「神」という漢字を分解してその意味を考えてみることにする。「神」の字の「**示**《しめす》」偏には神などを祀る**祭**《さい》**壇**《だん》という意味がある。象形文字であり、祈・祠・社・祝・祭など神祭関係の漢字に「示」偏が使われることが多い。

一方の「**申**《しん》」は、**雷**《かみなり》を表している。中でも**稲妻**《いなづま》**が伸びる様子**を表し、自然の霊力を意味している。また稲は稲妻によって実を結ぶと考えられてきた。

江戸時代の国学者・**本居宣長**《もとおりのりなが》の有名な神の定義に「**尋常でない霊威を発するもの**」とある。神という漢字にも、戦慄を覚えるような存在との意味がある。

神道における神の特徴とは？

神道の神は、いくつかの特徴がある。そのひとつは「**八百万**《やおよろず》**の神**＊」といわれるほど数が多いことである。これはいうまでもなく、神道が多神教であることを示している。

次に**神道の神は姿を表さない**ということがいえる。また神は木や草花、海、山、岩などの自然物に宿るとされてきた。

ただし自然物＝神ではなく、神は人に霊威を感じさせる存在であって、特定の姿をもたないものであった。また時として人に憑依して神の意思を伝える（託宣）場合もあった。

そして神とは**人々にとって畏怖する存在**であると考えられてきた。疫病が流行したり、災害が起こったりすると、それは神の祟りであると考えられた。

さらに神は**一定の地域と密接に結びつく**ことも特徴のひとつである。これは神がその土地と結びついて、その土地の氏神（産土神《うぶすながみ》）となっている場合である。

＊ **八百万の神**：これは実際に八百万の数の神が存在しているということではなく、数がきわめて多いという意味である。

神道における神

漢字の「神（神）」の意味

神 ＝  ＋ 

「神（神）」とは、稲妻のように恐ろしい存在ではあるが、一方で稲妻によって稲が実を結ぶと信じられてきた。

「示」＝祭壇

神を祀る祭壇《さいだん》などを表す象形文字。

「申」＝雷

稲妻が伸びる姿を描いた象形文字。

神道の神の特徴

1 神の数は八百万《やおよろず》

神道はキリスト教やイスラム教のように一神だけを信仰の対象とする宗教ではなく、多神教である。

2 神は姿を持たない

神の多くは自然物を依代《よりしろ》として降臨し、人々に霊威を感じさせた。これは神が自然物に宿るのであって、自然物は神ではない。時として、神は人に憑依をして神意を伝えることがある。

3 神とは畏怖の対象

古くから疫病や災害は、神の意思表示（タタリ＝祟り）だと考えられてきた。そのため祝詞《のりと》では神の前で「掛《か》けまくも畏《かしこ》き」と唱えている。これは「心に思うのも恐れ多い」という意味。人々は神に対して畏怖心をもって接してきた。

4 一定の土地と結びつく

神は特定の土地と密接に結びつくことが多い。だから神社名はその神が鎮座している土地の名前であることが多い。たとえ他から有力な神を迎えて勧請《かんじょう》しても、その土地の神は地主神《じぬしがみ》（末社《まっしゃ》の神）として大切に祀られた。

神道コラム 1

神にまつわることわざ

「諺《ことわざ》」という語は、古くは『古事記』上巻にみえる。「諺」の「こと」は人間の行為、「わざ」は神の意思が籠った行為を示す。

捨てる神もあれば拾う神もあり

自分を見捨てる神が存在すれば、一方で拾ってくれる神もある。同様に世の中も同じで、自分を捨てる人もいれば、拾う人もいる。

苦しいときの神頼み

つらい目に遭ったりすると、普段は神を拝まないような人でも、神に助けを求めようとする、人間の身勝手な振る舞いをいったもの。

正直の頭《こうべ》に神宿る

嘘やごまかしがなく、正直に生きている人は、必ず神のご加護があり、助けられるという意味。神は正直な人を守護する。

神はお見通し

神はどんな小さなことでも見抜いているので、嘘・偽りは通じないという意味。類似の言葉で「お天道様はお見通し」がある。

神も仏もない

慈悲を垂れる神も仏も存在しないということ。転じて、無慈悲で薄情な様子。類似の言葉に「血も涙もない」がある。

神は人の敬いによって威《い》を増す

神は人が崇敬をすることによって威光を増す。鎌倉幕府の掟である『御成敗式目』にも同様の言葉がある。(➡P29)

2章

神道の歴史

1

時代とともに変わっていった神道

神道の発展と変容

外来の思想や宗教の影響を受けた神道

神道とは、実に寛容で柔軟性の高い宗教といえる。教祖や経典、教義をもたないが、仏教、儒教《じゅきょう》、陰陽道《おんみょうどう》、修験道《しゅげんどう》など、外来の諸宗教・思想などの影響を受けて変化し、さまざまな理論や思想を形成してきた。

中でも、**仏教**からの影響は大きく、一方、仏教側も勢力拡大のために、積極的に神道を取り込んできた。神道と仏教が折衷し、融合調和したことを**神仏習合**《しんぶつしゅうごう》（⬇P26）という。その中から神は本地《ほんじ》である仏・菩薩が人々を救うために姿を変えて迹《あと》を垂《たれ》たものという**本地**《ほんじ》**垂迹説**《すいじゃくせつ》（⬇P26）も登場した。

平安末期から鎌倉時代にかけて、仏教側から神道を解説した仏家神《ぶっけしん》道《とう》が流行した。＊**真言密教**《しんごんみっきょう》の立場から神道を解釈した**両部神道**《りょうぶしんとう》（⬇P36）や、日吉大社を中心に発展した**山王神道**《さんのうしんとう》（⬇P38）などである。

鎌倉から室町時代にかけて、**神**《しん》**主仏従**《しゅぶつじゅう》という神道側から教義を説いた一派が発生した。その代表的なものは伊勢外宮の度会神主が提唱した**伊勢神道**《いせしんとう》（⬇P42）や**吉田神**《よしだしん》**道**《とう》（⬇P44）である。吉田神道を創唱した吉田兼倶は自家の神道を元《げん》本宗源《ほんそうげん》神道（唯一神道）と説いた。

近世は儒教や国学の視点から神道を解説する

江戸時代、儒教の視点から神道を説いた**儒家神道**《じゅかしんとう》（⬇P46）が生まれた。林羅山《はやしらざん》の**理当心地神道**《りとうしんちしんとう》、吉《よし》川惟足《かわこれたり》の**吉川神道**《よしかわしんとう》、山崎闇斎《やまざきあんさい》の**垂**《すい》**加神道**《かしんとう》である。また本居宣長や平田篤胤は＊**国学**《こくがく》に立脚《りっきゃく》し儒仏を交えない**復古神道**《ふっこしんとう》を提唱した。

明治時代になると、新政府によって**神仏分離令**《しんぶつぶんりれい》（⬇P30）が発布された。その背景には天皇を中心とした**国家神道**の樹立を目指す政府の意図があった。これにより神仏習合の時代は幕を閉じ、戦後になるまで国家神道の時代は続いた。

＊ **真言密教**：空海が中国の恵果《けいか》から学んだ仏教の教え。帰国後、東寺や金剛峰寺で仏教を広めた。

＊ **国学**：江戸中期から始まった、儒教の古典や仏典の研究ではなく、日本独自の思想や文化を、記紀・万葉集などの古典などから読み取ろうとする学問。

神道思想の変遷と歴史

時代区分	神道の変遷	他宗教・思想の影響
縄文時代	自然界の精霊を祀る（➡P23）	
弥生時代	稲作・農耕の神を祀る（➡P23）	
飛鳥時代	律令神祇制度が整備され、神道が確立（➡P24）	仏教・道教・陰陽道・儒教・古代中国思想
奈良時代	神仏習合（神身離脱説）	
平安時代	神仏習合（本地垂迹説）	
鎌倉時代	両部神道《りょうぶしんとう》（➡P36）、山王神道《さんのうしんとう》（➡P38）、伊勢神道（➡P42）、法華神道《ほっけしんとう》（➡P40）	
室町時代	神本仏迹説《しんぽんぶっしゃくせつ》（神主仏従説・反本地垂迹説）	
戦国時代	吉田神道《よしだしんとう》（➡P44）	
江戸時代（前期）	儒家神道《じゅかしんとう》が盛んになる 理当心地神道《りとうしんちしんとう》、吉川神道《よしかわしんとう》、後期伊勢神道、垂加神道《すいかしんとう》（➡P46）	儒教
江戸時代（後期）	国学が盛んになる 復古神道《ふっこしんとう》（➡P48）	国学
明治時代	神仏分離令（1868年） 国家神道（➡P32）の成立	国家主義
昭和時代	国家神道を廃止 （神道指令・1945年）（➡P32）	民主主義

神道の歴史

2 神道以前（縄文〜弥生期）

神道の基盤を形成した稲作生活

自然を精霊として崇めた縄文時代

宗教としての神道の根底にある基本は稲作である（⬇P10）。神道で信仰されてきた神々の多くは稲作や農耕の守護神である。

しかし神道が確立する以前に崇拝されていたのは、「**カミ**」以前の、いわば山や森や獣の**精霊**《せいれい》*であった。それらは**ミ**（神・霊）、**チ**（霊）、**タマ**（魂・霊・魄）、**モノ**（物）、**ケ**（怪）、**ヌシ**（主）と呼ばれる存在のことである。たとえば、奈良県桜井市の大神神社《おおみわじんじゃ》に祀られる**大物主神**《オオモノヌシノカミ》という神名の「**ヌシ**（主）」は山や河に古くから住んでいる霊力のある動物のことで、ここでは蛇をさしている。

そのような精霊を崇拝していた**狩猟採集民**のところへ、稲作文化をもった**農耕民族**が移り住んできた。やがて狩猟採集民は農耕民に取り込まれていった。

同様に狩猟採集民が崇拝していた精霊は、「荒《あら》ぶる神」や「邪《いや》しき神」と見なされながらも、後に「**八百万**《やおよろず》**の神**」の中に取り込まれ、記紀で登場する神々と共存してゆくことになる。

農耕の神を祀った弥生時代

稲作技術は、それまでの不安定な狩猟文化から生産性の高い農耕文化への移行を推進し、日本人の宗教観も大きく変化させた。そして水稲《すいとう》農耕の守護神を盛んに祀るようになった。

特に稲に実りをもたらすためには、**水**や**太陽**が不可欠である。とりわけ、太陽は一つしかない絶対的な存在として、重要な意味合いをもつようになった。

そして、太陽を司る神が日本を支配・統治するという宗教観が形成された。弥生時代の遺跡から発見された**銅鐸**《どうたく》*には、農耕の祭や儀礼を描いたと思われる絵が描かれている。

＊**精霊**：物質的な身体をもたない、超自然的な存在や力。草木や動物に宿った霊や魂などをいう。

＊**銅鐸**：弥生時代に鋳造されていた釣鐘型の青銅器。表面にさまざまな絵が描かれたものも多数存在し、銅鐸は農耕祭祀と深いかかわりを持った祭器だろうといわれる。

神道成立以前

縄文時代に崇拝された神々

狩猟採集民である縄文人は、自然の精霊《せいれい》を崇拝していた。その精霊は「カミ」として崇拝されていくが、名称の中にその名残を留めている。

イカヅチ（雷）

ミズチ（蛟）

コダマ（木霊）

モノノケ（物の怪）

オロチ（大蛇）

カミとして祀られた精霊	ミ（神・霊）、チ（霊）、タマ（魂・霊・魄）、モノ（物）、ケ（怪）、ヌシ（主）

弥生時代の農耕神

1 鉄器と稲作技術をもった弥生人が移住してくる。

↓

2 狩猟文化から農耕文化に移行する。

↓

3 作物に豊穣をもたらしてくれる太陽神や農耕神を祀る。

↓

4 神道の基盤が形成される。

要点 縄文人に崇拝された精霊は、弥生人に「八百万《やおよろず》のカミ」として取り込まれ、記紀で登場する「神」と共存していった。

神道の歴史

3

神道の制度が確立する
律令国家の成立と神祇制度

神祇祭祀が法令で整備される

神道が確立したのは、*****律令体制**《りつりょうたいせい》が進んだ七世紀後半（飛鳥〜奈良時代）の頃と考えられる。この頃、大和朝廷は、唐にならって、律令制を導入し、奈良時代初期に『**大宝律令**《たいほうりつりょう》』が施行された。

このようにして整えられていった律令格式は、平安時代初期に出された法律集である『**延喜式**《えんぎしき》』にほぼ完全な形で伝わっており、当時の神祇《じんぎ》制度を知るうえで、貴重な史料になっている。

古代の神祇制度の特徴の一つは、神社の社格（➡P54）が定められたことである。『延喜式神名帳』に、名前が載った有力神社は、**式内社**《しきないしゃ》と呼ばれているが、その中でもさらに**社格**《しゃかく》、すなわち神社のランク付けがみられる。

太政官と並んで神祇官が設置される

諸国の官社を総括・管理するための機関として**神祇官**《じんぎかん》が置かれた。この官庁は国政の最高機関である*****太政官**《だいじょうかん》と並立し、神祇の祭祀をつかさどった。

また年に一度の祈年祭には、諸社の祝部《はふりべ》（祠職《ししょく》）が**幣帛**《へいはく》（神祇への供物）を受け取りに、神祇官に参集した。

この頃から、京都・大阪・奈良といった近畿地方を中心に、朝廷が特別に崇敬を受け、朝廷の祈願・奉幣を受けた神社ができた。これを**二十二社制度**（➡P188）と呼んでいる。ちなみに、今日一般的に使われている「神社」という言葉が成立したのは、律令体制が確立して、神祇制度が整備された頃だと考えられる。

そして、神祇の祭祀についてを定めた「**神祇令**《じんぎりょう》」や、そのやり方を細かく規定した「**神祇式**《じんぎしき》」（「神祇令」の施行細則）」、すなわち『延喜式』の巻第一から巻第十までを制定した。

＊**律令体制**：古代国家の法令。「律」は刑法罰、「令」は政治・経済などの一般行政の規定。
＊**太政官**：律令制度で八省諸司および諸国を統割した中央の最高行政機関。

律令時代に制度化した神道

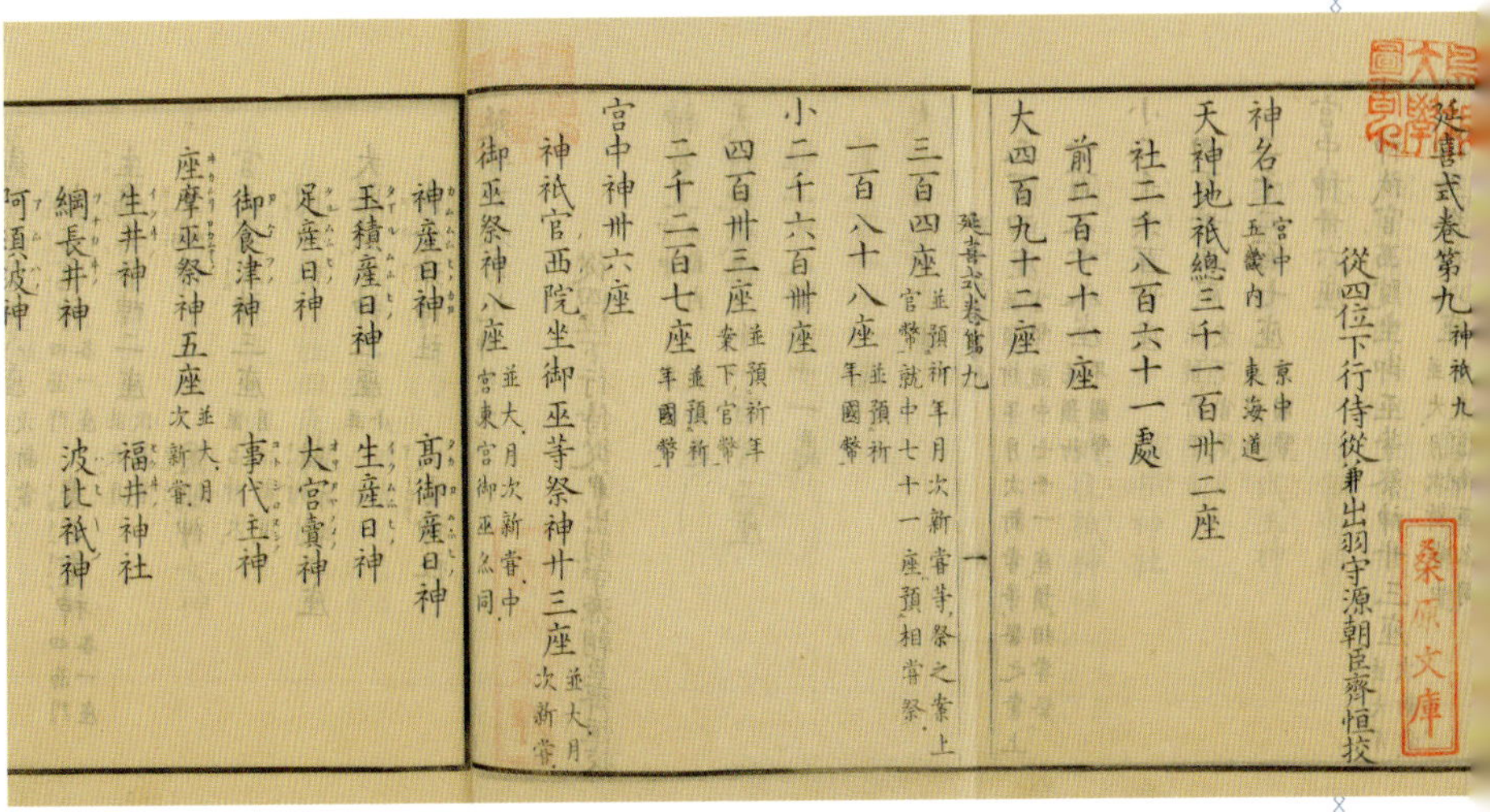
延喜式巻第九 神祇九
従四位下行侍従兼出羽守源朝臣齊恒校
神名上 宮中 京中 五畿内 東海道
天神地祇總三千一百卅二座
社二千八百六十一處
前二百七十一座
大四百九十二座
三百四座 並預祈年月次新嘗等祭之案上官幣 就中七十一座預相嘗祭
一百八十八座 並預祈年國幣
小二千六百卅座
四百卅三座 並預祈年案下官幣
二千二百七座 並預祈年國幣
宮中神卅六座
神祇官西院坐御巫等祭神廿三座 並大月次新嘗
御巫祭神八座 並大月次新嘗 中宮東宮御巫亦同
神產日神 高御產日神
玉積產日神 生產日神
足產日神 大宮賣神
御食津神 事代主神
座摩巫祭神五座 並大月次新嘗
生井神 福井神
綱長井神 波比祇神
阿須波神

『延喜式』神祇九・神名上（島根大学所蔵桑原文庫／島根大学附属図書館写真提供）
平安中期に編纂された律令制の施行細則。写真は、巻第九の「神名帳」で、その数は社数で全国に2861、座数で3132座の神が存在すると記されている。

神祇制度の成立

1 社格が定められる

『延喜式神名帳』に記載された有力な神社を式内社《しきないしゃ》と呼び、それぞれ官幣社《かんぺいしゃ》、国幣社《こくへいしゃ》の２種類が定められた。さらにその中で大社・小社に区分された。

（➡P 54）

2 神祇官が定められる

太政官と並ぶ政治機構の最高位。神祇官《じんぎかん》では、祭祀の執行や全国の神社を統括した。そして社格に応じて幣帛班給《へいはくはんきゅう》（神に奉献する供物を分け与える）を行った。

3 二十二社制度の確立

平安中期から朝廷の特別の崇敬を受けた京都および近畿地方を中心とした二十二の神社のこと。2月と7月の年二回の祈年穀奉幣《きねんこくほうへい》のほかに朝廷から祈願・奉幣を受けた。

（➡P 188）

4 神祇関連の法律の制定

「神祇令《じんぎりょう》」や施行細則である「神祇《じんぎ》式《しき》」など祭祀を規定する法律が定められた。また祭祀に関わる職制の規定や、祭儀の執行に関わる規定なども定められた。

4 神仏習合の時代

神身離脱説から本地垂迹説へ

神は仏法によって救済されるとの説

神仏習合《しんぶつしゅうごう》とは、神道と仏教が折衷して融合調和をすることで形成された宗教形態のことである。

このような神仏習合の端緒は、「**神身離脱説**《しんしんりだつせつ》」という思想である。これは積極的に神道を取り込もうとする仏教側が、勢力を拡大しようとする中で「神は輪廻の中で煩悩に苦しんでいる身であり、仏教によって救済される」と説いた。

一方、神は「神身」を離れて仏法に帰依し、迷いから逃れたいと願っているとされた。

神宮寺《じんぐうじ》は、このような神のために建てられた寺院のことだ。

なお、神宮寺は宮寺《みやでら》・神護寺《じんごじ》・神供寺《じんぐじ》・神宮院《じんぐういん》・別当寺《べっとうじ》・神願寺《しんがんじ》などとも呼ばれ、その前で、**神前**《しんぜん》**読経**《どきょう》や**神前写経**《しんぜんしゃきょう》が行われた。

神は仏の仮の姿であり神と仏は同一という思想

一方、寺院では境内に仏法擁護の善神を**勧請**《かんじょう》*するようになり、寺院内に**鎮守社**《ちんじゅしゃ》が建立されるようになる。こうした鎮守社が建てられた背景には、神が仏教および寺院を守護するという「**護法善神説**《ごほうぜんしんせつ》」がある。

護法善神説によって**鎮守社**《ちんじゅしゃ》が造営された古い例は奈良の東大寺で、ここでは東大寺を守護しようとして、東大寺八幡宮（現在の**手向山**《たむけやま》**八幡宮**《はちまんぐう》）が勧請されている。

平安時代になると、神と仏は一体であるという**神仏習合思想**が説かれるようになる。仏・菩薩は日本の神々の真の姿（**本地**《ほんじ》）で、八百万の神は仏・菩薩が仮の姿（**垂迹**《すいじゃく》）すなわち**権現**《ごんげん》となって日本の地に現れたと唱えられた。

これを「**本地垂迹説**《ほんじすいじゃくせつ》」という。たとえば、八幡神や熊野神は**阿弥**《あみ》**陀如来**《だにょらい》の仮の姿、伊勢神宮は**大日**《だいにち》**如来**《にょらい》の仮の姿ということで、神社の祭神に**本地仏**《ほんじぶつ》が当てはめられていった。

＊ **勧請**：有力な神社の祭神の分霊を他の社地に遷してお祀りすること。

神仏習合の広まり

神仏習合の展開

1 神身離脱説《しんしんりだつせつ》

神道の神は煩悩に苦しむ衆生と変わりのない身で、神の身を離れ仏教に帰依し、救済されたいと願っているとの説。

2 神宮寺《じんぐうじ》の建立

神社に付属した寺（神宮寺・神護寺・神供寺）が建立された。これには神身離脱の思想が背景にある。

3 神前読経《しんぜんどきょう》

神前で、般若心経や法華経などのお経が読経された。仏教に帰依したいという神道の神の願いから出したもの。

4 護法善神説《ごほうぜんしんせつ》

神が仏法を守護するとされ、寺院の中に鎮守社が建てられた。

本地垂迹説の登場

本地《ほんじ》 →	神道の神の本来の姿で、仏・菩薩のこと。
垂迹《すいじゃく》 →	仏・菩薩が人々を救うため、仮に神の姿で現れること。

神々は仏・菩薩が衆生を救うために仮に現れた姿という**本地垂迹説《ほんじすいじゃくせつ》**が広まった。たとえば、八《はち》幡神《まんしん》は阿弥陀如来《あみだにょらい》の仮の姿であると考えられ、「**僧形八幡神像《そうぎょうはちまんしんぞう》**」のような尊像が盛んに作られた。

僧形八幡神像（國學院大學神道資料館蔵）

5 武家政権と神社
武家と神社との関わり

武士が積極的に保護した神社

平安時代末期から鎌倉時代にかけては、武家政権確立の時代であった。それに伴い、武士による神社信仰も盛んになった。平治の乱で勝利し、太政大臣にまで昇進した***平清盛**《たいらのきよもり》は、安芸（現在の広島県）の**厳島神社**《いつくしまじんじゃ》を信仰した。清盛は、安芸守になると壮大な社殿を修造して、多数の宝物を寄進奉納し、平氏の守護神とした。

一方、平家を滅亡させ鎌倉に幕府を開いた**源頼朝**《みなもとのよりとも》は**鶴岡八幡宮**《つるがおかはちまんぐう》を厚く崇敬した。この鶴岡八幡宮は、源氏の**氏神**《うじがみ》として、鎌倉の中心に造営され、やがて鎌倉武士の精神的な拠り所となった。

御成敗式目が武家の神社政策を決めた

鎌倉幕府の成立以降、それまでは朝廷が制定していた神祇制度に加えて、幕府の定めた制度も神社に反映されていった。源氏が絶えた後には北条氏が実権を握り、三代執権・**北条泰時**《ほうじょうやすとき》が『***御成敗式目**《ごせいばいしきもく》』を定めた。その第一条には「神社を修理し祭祀《さいし》を専《もっぱ》らにすべき事」と掲げられており、これを御家人に守らせた。

その後も、この『御成敗式目』は、不備や不足を加筆修正されながら、武家政権の基本法として尊重されていった。

室町幕府の施政方針である『**建武式目**《けんむしきもく》』も『御成敗式目』を踏襲しており、神社や寺院などへの***所領安堵**を承認するなど神祇信仰を重視した条項が見られる。

戦国時代に各地の戦国大名が領地の法律として定めた「**分国法**《ぶんこくほう》」にも、神社などを重視した条項がある。また鎌倉幕府や室町幕府では、寺社との折衝や取り次ぎを担当する奉行（室町幕府以降に「寺社奉行」となる）が設置され、特定の有力寺社には個別に担当奉行が置かれた。

＊**平清盛**：平安時代末期の武将で、保元・平治の乱後、源氏の勢力を抑えて従一位太政大臣になった。
＊**御成敗式目**：鎌倉幕府の基本法典。貞永元（1232）年に執権の北条泰時が制定した。
＊**所領安堵**：幕府や大名が御家人に土地を与えて所有を認めること。

武家政権と神社政策

武家の神祇信仰

1 平清盛《たいらのきよもり》の厳島神社信仰《いつくしまじんじゃしんこう》

（➡P200）

- 現在の海上社殿造営を援助する。
- 平家納経《へいけのうきょう》など多数の宝物を寄進。

↓

2 源頼朝の鶴岡八幡宮信仰《つるがおかはちまんぐうしんこう》

（➡P199）

- 鎌倉幕府の宗社、源氏の氏神《うじがみ》として信仰する。
- 由比ヶ浜辺の八幡宮を現在の地に遷して社殿を造営した。

厳島神社（宮島観光協会写真提供／撮影：新谷孝一）

鶴岡八幡宮（鶴岡八幡宮写真提供）

御成敗式目と神社政策

一 神社を修理し、祭祀《さいし》を専《もっぱ》らにすべき事

右 神は人の敬《うやま》ひによって威《い》を増し、人は神の徳によって運を添《そ》ふ。然《しか》ればすなはち恒例の祭祀稜夷《りょうい》を致さず、如在《にょざい》の礼奠《れいてん》怠慢《たいまん》せしむるなかれ。

←

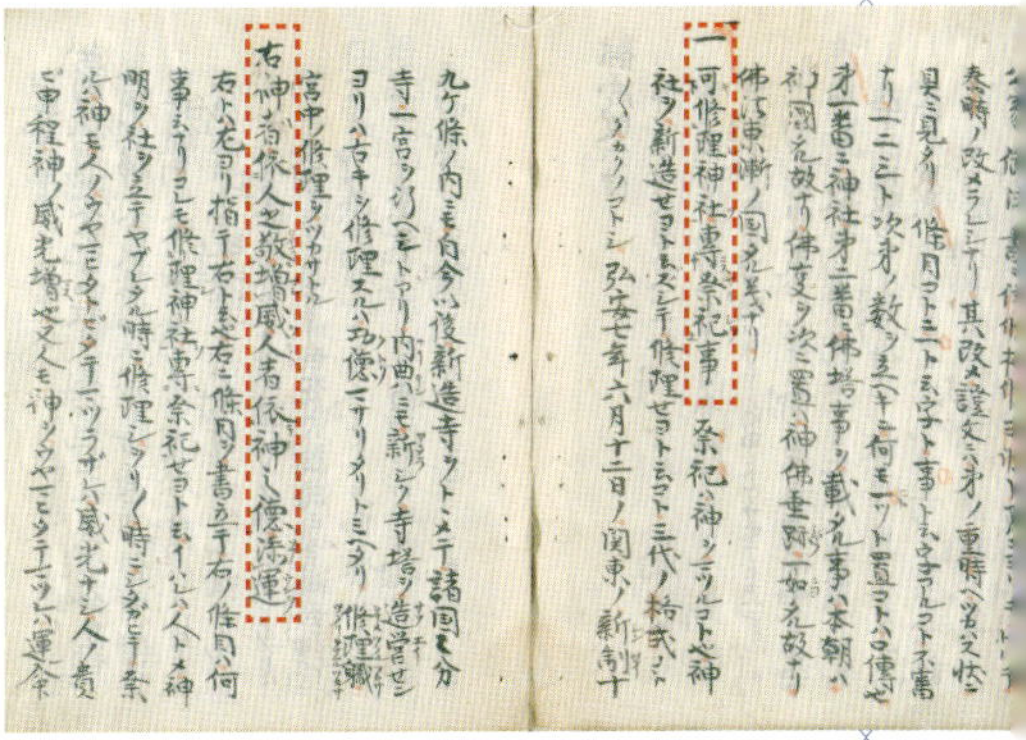

『式目抄』（国立国会図書館蔵）。『御成敗式目』（貞永式目）の注釈書で、江戸時代には寺子屋の教科書にもなった。

『御成敗式目《ごせいばいしきもく》』は、貞永元（1232）年に執権北条泰時《ほうじょうやすとき》が定めた鎌倉幕府の基本法。神社の修理や祭祀を執り行うことで、神威が増進されて、神を信仰する人々も神の徳を受けて、運が開かれると書かれている。これはのちに、武家の神祇政策の考えの基本となった。

神道の歴史

6

神と仏が判然と区別された
神仏分離令

神と仏・神社と寺院がはっきり分けられる

江戸幕府が倒れて明治新政府が成立すると、神社神道を国家の宗祀とするための政策が進められた。その中で、慶応四（１８６８）年に**神仏分離令**《しんぶつぶんりれい》が公布された。これは、奈良時代から続いてきた**神仏習合思想**《しんぶつしゅうごうしそう》を禁止したもので、これにより法律上、神と仏は同体であるとする関係は消えた。

具体的には、神社が仏像を**御神体**《ごしんたい》として祀ることや社前に仏像を置くことを禁止した。そして「**権現**《ゴンゲン》」「**大菩薩**」「**牛頭天王**《ゴズテンノウ》」といった、仏教色の強い「**神号**《しんごう》」*は廃止となる。さらに**法華三十番神**の称号の使用を禁じた。また別当・社僧《しゃそう》を還俗させた。これを機に、神社と寺院、神職と僧侶ははっきりと区別して、神道と仏教は完全に分離することになった。そのためこれまで主流だった**本地垂迹説**《ほんじすいじゃくせつ》や**神仏同体説**《しんぶつどうたいせつ》は衰退していった。

多くの仏教文化財が破壊される

政府はさらに神仏分離を徹底させ、神社に付属していた**神宮寺**《じんぐうじ》、**本地堂**《ほんじどう》、**経堂**《きょうどう》、**鐘楼**《しょうろう》などの建造物を独立・廃棄させ、神社内の仏像や仏具も取り除くように命じた。

ところがこれをきっかけに、神宮寺や仏像などを破壊・焼却する運動が全国規模で発生した。これを**廃仏毀釈**《はいぶつきしゃく》といい、それは仏教排撃運動へと展開していった。激しい廃仏毀釈運動により、多くの仏教関係の文化財が破壊された。そのため神仏分離は慎重に実施すべきとの、新政府から注意が出たが、明治四（１８７１）年頃までは、全国各地で、神仏分離に乗じた廃仏運動が推進された。

こうした神仏分離という宗教政策により、神道は仏教から独立し大きな転換をすることになった。その一方で、多くの貴重な仏教文化財が失われた。

＊**神号**：本来の神の名に対して、その神の性格によって加えられる称号のこと。古くは尊・命があり、その後、皇大神・大御神・大神・明神・大明神・菩薩・大菩薩・天神・天王・権現・霊社などの神号が生まれた。

神仏分離令の政策

神仏習合の展開

1 神号に仏語の使用を禁止

大菩薩・権現《ゴンゲン》・牛《ゴ》頭天王《ズテンノウ》などの神号に仏語を使用することを禁止。

八幡大菩薩
↓
八幡神

2 神宮寺の廃止

神社に附属した神宮寺《じんぐうじ》・本地堂《ほんじどう》・経堂《きょうどう》・鐘楼《しょうろう》などの仏教的な建造物の廃絶。

3 別当・社僧の還俗

全国神社内の別当・社僧《しゃそう》に還俗に命じ、神職と僧侶の区別をはっきりさせる。

4 神社内の仏像・仏具の除去

神社内の仏像・経典・仏具などを取り除く。

神道こぼれ話

寺院から神社に改められた談山神社

＊談山神社《たんざんじんじゃ》の社名は、藤原鎌足と中大兄皇子が蘇我入鹿を打倒するのために多武峯《とうのみね》で談合したことに由来する。鎌足没後、鎌足の長男の僧・定慧《じょうえ》が遺体を多武峯に改葬して、十三重の塔を建立し、その東に聖霊院を建て、鎌足の木像を祀ったのが始まりである。この談山神社は、明治初年に神仏分離令が出るまでは妙楽《みょうらく》寺《じ》と呼ばれていた。神仏分離令で談山神社と改称されたものの、建物は寺院建築のまま現在も使われている。

談山神社と十三重の塔

＊**談山神社**：藤原鎌足は、飛鳥の法興寺（現在の飛鳥寺）の蹴鞠会を通じて、中大兄皇子に近づいたといわれている。奈良県にある談山神社では、その伝説にちなんで毎年４月29日と11月３日に蹴鞠祭を行っている。

神道の歴史

7

非宗教的な国家祭祀
国家神道

神社は国家の宗祀として位置づけられる

明治政府は中央集権国家の確立を目的として、天皇を中心とした祭政一致国家の建設を図ろうとした。そこで形成されたのが、**国家《こっか》神道《しんとう》**である。

その基盤となる**尊王思想《そんのうしそう》**を普及させるため、**神祇官《じんぎかん》**の再興、**大教宣布《だいきょうせんぷ》の詔《みことのり》**の発布、さらに神社神道の国家護持などの政策が次々と実施された。

まず「神仏分離令」の布告、そして新たに近代社格制度を定め、神社を「国家の宗祀《そうし》」とし、神職の世襲を廃止して優れた人材を選んで任につけた。

そして国家のために殉職した人の霊を祀る**招魂社《しょうこんしゃ》**を建立、また国民に「惟神之大道《かんながらのたいどう》」を宣布し、さらに「敬神愛国《けいしんあいこく》」などの「三条の教則」を説くことを目的とした**宣教使《せんきょうし》**の制度を設けたが、まもなく宣教使は廃止になった。

これに代わり**教導職《きょうどうしょく》**を置き、**大教院《だいきょういん》**を中心に神仏合同布教を行ったが、仏教界からの強い反発を受けて、神官による宣教活動は次第に消極的になっていった。

GHQが発した「神道指令」で国家神道が解体

太平洋戦争が終わり、日本は連合国軍最高司令官総司令部（GHQ）の占領下に置かれた。総司令部は「**神道指令**」を日本政府に発し、国家神道の廃止を指令し、完全な政教分離を迫った。なお「神道指令」では国家神道を「非宗教的ナル国家祭祀」と記してある。こうして神祇官も廃止され、神社は国の管理下を離れたのである。

昭和二十一（1946）年、全国の大半の神社を包括する**神社本庁**が設立された。神社本庁は伊勢神宮を「本宗《ほんそう》」とする宗教法人となり、各都道府県に設置された神社庁の頂点に立つ。なお、神社本庁に所属しない神社*もある。

＊**神社本庁に所属しない神社**：神社本庁に所属している神社はおよそ八万社であるが、これに所属していない神社は別に作られた包括宗教法人に所属するか、自身が単独の宗教法人格を取得している。また教派神道ほか従来の神道一派も宗教法人として生まれ変わった。

国家神道

戦前の神道

明治四（1871）年、明治政府は「神社は国家の宗祀」と宣言し、神社非宗教の立場が示された。

1 社格制度を定める

明治政府は神社の全国調査を進め、それに基づき、太政官布告《だじょうかんふこく》を出して、新たな近代社格制度を定めて全国の神社の格を大きく官社と諸社に分類した。

2 祭祀を制度化

『神社祭式』（明治八年）、『神社祭式行事作法』（明治四十年）などの神社祭式を行うための細則が次々に定められ、祭祀制度の整備が進められた。

3 招魂社の創建

皇室の発展に貢献した人物や、国のために殉難《じゅんなん》した人の霊を祀るための招魂神社が、各地に創建された。それらの招魂社の総本社である東京招魂社《とうきょうしょうこんしゃ》は靖国神社《やすくにじんじゃ》の前身。

4 神祇職制度の刷新

神職の世襲が廃止される。さらに復活した神祇官《じんぎかん》も廃止され、神祇《じんぎ》省《しょう》を設置した。のちに神祇省は廃止され、大教院《だいきょういん》となった。

戦後の神道

戦後、全国の神社の多くは、神社本庁（東京都渋谷区）の包括のもとで宗教法人として新たにスタートした。神社本庁の下には各都道府県の神社庁が置かれている。

1 皇室祭祀令の廃止
2 神祇院の廃止
3 宗教法人令の公布

神社本庁（神社本庁写真提供）

要点 GHQが発したの「神道指令」は「国家神道廃止令」ともいわれ、この「指令」によって国家神道が解体された。そして神社は宗教法人として扱われるようになった。

神道
コラム
2

陰陽道と神道との関係とは?

古代中国の『陰陽五行《いんようごぎょう》』の原理にしたがって生まれた陰陽道は、平安中期以後、神道と交流し、互いに影響し合った。

平安時代の陰陽道の達人である安倍晴明《あべのせいめい》は、天文の動きから未来を占い、式神《しきがみ》を使役して奇跡を起こしたといわれる。この陰陽道は、中国の『陰陽五《いんようご》行説《ぎょうせつ》』が基本思想になっている。万物は陰と陽に分けられるとし、宇宙を構成する要素を、木・火・土・金・水の五つの元素とした。

こうした陰陽道は、道教・密教・神道などと互いに影響を与え合ってきた。たとえば、節分の際に行われる追儺祭《ついなまつり》や道饗祭《みちあえのまつり》などは、神道と陰陽道が融合した祭祀である。このように、神道と陰陽道が密接に関係をもっていたことから、江戸時代に入ると、安倍晴明の子孫にあたる土御門泰福《つちみかどやすとみ》によって土御《つちみ》門神道《かどしんとう》が成立した。

上／晴明神社の晴明井（晴明神社写真提供）。安倍晴明の念力によって水が湧き出たとの言い伝えがある。病気平癒の霊水としてご利益があるといわれている。
右／安倍晴明の肖像（晴明神社写真提供）

3章

神道の思想

神道の思想

1

真言宗と両部神道

神宮内宮を胎蔵界、外宮を金剛界と説く

伊勢神宮の祭神を真言密教の教理で説明

両部神道《りょうぶしんとう》とは、**真言密教**《しんごんみっきょう》の教理から神道を説明しようとした神仏習合思想である。この「両部」とは、密教界の「**金剛界**《こんごうかい》」と「**胎蔵**《たいぞう》**界**《かい》」を指す。その両部の曼荼羅に描かれた仏・菩薩を本地とし、日本の神々を垂迹《すいじゃく》と説いている。

真言密教では、宇宙は**大日如来**《だいにちにょらい》を中心とした金剛界《こんごうかい》と胎蔵界《たいぞうかい》の儀式規則に従っているとする。それを具体的な形にしたのが**両界曼荼**《りょうかいまんだ}**羅**《ら》である。そしてこの金剛界とは、経典『**金剛頂経**《こんごうちょうぎょう》』に基づく大日如来の「**智慧**《ちえ》」を表し、一方、胎蔵界は『**大日経**《だいにちきょう》』に基づく大日如来の「**理**《り》」を表しているという。

両部神道の特徴は、「**二宮**《にくう》**（伊勢神宮の内宮と外宮）一光**《いっこう》**（大日如来）**」説にある。これは伊勢神宮の内宮・外宮の祭神は大日如来と同一であるとの説で、その思想の根底には本地垂迹説《ほんじすいじゃくせつ》（➡P26）がある。そして真言密教の教理に伊勢神宮の祭神を当てはめて説明している。

たとえば、**天照大御神**《アマテラスオオミカミ》を祀る内宮は胎蔵界、豊受大神《トヨウケノオオカミ》を祀る外宮は金剛界と同一と説明した（『沙《しゃ》石集《せきしゅう》』）。そして天照大御神と豊受大神（**垂迹**《すいじゃく》）は、大日如来（**本**《ほん》**地**《じ》）の仮の姿と説明した。

主に三つの流派に分かれる

のちに両部神道は、種々の流派に分かれていった。**御流神道**《ごりゅうしんとう》、**三**《み》**輪流神道**《わりゅうしんとう》、**雲伝神道**《うんでんしんとう》などの系統がある。このうち三輪流神道は、真言宗の教義や儀式などに基づいて鎌倉初期の三輪《みわ》（現在の奈良県桜井市）にいた僧侶・***慶円**《けいえん》によって確立された一派で、室町時代に隆盛を迎えた。

一方の雲伝神道は、江戸中期に活躍した葛城《かつらぎ》（現在の大阪府河内郡）の僧侶・***慈雲尊者飲光**《じうんそんじゃおんこう》が提唱したものである。

＊**慶円**：「きょうえん」とも。鎌倉時代初期（1140～1223）に活躍した僧。両部神道思想を確立した。
＊**慈雲尊者飲光**：江戸時代後期（1718～1804）の真言宗の僧侶。密教だけでなく儒教や神道などを学び独自の神道を唱えた。

真言宗と両部神道

金剛界 = 智慧《ちえ》

胎蔵界 = 理《り》

両界曼荼羅（奈良国立博物館蔵）
金剛界は、『金剛頂経《こんごうちょうきょう》』に基づいて大日如来《だいにちにょらい》を中心に菩薩が配置され、仏教の「智慧《ちえ》」の世界を表す。
胎蔵界《たいぞうかい》は、『大日経《だいにちきょう》』に基づいて大日如来《だいにちにょらい》を中心に、「理《り》」の世界を表す。

❖ 両部神道と神仏習合

真言密教《しんごんみっきょう》	本地《ほんじ》（本来の姿）	伊勢神宮	垂迹《すいじゃく》
金剛界《こんごうかい》	**大日如来《だいにちにょらい》**	**外宮《げくう》（豊受大神宮）**	**豊受大神《トヨウケノオオカミ》**
胎蔵界《たいぞうかい》	**大日如来《だいにちにょらい》**	**内宮《ないくう》（皇大神宮）**	**天照大御神《アマテラスオオミカミ》**

両部神道《りょうぶしんとう》では、真言密教における金剛界《こんごうかい》を外宮とその祭神の豊受大神《トヨウケノオオカミ》に、胎蔵界《たいぞうかい》を内宮とその祭神の天照大御神《アマテラスオオミカミ》に当てはめて説明している。

❖ 両部神道の成立

1 **平安時代末期から鎌倉時代中期にかけて、真言宗の僧侶が伊勢神宮参詣を盛んに行っていた。**

↓

2 **伊勢神宮の内宮と外宮を真言密教の立場から説明したもので、ここに両部神道が成立した。**

要点

伊勢神宮の内宮・外宮は、ともに大日如来の現れであると説く「二宮《にくう》（＝内宮・外宮）一光《いっこう》（＝大日如来）」を唱えたのが、両部神道の特徴。

神道の思想

2 天台宗と山王神道

延暦寺鎮守の日吉大社を基盤に形成

日吉大社に祀られる神々が仏と習合する

山王神道《さんのうしんとう》とは、京都の**比叡山延暦寺**《ひえいざんえんりゃくじ》の鎮守《ちんじゅ》である**日吉大社**《ひよしたいしゃ》を巡り、**天台宗**《てんだいしゅう》の中で形成された神道思想で、真言宗の両部神道《りょうぶしんとう》と並ぶ**仏家神道**《ぶっかしんとう》の一つでもある。いうまでもなくこの天台宗は、平安時代に**最澄**《さいちょう》が開いた密教の流派（台密）にあたる。

日吉大社に祀られる神々は、もともと比叡山の**地主神**《じぬしがみ》である**大宮**《オオミヤ》（**大比叡**《オオヒエ》）と**二宮**《ニノミヤ》*（**小比叡**《オビエ》）のみだった。ところが、七世紀頃、大宮（大比叡）へ**宇佐神宮**《うさじんぐう》を勧請《かんじょう》し、これらの三神を「**山王三聖**《さんのうさんせい》」と尊称し、これに**八王子**《ハチオウジ》、**客人**《マロウド》、**十禅師**《ジュウゼンジ》、**三宮**《サンノミヤ》の四神が加わり、**山王七社**《さんのうしちしゃ》（上七社）が形成された。さらに中七社・下七社が形成され、山王二十一社となった。

なお、**本地垂迹思想**《ほんじすいじゃくしそう》（⬇P26）の影響で、大宮《オオミヤ》は**釈迦如来**《しゃかにょらい》、二宮《ニノミヤ》は**薬師如来**《やくしにょらい》、聖真子《ショウシンジ》は**阿弥陀如来**《あみだにょらい》として、それぞれ**本地仏**《ほんじぶつ》が当てられた。

延暦寺の僧が**山王神輿**《さんのうみこし》を振り動かして朝廷に**強訴**《ごうそ》を行うなど、力をもった。しかし**織田信長**《おだのぶなが》の**比叡山焼討ち**により、延暦寺、日吉大社とも焼失し、山王神道も壊滅的な打撃を受けた。

江戸時代になり山王一実神道として復活

比叡山焼討ちによって一度は衰退した山王神道だが、江戸時代に**徳川家康**《とくがわいえやす》の知遇を得た僧・**天海**《てんかい》によって復興されることとなった。

それが、天海が徳川家康の葬儀を巡って**吉田神道**《よしだしんとう》（⬇P44）で行うことに対抗して唱えた**山王一実神道**《さんのういちじつしんとう》である。山王一実神道は、山王神道の流れをくみつつ、徳川家康を東照大権現と称す神として祀る方法を説明した。

家康の葬祭を記した史料から、**東照大権現**《トウショウダイゴンゲン》（垂迹《すいじゃく》）の本地を**釈迦**《しゃか》、あるいは**薬師如来**《やくしにょらい》と考えていたことがわかる。

＊ **二宮**：日吉大社の祭神は、神仏習合の影響で、独特の名称で呼ばれた。たとえば二宮の別名は小比叡で、これは記紀に登場する大山咋神《オオヤマクイノカミ》であるが、このような神仏習合時代の名称は、明治の神仏分離令により廃止された。

天台宗と山王神道

平安時代に定められた社格

山王神道とは、最澄《さいちょう》が開いた天台宗の立場から、神道を解釈したもの。比叡山の地主神《じぬしがみ》である日《ひ》吉大社《よしたいしゃ》を中心に発展した。

要点 山王神道とは、山岳信仰と神道と天台宗が一つになった神仏習合の要素が強い流派。

日吉大社の西本宮本殿
建築様式は日吉造と呼ばれる。（➡P63）

日吉曼荼羅図（大和文華館蔵）
山王上七社と中七社のうちの三社が描かれ、それぞれの社殿内の円相の中に、祭神の本地仏の姿を描いてある。

日吉大社の神々と神仏習合

旧称	山王上七社祭神と現社名	本地
大宮《オオミヤ》（大比叡《オオビエ》）	大己貴神《オオナムチノカミ》・西本宮	釈迦如来《しゃかにょらい》
二宮《ニノミヤ》（小比叡《オビエ》）	大山咋神《オオヤマクイノカミ》・東本宮	薬師如来《やくしにょらい》
聖真子《ショウジンシ》	田心姫神《タゴリヒメノカミ》・宇佐宮	阿弥陀如来《あみだにょらい》
八王子《ハチオウジ》	大山咋神荒魂《オオヤマクイノカミノアラミタマ》・牛尾宮	千手観音菩薩《せんじゅかんのんぼさつ》
客人《マロウド》	菊理姫神《ククリヒメノカミ》・白山宮	十一面観音菩薩《じゅういちめんかんのんぼさつ》
十禅師《ジュウゼンジ》	鴨玉依姫神《カモタマヨリヒメノカミ》・樹下宮	地蔵菩薩《じぞうぼさつ》
三宮《サンノミヤ》	鴨玉依姫神荒魂《カモタマヨリヒメノカミノアラミタマ》・三宮宮	普賢菩薩《ふげんぼさつ》

日吉大社の山王七社の神々にはそれぞれに本地仏が割り当てられた。また神仏習合の影響で、神仏分離令以前は、祭神を旧称で呼んでいた。上記は上七社の場合。

神道の思想

3

日蓮宗と法華神道

神道の神々が法華経を守護するという思想

神道を積極的に取り込んだ日蓮宗

法華神道《ほっけしんとう》とは、鎌倉時代に**日蓮**《にちれん》が開いた**日蓮宗**《にちれんしゅう》の中で唱えられた神道で、中世から近世初頭に隆盛した。日蓮は他宗派に対して批判的・攻撃的だったことで知られるが、その一方で神への信仰は熱心であった。**天照大御神**《アマテラスオオミカミ》と**八幡大菩**《ハチマンダイボ》**薩**《サツ》を**曼荼羅**《まんだら》の中に**勧請**《かんじょう》するなど、神々は仏法を擁護するものとして積極的に取り入れた。そして、**正**《しょう》**法**《ほう》（正しい教え）が守られない場合に神々は国を捨てる。また守られた場合は国を守護すると唱えた。

吉田家との論争を契機に成立する

法華神道の中で中心となるのが、**法華三十番神**《ほっけさんじゅうばんしん》の思想である。これは、**熱田大明神**《あつただいみょうじん》、**諏訪大明神**《すわだいみょうじん》、**春**《かす》**日**《が》**大明神**《だいみょうじん》、**住吉大明神**《すみよしだいみょうじん》といった三十柱の神々で構成される三十番神が、一カ月三十日のあいだ毎日交替で日蓮宗の最高の経典とされる『**法華経**《ほけきょう》』と法華経信者を守護するという信仰である。

この三十番神信仰の源流は、比叡山延暦寺の天台宗の僧・*****円仁**《えんにん》にさかのぼる。この三十神を日蓮宗に取り入れたのが、京都で日蓮宗を広めた日像《にちぞう》である。

ところが明応六（１４９７）年に、吉田神道《よしだしんとう》（➡P44）を確立した**吉田兼倶**《よしだかねとも》が「三十番神は天台宗の踏襲か」という質問状を出してきた。これに対して日蓮宗側は「日蓮宗独自の三十番神である」という回答を出したため、吉田家と日蓮宗側で論争が起こった。さらに吉田兼倶は、三十番神信仰は吉田家が日蓮に伝授したものであるとまで主張してきた。

これら一連の論争を**番神問答事件**《ばんしんもんどうじけん》という。この事件を契機に、戦国時代から江戸時代初期にかけて日蓮宗内部で法華神道の理論が形成され、法華神道が成立することとなった。

＊**円仁**：平安時代の天台宗の僧侶。宗祖・最澄の弟子にあたり、唐に留学をして五大山を巡礼し、金剛界曼荼羅を手に入れ、帰国する。この留学の様子は旅行記『入唐求法巡礼行記』に詳しく記されている。

日蓮宗と法華神道

御神体の変化

三十番神	
1 熱田《あつた》	16 平野《ひらの》
2 諏訪《すわ》	17 大比叡《おおひえ》
3 広田《ひろた》	18 小比叡《こひえ》
4 気比《けひ》	19 聖真子《しょうしんじ》
5 気多《けた》	20 客人《まろうど》
6 鹿島《かしま》	21 八王子《はちおうじ》
7 北野《きたの》	22 稲荷《いなり》
8 江文《えぶみ》	23 住吉《すみよし》
9 貴船《きふね》	24 祇園《ぎおん》
10 伊勢《いせ》	25 赤山《せきざん》
11 八幡《はちまん》	26 建部《たけべ》
12 賀茂《かも》	27 三上《みかみ》
13 松尾《まつお》	28 兵主《ひょうず》
14 大原野《おおはらの》	29 苗鹿《なえか》
15 春日《かすが》	30 吉備《きび》

三十番神絵像（著者蔵）

三十番神による法華経守護

三十番神思想	三十柱の神々が一カ月の間に、左上の表の順番に日々交代で『法華経《ほっけきょう》』を守護するという思想のこと。

日蓮宗の開祖・日蓮《にちれん》は、神祇《じんぎ》信仰を積極的に取り入れていった。

その後、鎌倉時代末期に京都で日蓮宗を広めた日像《にちぞう》が、三十番神信仰を取り込んで、法華神道が確立していった。

神道の思想

4

伊勢神宮外宮の禰宜が唱えた
度会氏と伊勢神道

内宮と外宮を対等とする伊勢神道の理論

伊勢神道とは、伊勢神宮の外宮《げくう》の神官・**度会行忠**《わたらいゆきただ》によって基礎が築かれ、その思想は**度会家行**《わたらいいえゆき》によって大成された。したがって平安時代末期から鎌倉・南北朝時代にかけて形成された神道説である。神と仏を区別し、神を**本地仏**《ほんじぶつ》（➡P26）よりも優れた存在であるとする**神本仏迹説**《しんぽんぶつじゃくせつ》を展開している。なお、伊勢神道は外宮禰宜《げくうねぎ》の度会氏が唱えたことから別名、外宮神道・度会神道ともいう。

伊勢神道の特徴は、外宮を内宮《ないくう》とは対等の存在と説いた点である。つまり外宮の祭神・**豊受大神**《トヨウケノオオカミ》（➡P146）は**天御中主神**《アメノミナカヌシノカミ》（➡P114）と同一とし、外宮も内宮と対等に尊貴なる宮であると説いた。そこには**五行相克説**《ごぎょうそうこくせつ》（水は火に克《か》つ）を根拠に水徳を司る天御中主神《アメノミナカヌシノカミ》は、火徳を司る**天照大御神**《アマテラスオオミカミ》より勝れているとの考えを示している。

度会家行によって大成される

伊勢神道が成立した背景には、**元寇**《げんこう》*襲来による対外的危機がある。そこで元寇の襲来の際に神風が吹いて元寇を退けたと説き、ここに**神国思想**《しんこくしそう》が生まれた。

またこの頃、律令体制の崩壊で、神宮の経済が弱くなっていた。そこで伊勢神宮を再び国家的祭祀の中心とする機運が高まった。

一方、仏家による**両部神道**《りょうぶしんとう》が展開し、仏は本地で神は垂迹の**神仏習合思想**《しんぶつしゅうごうしそう》が説かれる。ところが、これとは逆の「神は仏の本地である」と主張する独自の神道説を樹立しようとする動きが外宮禰宜の度会行忠《わたらいゆきただ》から起こった。

鎌倉時代末期に活躍した度会行忠の思想は度会家行《わたらいいえゆき》によって集大成が図られた。家行は、両部神道書、仏書、漢籍などを引用して『**類聚神祇本源**《るいじゅうじんぎほんげん》』などを著し、伊勢神道の思想を集大成した。

＊**元寇**：鎌倉時代中期に、モンゴル帝国による二度にわたる日本侵攻のこと。一度目は文永の役といい、二度目は弘安の役と呼ぶ。二度とも強風が吹いて蒙古軍の船が一夜で壊滅したことから「神風」といわれた。

度会氏と伊勢神道

❖ 伊勢神道の理論

外宮

豊受大神《トヨウケノオオカミ》
同一視 ||
天御中主神《アメノミナカヌシノカミ》

水を司る

内宮

天照大御神《アマテラスオオミカミ》

火を司る

外宮の優位を主張 → 水は火に勝る（五行相克説）

『古事記』の冒頭に天地初発のとき、高天原で最初に成った天御中主神《アメノミナカヌシノカミ》を外宮の祭神とし、この神は、大元神《ダイゲンシン》としての国常立尊《クニトコタチノミコト》であり、また豊受大神《トヨウケノオオカミ》と同一と説いた。さらに、この神は水徳があるとしたため、火徳を司る内宮の祭神の天照大御神よりも優位にあると位置づけ、外宮は内宮に勝ると説いた。

❖ 神本仏迹説《しんほんぶつじゃくせつ》の成立の背景

神主仏従思想《しそう》	対外的危機	律令制の破綻
神道の神こそが本来の姿（本地《ほんじ》）で、仏は神の仮の姿（垂迹《すいじゃく》）という説が生まれる。	元寇《げんこう》襲来の際に神風が吹いたことから、国内に神国思想が広がり、民族意識が高揚した。	鎌倉時代に入ると、律令国家が崩壊して、神宮の経済的基盤が不安定になっていた。

↓

人物	活動
度会行忠《わたらいゆきただ》（1236～1305）	『皇字沙汰文《こうのじさだぶ》』の論争において、外宮側の中心的役割を果たし、外宮の地位を高めた。
度会家行《わたらいいえゆき》（1256～1351）	『類聚神祇本源《るいじゅうじんぎほんげん》』を著し、伊勢神道を大成した。

神道の思想

5

宇宙根源の大元尊神を祀る

吉田兼倶と吉田神道

普通の神ではなく絶対的存在の神を祀る

吉田神道《よしだしんとう》とは、室町時代後期に**吉田兼倶《よしだかねとも》**が創唱した神道思想である。兼倶は、京都の**吉田神社《よしだじんじゃ》**の社司を継承し、歴代神祇官に仕えてきた**卜部氏《うらべし》**の出身である。

兼倶は、伊勢神道《いせしんとう》（⬇P42）の**神《しん》主仏従説《しゅぶつじゅうせつ》**の流れを受け継ぎつつ、「**元本宗源神道《げんぽんそうげんしんとう》**」（卜部《うらべ》神道・唯一神道・吉田神道とも）という独自の神道説を創唱した。その教えとは、宇宙の元本の根元神を大《タイ》（太）元尊神《ゲンソンシン》と称し、この神は『日本書紀』の冒頭に登場する**国常立尊《クニトコタチノミコト》**と同一であると位置づけた。また、この大《タイ》元尊神《ゲンソンシン》を吉田神道の根本斎場**大《たい》（太）元宮《げんきゅう》**＊に祀った。

さらに兼倶は、吉田神道の根本教典のひとつ『**唯一神道名法要集《ゆいいつしんとうみょうほうようしゅう》**』の中で**根本枝葉花実説《こんぽんしようかじつせつ》**を唱えている。これは、神道と儒教と仏教の三つの教えがあるが、これら三教の中で、神道が根本で他の二教は神道の分化との説である。

そして兼倶は、「**三教《さんきょう》の一滴《いってき》を舐《な》めず**」と、吉田神道が、独自の唯一正当な神道であると主張した。ただし、実際には**密教《みっきょう》**や**儒教《じゅきょう》**、**陰陽道《おんみょうどう》**、**道教《どうきょう》**などの要素を随所に取り入れた神道説なのである。

神祇道の宗家として「神道裁許状」を発給

兼倶の死後も吉田家は、**兼右《かねみぎ》**、**兼見《かねみ》**、**梵舜《ぼんしゅん》**らの後継者たちが出て、吉田神社を基盤として活躍した。そして江戸時代に入ると、神祇道の宗家として、「神祇道家」といわれ、幕府から全国の神職の支配を任され、神道界において大きな勢力をもつことになった。

さらに全国の神社に**神位《しんい》**・**神階《しんかい》**を授けた**宗源宣旨《そうげんせんじ》**や神職の装束などの着用の許可を与えた**神道裁許状《しんとうさいきょじょう》**を発給した。そして**天照皇太神宮《アマテラスコウタイジングウ》**・**八幡大菩薩《ハチマンダイボサツ》**・**春日大明神《カスガダイミョウジン》**の**三社託宣《さんしゃたくせん》**などを用いて積極的に布教活動を行った。

＊**大（太）元宮**：吉田神道の根本斎場である大（太）元宮は八角円堂入母屋造の特殊な形の建築である。朱塗の八角に六角の後房《こうぼう》をつけ、屋根は茅葺きの八角形になっている。千木は南方が内削、北方が外削になっており、鰹木を載せている。

吉田兼倶と吉田神道

吉田神道の特徴

神主仏従説《しんしゅぶつじゅうせつ》を唱える	大元尊神を国常立尊《クニトコタチノミコト》にあてた	根本枝葉花実説《こんぽんしようかじつせつ》
天竺（インド）の仏よりも日本の神のほうが優位であると説いた。この説は神本仏迹説とも本下迹高説《ほんかじゅっこうせつ》ともいう。	根本斎場である大《たい》（太）元宮《げんきゅう》に祀る大元尊神は、『日本書紀』冒頭にある国常立尊にあたると説いた。	仏教は花実、儒教は枝葉、神道は万物の根本であるとし、花である仏教も、葉である儒教も、落ちて根である神道に帰《き》するとの説。

吉田神道の成立

室町時代後期、京都の吉田神社の神職であった吉田兼倶が創唱した神道が、吉田神道である。兼倶は、この神道は吉田家だけに伝わった「元本宗源神道」（唯一神道）と主張したが、実際は密教・儒教・陰陽道・道教などを取り入れたものであった。

宗源宣旨《そうげんせんじ》	吉田神道で、神宣と称して全国の神社に神位・神階を発給した文書のこと。
神道裁許状《しんとうさいきょじょう》	全国の神職を支配していた吉田家から発給した神職の許可状のこと。
三社託宣《さんしゃたくせん》	天照皇大神宮《アマテラスコウタイジングウ》・八幡大菩薩《ハチマンダイボサツ》・春日《カスガ》大明神《ダイミョウジン》の三神の神号と託宣《たくせん》を記した掛け物を頒布《はんぷ》して布教した。

吉田兼倶の肖像
（吉田神社蔵）

吉田神社の境内にある大（太）元宮

6

儒学者による神道の理論化
儒教と儒家神道

儒教の隆盛とともに発展した儒家神道

儒家神道《じゅかしんとう》とは、**朱子学**《しゅしがく》を学んだ**儒学者**《じゅがくしゃ》によって唱えられた神道説である。江戸時代初期に**徳川幕府**《とくがわばくふ》の奨励で**儒教**《じゅきょう》が流行し、儒教と神道が同一視され、**神儒一致**《しんじゅいっち》の神道説が登場した。

林羅山《はやしらざん》の**理当心地神道**《りとうしんちしんとう》、*****吉川惟足**《よしかわこれたり》による**吉川神道**《よしかわしんとう》、**度会延佳**《わたらいのぶよし》による**後期伊勢神道**《こうきいせしんとう》、**山崎闇斎**《やまざきあんさい》による**垂加神道**《すいかしんとう》などが知られ、また藤原《ふじわら》惺窩《せいか》、中江藤樹《なかえとうじゅ》、熊沢蕃山《くまざわばんざん》、山鹿《やまが》素行《そこう》、貝原益軒《かいばらえきけん》といった有名な儒学者も独自の神道説を展開した。これらの神道思想を儒家神道と総称する。

垂加神道によって儒家神道が大成される

二代将軍秀忠の政治顧問として活躍した朱子学者・**林羅山**《はやしらざん》の唱えた理当心地神道の特徴は、従来の神道説を否定して、**神儒一致思想**《しんじゅいっちしそう》をもって、独自の神道説を展開したところにある。中でも「**神道即王道**《しんとうそくおうどう》」を主張し、王道とは**天照大御神**《アマテラスオオミカミ》から相伝したもので、それを継承するのはその子孫である天皇だと説いた。

吉川惟足《よしかわこれたり》が唱えた**吉川神道**《よしかわしんとう》とは、吉田神道《よしだしんとう》の側から仏教の要素を排除しつつ、儒学的な解釈で神道を解説している。そして神道の本質は祭祀や行法ではなく、**天下を治める道**であると力説した。

一方、鎌倉時代末期に隆盛した伊勢神道はその後停滞していたが、その伊勢神道に儒教思想の影響を加味しながら復興したのが、**度会延佳**《わたらいのぶよし》である。これを中世の伊勢神道と区別して**後期伊勢神道**と呼ぶ。

儒家神道の集大成といえるのが、**山崎闇斎**《やまざきあんさい》の唱えた**垂加神道**《すいかしんとう》である。垂加神道の特徴の一つは、「**天人唯一**《てんじんゆいいつ》」、すなわち人の心の中には神が宿ると唱えた。また人々の心で最も大切なものは「**敬**《つつしみ》」であり、これが人道の基本であると説いた。

***吉川惟足**：当時、吉田神道の最高権威者である萩原兼従に入門し、吉田神道の奥義を得る。その一方で、儒学者・山崎闇斎との交流により、多大な影響を受けた。そのため吉田神道の系統を継承しつつ、神道に儒学的な解釈を施した。

儒教と儒家神道

❖ 儒家神道の特徴

神儒一致説《しんじゅいっちせつ》	主な儒家学者
中国南宋の朱熹《しゅき》によって大成された朱子学《しゅしがく》が江戸幕府に奨励されると、儒学が隆盛する。儒学者を中心に、神道と儒教は同一のものとする神儒一致《しんじゅいっち》や、神儒習合《しんじゅしゅうごう》という考え方が生まれた。	◉ 藤原惺窩《ふじわらせいか》（1561～1619） ◉ 林　羅山《はやし　らざん》（1583～1657） ◉ 中江藤樹《なかえとうじゅ》（1608～1648） ◉ 山崎闇斎《やまざきあんさい》（1618～1682） ◉ 熊沢蕃山《くまざわばんざん》（1619～1691） ◉ 山鹿素行《やまがそこう》（1622～1685） ◉ 貝原益軒《かいばらえきけん》（1630～1714）

❖ 儒学者と儒家神道

儒家神道	儒学者	内容
理当心地神道《りとうしんちしんとう》	**林羅山《はやしらざん》**	「**神道即王道《しんとうそくおうどう》**」を主張し、神道とは王道であり、それは天照大御神《アマテラスオオミカミ》より相伝されたもので、それを継承するのは天皇に限ると説いた。
吉川神道《よしかわしんとう》	**吉川惟足《よしかわこれたり》**	神道とは、天下を治める道であると説く。また「**神人一体説**」を唱え、人は心に**国常立尊《クニトコタチノミコト》**（＝**大極**）を宿していると考える。
後期伊勢神道	**度会延佳《わたらいのぶよし》**	神道を基本に、儒教の思想によりながら再編したもの。中世の度会行忠《わたらいゆきただ》や度会家行《わたらいいえゆき》の説と内容は異なるため、**後期伊勢神道**と呼ぶ。
垂加神道《すいかしんとう》	**山崎闇斎《やまざきあんさい》**	中世以来の各神道説を集大成する。「**天人唯一《てんじんゆいいつ》**」という、人の心の中には神が宿るため、神と人は理を通じて一体であると説く。

神道の思想

7 日本固有の文化や精神を明らかにした 国学と復古神道

日本の古典に立脚して神道を説明する

復古神道《ふっこしんとう》とは、**国学者**《こくがくしゃ》が『**古事記**《こじき》』『**日本書紀**《にほんしょき》』などの古典をよりどころに定め、しかも儒教や仏教を交えないで、神道を説明する思想である。そこで神道とは「天照大御神《アマテラスオオミカミ》の道にして、天皇の天下を知食《しろしめ》す道」であると説いた。さらに「人の道はいかなるものぞ」ということを追求した。

復古神道を唱えた代表的な四人国学者として**荷田春満**《かだのあずままろ》、*****賀茂真淵**《かものまぶち》、**本居宣長**《もとおりのりなが》、**平田篤胤**《ひらたあつたね》がいる。

幕末の思想に大きな影響を与えた復古神道

なかでも代表的な国学者として、本居宣長《もとおりのりなが》と平田篤胤《ひらたあつたね》が挙げられる。宣長は、『万葉集』の研究書『万葉考《まんようこう》』を著して和学《わがく》の復古を図った賀茂真淵《かものまぶち》に師事。『古事記』の研究に一生を捧げ、三十年もの歳月を費やして『**古事記伝**《こじきでん》』全四十四巻を完成させた。

宣長は、従来の神道説にみれられた仏教や儒教の思想を「**漢意**《からごころ》」と批判し、さらに神道の人為的な解釈を「さかしら（利口ぶること）」として避けた。そして天照大御神《アマテラスオオミカミ》が伝えた人のよるべき道こそが神道であると主張した。

平田篤胤《ひらたあつたね》は、宣長の没後の門人であったが、古典に対する態度は宣長のように実証的ではなく、自ら古典を編集し直した「古史」を基にして研究を行った。そして仏教や儒教やキリスト教の思想なども進んで研究した。

また篤胤は、師の宣長の説も否定した独自の来世観を持ち、死後の世界を重視した。死ねば霊魂は**幽冥界**《ゆうめいかい》に行き、そこは大国主神《オオクニヌシノカミ》が支配する霊魂の鎮まる世界と説き、霊霊の行方と安定を求めた（『**霊能真柱**《たまのみはしら》』）。篤胤の神道説は、天皇の積極的な政治参加を強調したものであったため、幕末の**尊王攘夷思想**《そんのうじょういしそう》に大きな影響を与えた。

＊**賀茂真淵**：江戸中期の国学者・歌人。『万葉集』を研究して、『万葉考』を著した。また祝詞について研究した『祝詞考』がある。真淵の国学の研究は、本居宣長に大きな影響を与えた。

国学と復古神道

復古神道の特徴

国学の研究	主な国学者
『古事記』などの古典を文献学的に研究し、それを基にして神道説を展開した。そして仏教・儒教の説を交えない純粋な日本精神の究明に努めた。	◉ 荷《か》田《だの》春《あずま》満《まろ》（1669～1736） ◉ 賀《か》茂《も》真《ま》淵《ぶち》（1697～1769） ◉ 本《もと》居《おり》宣《のり》長《なが》（1730～1801） ◉ 平《ひら》田《た》篤《あつ》胤《たね》（1776～1843）

復古神道の特徴

本《もと》居《おり》宣《のり》長《なが》と神道思想

『古事記』の研究に一生をかけた本居宣長は『古事記伝』全44巻を完成させた。神道を人為的に解釈することを批判し、また「漢意《からごころ》」はさかしら（＝利口ぶる）と説いた。そして『直毘霊《なおびのみたま》』を著し、神道は天照大《アマテラスオオ》御《ミ》神《カミ》が伝えた人のよるべき道（＝古道）だと主張した。さらに、神道を学ぶ者に向けて記紀二典の上代の巻を「くりかえし、くりかえし、よく読み見るべし」と薦めた。

本居宣長肖像（本居宣長記念館蔵）

平《ひら》田《た》篤《あつ》胤《たね》の神道思想

「祭政一致」を唱えて、天皇の積極的な政治関与を主張する。これは幕末の王政復古に大きな影響を与えた。また独自の来世観を持ち、人は死ぬと幽《ゆう》冥界《めいかい》に行って、神の審判を受け、善人は幽冥界で永遠の生命を得ると説いた。のちに門人の大国隆《おおくにたか》正《まさ》は、篤胤の教えを受けて、幕末期に明治維新の理論的指導者として活躍した。

平田篤胤肖像（平田神社蔵）

神道コラム 3

江戸の都市計画

江戸は、「四神相応」という地上で最良の地勢とされ、風水思想や陰陽道に基づいてつくられた都市であるという。

江戸城は、長禄元（1457）年に、太田道灌《おおたどうかん》が築いた城である。安土桃山時代になると、徳川家康《とくがわいえやす》の居城となった。家康は、江戸城の大改築と町の整備にとりかかる。そのとき江戸に京都の風水思想や陰陽道を取り込んだ。「四神相応《しじんそうおう》」という思想で、東（左方）に青龍である川、西（右方）に白虎《びゃっこ》の道、南（正面）に朱雀《すざく》の水たまり、北（後方）に玄武《げんぶ》の山や丘陵が配置するようにし、富士山から出る龍脈《りゅうみゃく》が江戸の町に流れるようにした。また結界を張るため寺社を建立した。たとえば、北東の鬼門《きもん》には浅草寺《せんそうじ》と神田神社《かんだじんじゃ》が、北東の遠方には日光東照宮《にっこうとうしょうぐう》を配置、そして上野には寛永寺《かんえいじ》を建立している。また裏鬼門には、芝の増上寺《ぞうじょうじ》を配置して鬼門封じとした。このように江戸は地形に合わせて結界を張った都市であった。こうした都市計画には、山王一実神道《さんのういちじつしんとう》を唱えた比叡山の僧侶・天海《てんかい》が関わっているともいわれる。

4章

神社の仕組み

1 神社の発祥は？

神が占有する聖なる空間

神社とは神のための空間

神社を意味する言葉には、**宮**《みや》（御屋《みや》）、**社**《やしろ》（屋代《やしろ》）、**祠**《ほこら》（秀倉《ほくら》）などがある。中でも「社《やしろ》」の「**や**」は「弥《いや》」の訳で、「ますます」を意味する。「**しろ**」は、「城」であり、**神が占有する一定の区域**を指す。要するに「ヤシロ」は**人間が足を踏み入れることを許されない神のための空間**である。

さらに「神社」や「社」を「もり」と読んだ例もある。その意味は「やしろ」とほぼ同義と考えられる。日本最古の歌集『**万葉集**《まんようしゅう》』には「木綿《ゆふ》懸《か》けて齊《いは》ふこの**神社**《もり》」や「木綿《ゆふ》懸《か》けて祭る****三諸**《みもろ》の神《かむ》さびて」という歌がある。この歌は「****榊**《さかき》に白い**木綿**《ゆう》をかけて神を祀る」とある。榊《さかき》は聖なる神域と俗なる人間の世界との境目にある常緑樹で、そこが**神の占有地**であることを示している。

神社の本質は禁足地

神社の森を「**鎮守**《ちんじゅ》**の森**」というが、元来「森」には神の座所の意味はない。「もり」は人の立ち入りを許されなかったため、そこはおのずとこんもりとした森になったのである。

つまり神社の本質とは、人をはじめ鳥や獣でさえも踏み込むことを**禁じられた聖地**なのである。その本質を守るために榊を立たせて、そこが禁足地であることを示した。

さらに鳥居《とりい》、注連縄《しめなわ》、玉垣《たまがき》などを設けて、神の空間を示した。また、古来より本殿の中（内陣《ないじん》）を見ることは許されていない。

神社は「神を祀るために設けられた建物、または施設の総称」と定義されているが、これは神社の建物（社殿建築）に視点を置いた説明である。こうした常設の建物が設けられたのは大陸文化の、特に**仏教寺院**の影響が大きい考えられる。

＊**三諸**：神が鎮まるところを意味する。
＊**榊**：日本で作られた漢字（国字）。「木」＋「神」で、神事に用いる重要な樹木である。聖なる空間と俗なる空間の境目の木、すなわち「境木《さかき》」という意味である。

神社とは何か？

神社を意味する言葉

〈 神を祀る場所を意味する言葉 〉

神《じん》社《じゃ》

現在は「じんじゃ」と読むのが一般的だが、最古の歌集『万葉集』には「神社」を「もり」と読んでいる。

宮《みや》

「みや」は「御屋」との意。すでに建てられた社殿を意味し、伊勢神宮など、格別の神社に用いられた社号である。

社《やしろ》

「やしろ」の「や」は接頭語で、「しろ」は神が占有する空間の意味。また「社」も『万葉集』には「もり」と読んだ。

祠《ほこら》

「ほこら」の語源は「秀倉」といわれる。祠は神を祀る小規模な建造物を意味している。

要点 神社の本質を知る言葉の一つに、「もり」がある。「もり」とは必ずしも木の生えた森ではなく、神のための空間を意味した。そこは人の立ち入りを禁止していたので、自然と樹木が茂って森となった。

神社の発生の過程

1

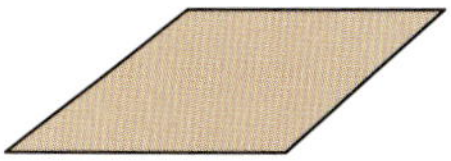

元来は神霊の降臨する空間であった。そこは人間をはじめ鳥獣にいたるまで侵入を禁じたいわば禁足地《きんそくち》であり神のための聖なる空間であった。

2

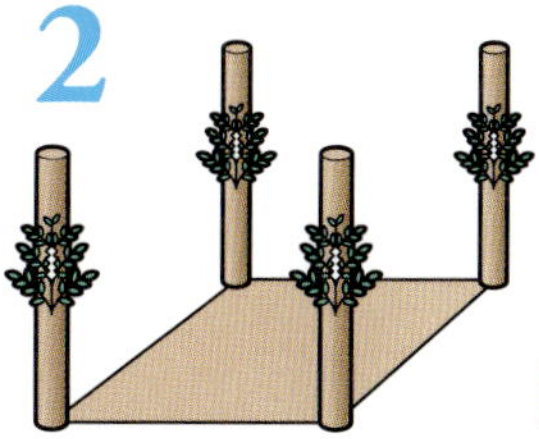

神の聖なる空間と人間の俗なる空間の境に「境木＝榊《さかき》」を立てて、俗なる空間との境界の目印とした。

3

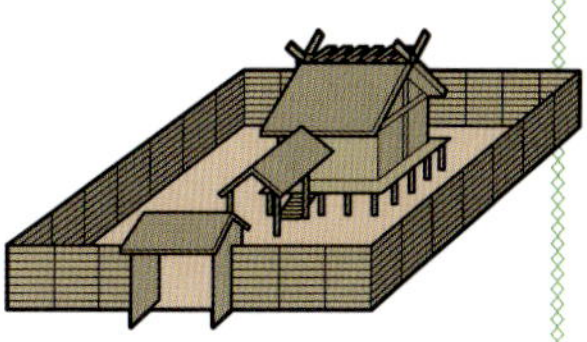

玉垣《たまがき》を巡らせ、神の空間を守った。さらに仏教寺院の影響で社殿が造立され、神霊を祀るための常設の建造物が建てられた。

要点 神社の本質とは、森や建物自体を指すのではなく、神が占有する聖なる空間そのもののことである。

神社の仕組み

2

神社にも格式があった
神社の社格

ランク付けにより神社の待遇が異なった

全国の神社は、いずれも**社格**《しゃかく》（神社の格式）をもっていた。たとえば、神社にお参りをすると、入口の石柱《せきちゅう》（社号標《しゃごうひょう》）などに「**官幣大**《かんぺいたい》**社**《しゃ》」などという文字が刻まれており、その文字が消されていたりするのを見かけることがある。これはかつての社格の名残である。

社格の萌芽は古く、『日本書記』崇神紀七年の条に「天社《あまつやしろ》・国社《くにやしろ》」を定めたとみえる。律令制下では社格制度が整えられ、**神祇官**《じんぎかん》*で行われる祈年祭《きねんさい》で**幣帛**《へいはく》を受ける神社を「**官社**《かんしゃ》」と称した。そのうち**神祇官**《じんぎかん》から幣帛を受ける「**官幣社**《かんぺいしゃ》」と国史から幣帛を受ける「**国幣**《こくへい》**社**《しゃ》」とに分かれ、それぞれを**大社**《たいしゃ》と**小社**《しょうしゃ》に区分した。

また『**延喜式神名帳**《えんぎしきじんみょうちょう》』*に記載される神社を**式内社**《しきないしゃ》と呼ぶが、これも一種の社格である。これらの神社は二千八百六十一社あり、そのうち官幣社《かんぺいしゃ》は五百七十三社、国幣《こくへい》社《しゃ》は二千二百八十八社である。なお、神社に格式が決まると、社格のランク付けがなされ、**幣帛**《へいはく》などの待遇も定められた。

近代になり細分化した神祇制度

明治時代になると、神祇官《じんぎかん》が置かれ、**近代社格制度**が整えられる。神社は、官社と諸社（民社）に分けられた。このうち官社は**官幣**《かんぺい》と**国幣**《こくへい》に分けられ、それぞれに大・中・小社があった。また官幣小社と同様の待遇を受けた**別格官幣社**《べっかくかんぺいしゃ》という社格も設けられた。なお伊勢神宮は最高位の神社として社格対象外とされた。

また官社以外の神社は「**諸社**《しょしゃ》」と呼ばれ、これらは**府社**《ふしゃ》・**藩社**《はんしゃ》・**県社**《けんしゃ》・**郷社**《ごうしゃ》・**村社**《そんしゃ》・**無格社**《むかくしゃ》に分けられた。この社格制度は昭和二十一年に廃止されるが、その歴史を重視する姿勢は変わらず、旧社格の思想は現在も残っている。

＊ **神祇官**：律令制の下で神祇行政を司った役所。諸国の官社を統括した。
＊ **『延喜式神名帳』**：『延喜式』の巻九・巻十の「神名式」のこと。

国が定めた神社のランク

平安時代に定められた社格

※伊勢神宮は別格扱い

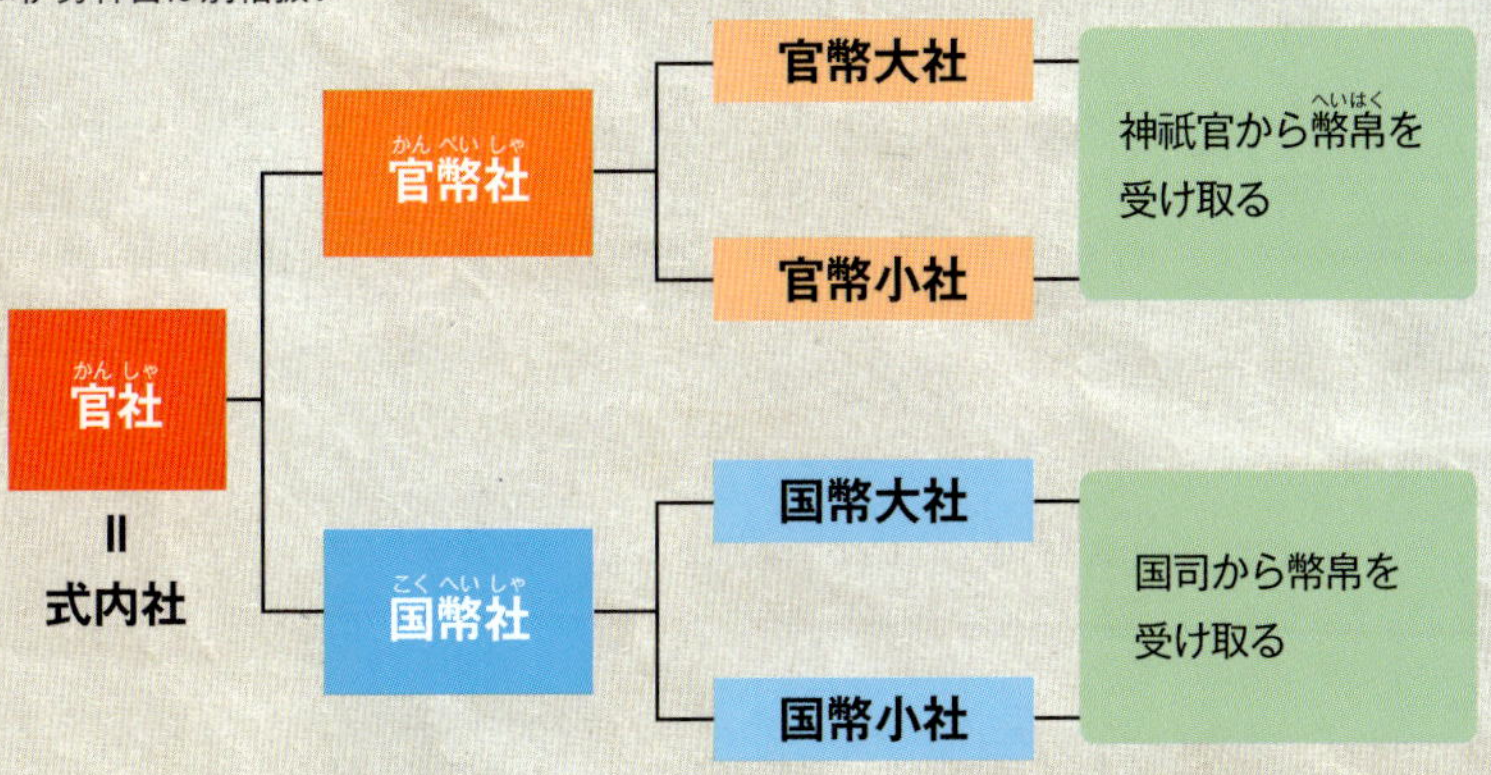

（『延喜式神名帳《えんぎしきじんみょうちょう》』による）

平安時代に定められた『延喜式神名帳』には、官社の名簿が記されている。ここに記載されている国家に認定された神社を式内社といい、2861社存在した。これらの神社は、大きく官幣社と国幣社に分けられ、それぞれ管轄が異なった。

明治時代に定められた社格

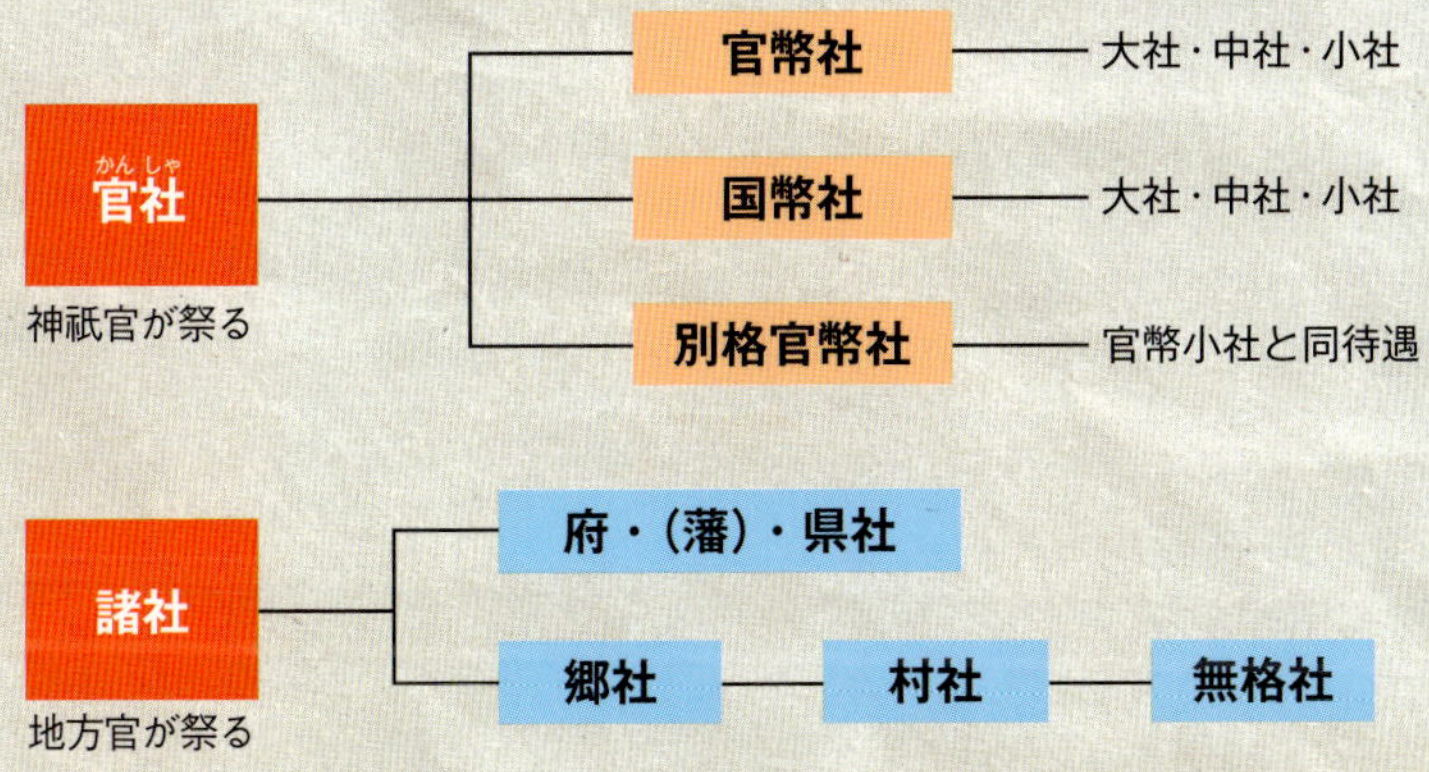

明治時代になると、新政府によって神社の格式が定められた。神社の格式は官社と諸社に分けられた。現在は神社の社格は廃止され、旧社格として残る。

3 神霊のシンボルである神聖な物体
御神体とは何か？

御神体は神霊が宿る物体

神は祭のたびごとにはるか海の彼方にある**常世の国**《とこよのくに》から来訪して人々に祝福をもたらし、祭が終わると、再び常世《とこよ》の国へ帰っていくものと考えられた。このような神を、国文学者・民俗学者の**折口信夫**《おりぐちのぶお》は「**まれびと**」と名づけた。

つまり神は神社に常在しておらず、祭の際に、神は降臨するというのである。そのとき、神霊が寄り付く有体物が神社の本殿の内陣に安置されている御神体《ごしんたい》である。

この御神体は神そのものでないが、そこへ神霊が宿ると神そのものとなる。つまり御神体とは「**依代**《よりしろ》」の一種なのである。したがって、その神社に祀られる祭神と御神体とは同一ではない。

御神体という語は、神体を尊んだ言い方で古くから用いられた。依代《よりしろ》、**御霊代**《みたましろ》、**御正体**《みしょうたい》、**御体**《ぎょたい》、**霊御形**《みたまのみかた》なども同語である。

御神体はさまざまで時代によっても異なる

また御神体は神社によってさまざまである。山や樹木、岩、滝などの**自然物**を御神体としている神社もある。このうち山の場合、古くは**神奈備山**《かんなびやま》*・**御室山**《みむろやま》といったが、現代では**神体山**《しんたいざん》といわれる。樹木の場合は**神木**《しんぼく》・**神樹**《しんじゅ》、岩の場合は**磐座**《いわくら》・**磐境**《いわさか》と称された。自然物を御神体とする神社に、三輪山《みわやま》を御神体とした**大神神社**《おおみわじんじゃ》がある。

ところが、社殿が設けられるようになると、本殿内に御神体《ごしんたい》が安置されるようになる。それらは**鏡**、**剣**、**勾玉**《まがたま》、あるいは**弓・矢**、**御幣**《ごへい》などである。たとえば、**三種の神器**（➡P140）の一つの**八咫鏡**《やたのかがみ》は**伊勢神宮**、**草薙神剣**《くさなぎのつるぎ》*は**熱田神宮**の御神体である。

なお、御神体は公開されないことになっている。それはその神社に奉仕する神職においても例外ではない。

＊**神奈備山**：神霊が鎮座する山や丘や森のこと。
＊**草薙神剣（天叢雲剣）**：須佐之男命がヤマタノオロチを退治したときに、オロチの尾から出てきた。はじめ天叢雲剣と称されたが、倭建命が東征のときに、草を薙ぎ払ったので草薙神剣と呼ばれた。

神の依代と御神体

御神体の変化

1 古代では、石や山、木などの自然物に神霊が降臨し、依りつくと考えられた。

磐座《いわくら》 神が降臨する霊石のこと

山 山そのものが御神体

御神木 神霊が降臨する樹木

2 社殿が設けられるようになると、本殿の内陣に御神体を安置するようになる。

御幣《ごへい》 社殿内に置かれる神の依代

鏡 日神の象徴とされる

神像《しんぞう》 神の姿を彫った像

御神体の変化

神社の仕組み

4

社殿の配置

基本的にはどの神社でもほぼ同じ

神社にはさまざまな建造物がある

社格《しゃかく》や御神体《ごしんたい》などは、神社によって異なるが、神社の建物（社殿）や配置などは共通点が多い。

一般的な社殿配置を説明すると、まず入口に鳥居《とりい》（⬇P66）がある。それをくぐって参道《さんどう》（⬇P78）を歩いていくと、その両側に灯籠《とうろう》（⬇P76）が配置してある。その脇にきれいな水をたたえた手水舎《てみずや》（⬇P76）があり、古くなったお札やお守りを納める古札納所《こさつおさめしょ》がある。さらに進むと神社の業務を執り行う社務所《しゃむしょ》がある。また、神に奉納する歌舞《かぶ》を奏する神楽殿《かぐらでん》がある。

神社の境内には、多くの境内神社がある。これらは摂社《せっしゃ》と末社《まっしゃ》に分けられる。その神社の主祭神と関係の深い神を祀るのが摂社《せっしゃ》、それ以外が末社《まっしゃ》である。末社の中には本社より古い由緒をもつものもあり、それらは*地主神《じぬしがみ》である場合が多い。つまりその土地にもともと祀られていた神である。

本殿は拝殿の奥にあり神様が祀られている

参道が終わったところに拝殿《はいでん》（⬇P64）がある。また拝殿の左右に狛犬《こまいぬ》（⬇P72）を配置してあるのが一般的である。

ほとんどの神社では拝殿の前に賽銭箱《さいせんばこ》を置いてあり、その上には大きな鈴《すず》が吊るしてある。鈴には鈴緒《すずお》・叶緒《かねのお》という紅白や五色の長いひもがたらしてある。参拝者はこれを引いて鈴を鳴らし、賽銭箱に賽銭を投げ入れて願いが叶うように祈る。

拝殿の奥に本殿《ほんでん》（⬇P60）があり、内陣《ないじん》には御神体《ごしんたい》（⬇P56）が安置されている。本殿は玉垣《たまがき》（⬇P76）をめぐらしてある場合が多い。本殿は神社の中で最も神聖な建物で、中に入ることは厳しく禁止されている。場合によっては本殿ないし拝殿の脇に、神饌《しんせん》を調える*神饌所《しんせんじょ》を設けている神社もある。

＊**地主神**：元来、その土地を守護してきた神のことを指す。新たに外から大きな神を迎えると、末社になっていく場合が多い。

＊**神饌所**：神に供える御饌や御酒を調理するための建物。

社殿の配置と名称

① 鳥居《とりい》	聖と俗なる世界を分ける神社の入口を示す門。(➡P66)
② 灯籠《とうろう》	社殿の内や、参道の両側に置かれ灯火を献じる。(➡P76)
③ 参道《さんどう》	参拝するための道。中央は正中といって神が通るとされてきた。(➡P78)
④ 手水舎《てみずや》	参拝者が手を洗い、口をすすぐための水盤を置く。(➡P76)
⑤ 古札納所《こさつおさめしょ》	古いお札やお守りを納める建物。
⑥ 社務所《しゃむしょ》	神社の業務を取り扱う。正式参拝の申し込みはここで行う。
⑦ 神楽殿《かぐらでん》	神楽を奏すための屋根つきの殿舎。
⑧ 摂社《せっしゃ》・末社《まっしゃ》	主祭神と縁故関係にある神や地主神等を祀った境内の神社。
⑨ 拝殿《はいでん》	神を拝礼するための建物。(➡P64)
⑩ 狛犬《こまいぬ》	神域への魔の侵入を防ぎ、神を守護する霊獣。(➡P72)
⑪ 本殿《ほんでん》	神霊を祀るための神社で最も神聖で重要な建物。(➡P60)

神社の仕組み

5

基本を知ると神社建築がわかりやすい
本殿の様式

妻入りと平入りに大別される本殿

本殿にはさまざまな形式があるが、古代の住居から発展した「妻《つま》入《い》り型」と穀物倉庫から発展した「平《ひら》入《い》り型」に大別される。

違いは入口の位置にあり、妻入り型は屋根の頂部の部分である「棟《むね》」が正面を向いており、中央を避けて左右どちらかに御扉《みとびら》や階段を設けている。一方の平入り型は、棟《むね》と平行して、入口がある。

本殿の形式は、仏教伝来以前と以後に分けられる。伝来以前のタイプには**住《すみ》吉《よし》造《づくり》**、**神《しん》明《めい》造《づくり》**、**大《たい》社《しゃ》造《づくり》**などがある。特に**出雲大社**の大社《たいしゃ》造《づくり》は、本殿の中央に位置する柱を「**岩《いわ》根《ね》御《のみ》柱《はしら》**」*と呼び、この柱を神の象徴に見立てて祀っていた。仏教伝来以後は、寺院建築の影響を受けて、屋根に**反《そ》り**のついた建物が多くなる。代表例として**流造《ながれづくり》**、**春《かす》日《が》造《づくり》**、**日《ひ》吉《え》造《づくり》**、**八《はち》幡《まん》造《づくり》**、**権《ごん》現《げん》造《づくり》**、**浅《せん》間《げん》造《づくり》**などである。

千木と鰹木は神聖なる神社の象徴

神社建築の屋根の形状は、二方向に勾配《こうばい》をもつ「**切《きり》妻《つま》造《づくり》**」と、下部が前後左右四方向へ勾配《こうばい》をもつ「**入《いり》母《も》屋《や》造《づくり》**」の二種類に分かれ、一般的に萱《かや》や檜《ひのき》の樹皮、銅《どう》板《ばん》などでふかれており、瓦ぶきは少ない。

本殿の屋根に、V字形に交叉された板状の「**千《ち》木《ぎ》**」がある。千木には先端を水平に切った**女《め》千《ち》木《ぎ》**（**内《うち》削《そ》ぎ**）と、垂直に切った**男《お》千《ち》木《ぎ》**（**外《そと》削《そ》ぎ**）の二種類がある。俗説に、女千木の本殿は女神を、男千木は男神とされ、祭るといわれる。**伊勢神宮**の場合は女千木、出雲大社は男千木になっている。

また屋根の上には、「**鰹《かつ》木《おぎ》**」が並んでいる。その数は神社によって異なるが、伊勢神宮では皇大神宮（内宮）が偶数の十本、豊受大神宮（外宮）が奇数の九本である。男神の場合は奇数としたので、これにならっているところも多い。

＊**岩根御柱**：本殿の中央に建てられた神聖な御柱。他の柱よりやや太いが、棟木を支えているわけではない。「ウズノ柱」とも称されることから尊厳をあらわす信仰上の神聖な柱で、伊勢神宮の心御柱《しんのみはしら》と共通するものがある。

神社建築の基本

平入りと妻入り

社殿の建物の入口には二種類ある。建物の屋根の上部を棟《むね》というが、棟《むね》に対して垂直な壁に入口をもつものを「妻入《つまい》り」という。一方で棟に対して平行に入口が設けられた建物を「平入《ひらい》り」と呼ぶ。

神社の屋根

神社の屋根は切妻造《きりつまづくり》と入母屋造《いりもやづくり》の二種類ある。屋根には瓦を用いることは少ない。

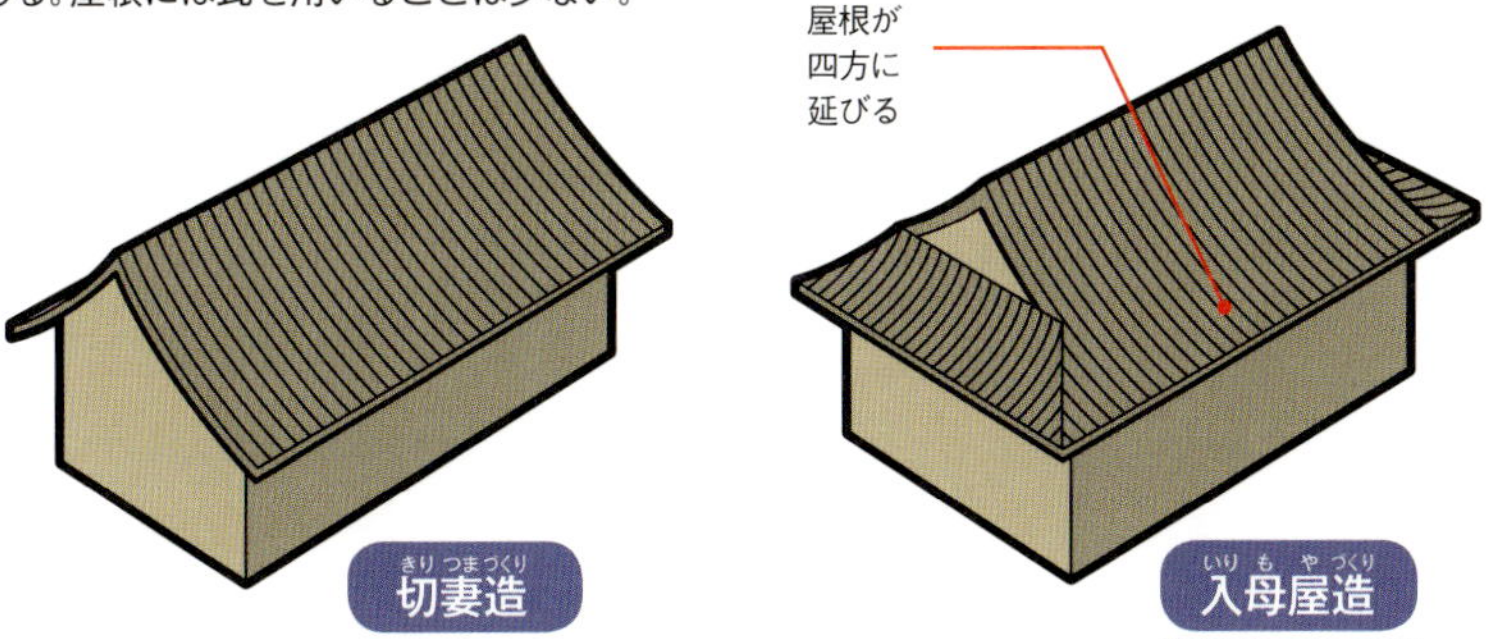

一般的な神社建築

権現造《ごんげんづくり》や日吉造《ひえづくり》など

千木と鰹木

千木には内削ぎと外削ぎの2種類がある。

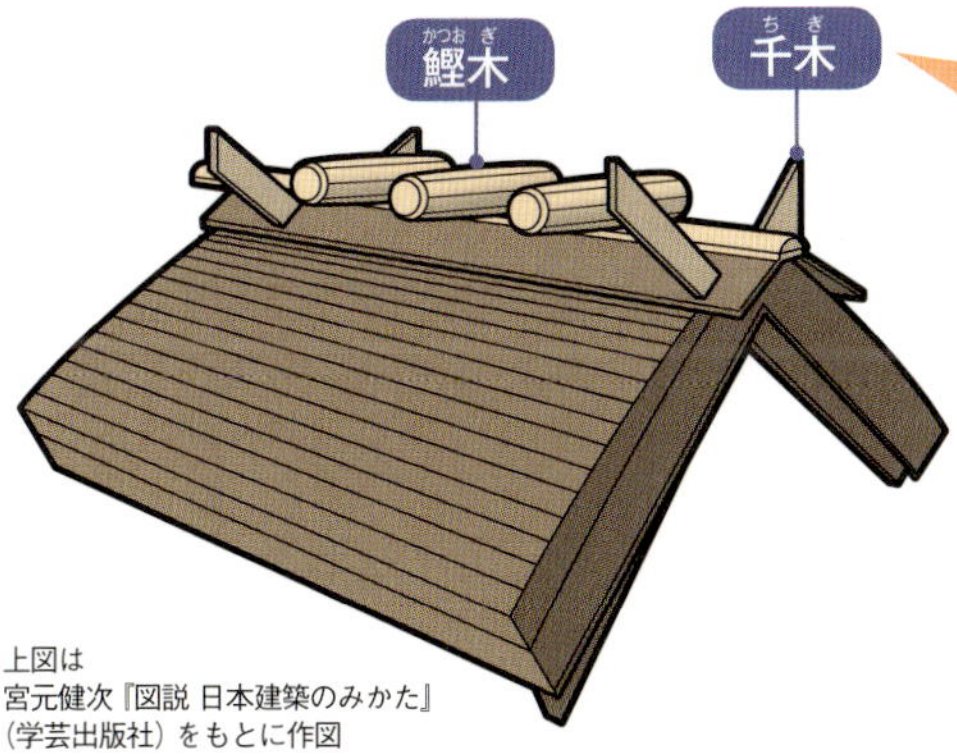

上図は
宮元健次『図説 日本建築のみかた』
（学芸出版社）をもとに作図

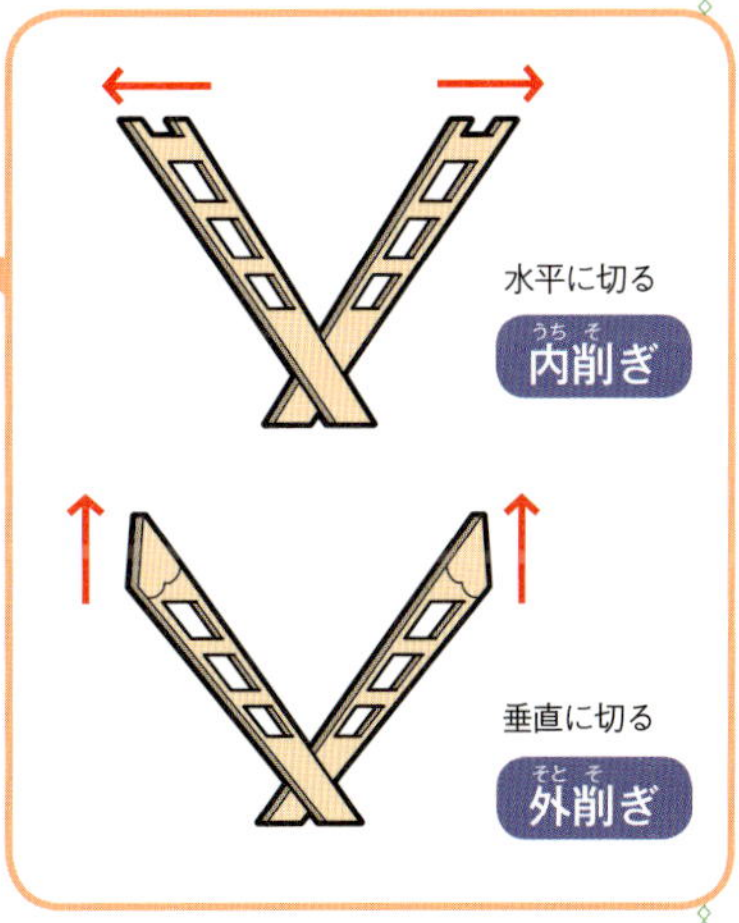

本殿の建築様式

❖ 仏教以前の本殿様式

住吉造《すみよしづくり》

◉形式：妻入り
◉屋根：切妻造
◉神社：住吉大社（大阪府）

天皇が即位後、神とともに食事をする大嘗宮《だいじょうぐう》の建築形式を受け継いだといわれる。内部に「室《しつ》」と呼ばれる食事をするための部屋と、神の空間である「堂《どう》」がある。

神明造《しんめいづくり》

◉形式：平入り
◉屋根：切妻造
◉神社：伊勢神宮（三重県）
※伊勢神宮の内宮・外宮の正殿は唯一神明造

弥生時代の高床式の穀物倉庫を、神を祀る建物として転用したものといわれる。横に「棟持《むなも》ち柱《はしら》」が立つが、柱はすべて堀立柱で屋根は茅葺き。大棟の上に十枝の鰹木《かつおぎ》（内宮、外宮は九枝）を並べ置く。

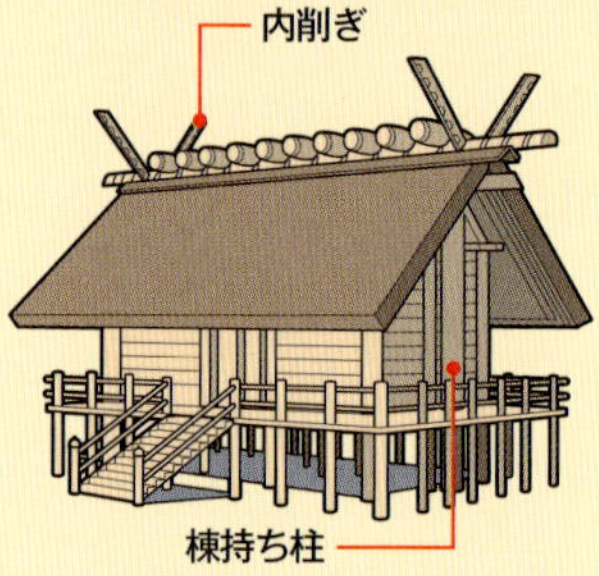

大社造《たいしゃづくり》

◉形式：妻入り
◉屋根：切妻造
◉神社：出雲大社・神魂《かもす》神社・須佐《すさ》神社（すべて島根県）

妻入りの形式になっており、中央ではなく左右のどちらかに入り口をもつ。内部には中央に太い岩根御柱（ウズノ柱）があり、古来はこの柱を御神体として認識していたともいう。またこの大社造りを二つ繋げた美保造《みほづくり》もある。

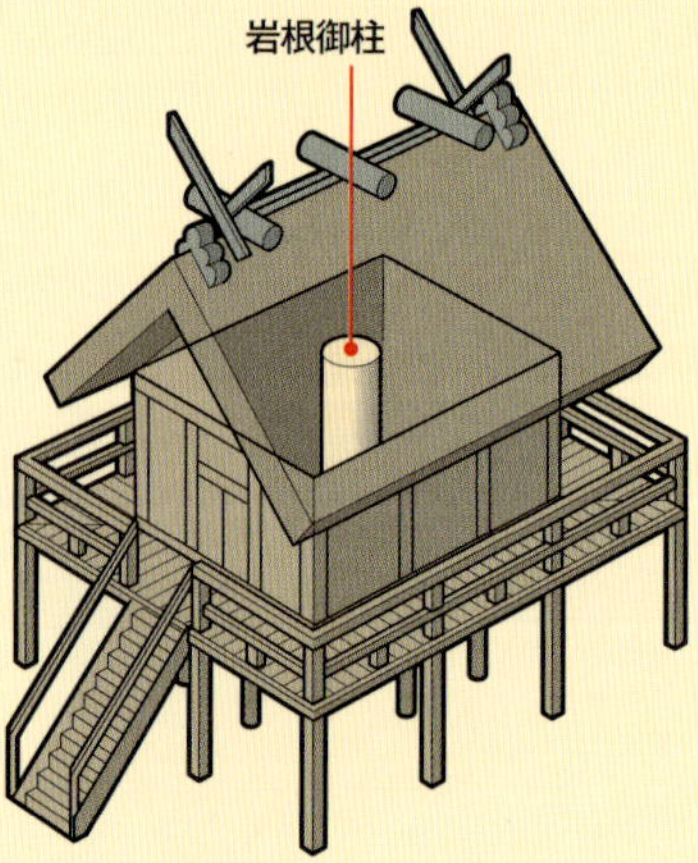

図は宮元健次『図説 日本建築のみかた』（学芸出版社）をもとに作図

仏教以降の本殿様式

流造《ながれづくり》

- 形式：平入り
- 屋根：切妻造
- 神社：上賀茂神社、下鴨神社（京都府）

千木《ちぎ》も鰹木《かつおぎ》ももたない。正面側の屋根が長く、大きく反《そ》りのついた屋根をもつ。本殿の建築形式で、最も普遍的で、全国に広く分布している。

春《かす》日《が》造《づくり》

- 形式：妻入り
- 屋根：切妻造
- 神社：春日大社（奈良県）

妻入りの正面入り口上部に庇《ひさし》をつけて、千木《ちぎ》と鰹木《かつおぎ》を屋根にのせている形式。

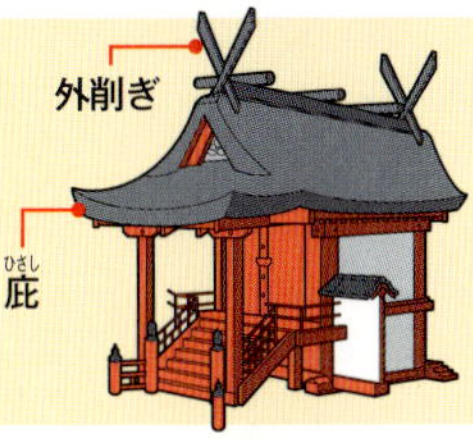

日《ひ》吉《え》造《づくり》

- 形式：平入り
- 屋根：入母屋造
- 神社：日吉大社《ひよしたいしゃ》（滋賀県）

入母屋造の屋根に、側面に破風が入った形式。千木《ちぎ》も鰹木《かつおぎ》もない。神仏習合の影響が強く残る。

八《はち》幡造《まんづくり》

- 形式：平入り
- 屋根：切妻造
- 神社：宇佐八幡宮《うさはちまんぐう》（大分県）

本殿と奉祀ための外殿と内殿が独立して前後に並び、その間を相《あい》の間で繋げている形式。外殿と内殿の両方とも本殿なのである。

権《ごん》現造《げんづくり》

- 形式：平入り
- 屋根：入母屋造
- 神社：日光東照宮《にっこうとうしょうぐう》（栃木県）

入母屋造となっており、石の間で拝殿と本殿を繋いだ形式。実在した人物の霊を神として祀る神社に多くみられる。

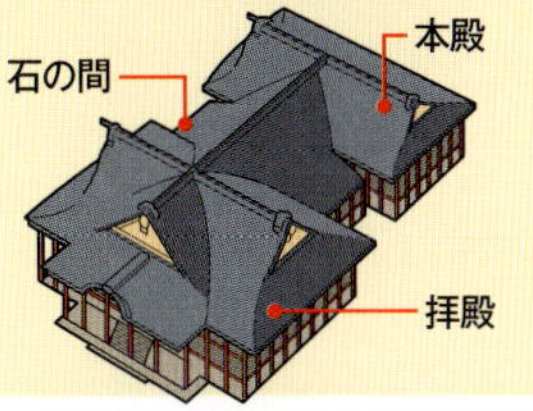

浅《せん》間造《げんづくり》

- 形式：平入り
- 屋根：切妻造
- 神社：富士山本宮浅間《せんげん》神社（静岡県）

拝殿が一階、本殿が二階とそれぞれ上下二層に分かれた建築となった楼閣形式。

神社の仕組み

6

神社の建造物で最も早くに成立した
神社の拝殿

参拝者にはむしろ本殿よりなじみ深い？

神様を礼拝するために設けられた建物が**拝殿**《はいでん》で古くは「らいでん」と呼ばれた。それが、祭式が終った後に、あらたまって神酒《みき》や神饌《しんせん》をいただく**直会**《なおらい》（➡P88）を行う**直**《なお》**会殿**《らいでん》としても使われるようになり、今日のような拝殿となった。

つまり、本殿には、神霊の**依代**《よりしろ》である**御神体**《ごしんたい》を安置し、拝殿とは人がその神霊に対して**祭祀や祈願などを行う施設**なのである。それゆえ拝殿は本殿の前に位置し、本殿より大規模な建築物である場合が多く、神社では最も目につく建物となっている。

拝殿の形式は主に三つに分類できる

拝殿の形式には、**縦拝殿**《たてはいでん》、**横拝**《よこはい》**殿**《でん》、**割拝殿**《わりはいでん》などがある。

縦拝殿は、建物の方向が建物の軸線と一致する形式で、建築様式としては**妻入り**《つまい》（➡P60）となる。本殿と対面する建物というより、むしろ本殿への通路のような役割を果たしている。

本殿と一体化した拝殿も多く、その場合は神饌《しんせん》などを供える＊**幣殿**《へいでん》としての機能も果たしている。そのため、幣殿《へいでん》と拝殿が同一となっている場合もみられる。

横拝殿は、横長の建物となるため、建築様式は**平入り**《ひらい》となる。着座した人々がそのまま本殿のほうを向く形となるため、最も自然な形状となっており、数多くある。

割拝殿の形状は横拝殿と似ているが、中央部分に「**馬道**《めどう》（通路の意味）」と呼ばれる土間《どま》を通し、ここから前後に通り抜けられるようにしたものである。大阪府堺市にある**櫻井神社**の割拝殿《わりはいでん》は鎌倉時代に造営されたもので、国宝に指定されている。このほかに、山口県山口市の**今八幡宮**《いまはちまんぐう》にみるような、二階建ての**楼門拝殿**《ろうもんはいでん》というタイプがごくわずかに存在する。

＊ **幣殿**：神への幣物を供えるために設けられた建物。本殿と拝殿の間に連続して建てられる場合が多いので、「中殿」「合の間」などと呼ばれることもある。

拝殿の建築様式

儒家神道の特徴

下図は宮元健次『図説 日本建築のみかた』（学芸出版社）をもとに作図

縦拝殿《たてはいでん》

- 形式：縦長で妻入り
- 神社：尾張大国霊《おわりおおくにたま》神社拝殿（愛知県）

妻入りで縦長の建物のため、本殿への通路的な役割を果たす。本殿と一体となった構造をなすものも多い。

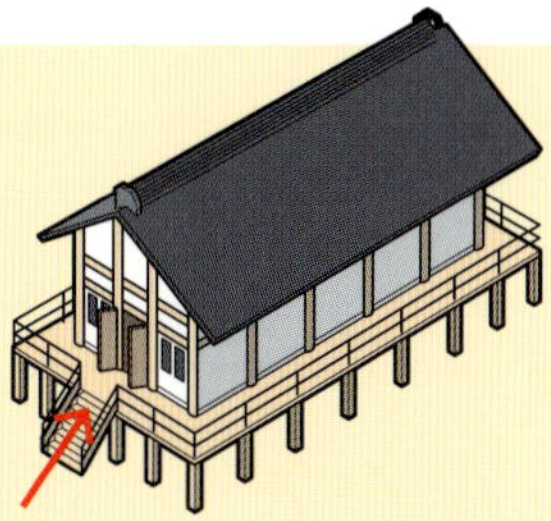

横拝殿《よこはいでん》

- 形式：横長で平入り
- 神社：宇治上《うじがみ》神社拝殿（京都府）

本殿と平行して横長の建物が並ぶ平入りの建物。建物内で着座するとそのまま本殿のほうを向く形になる。

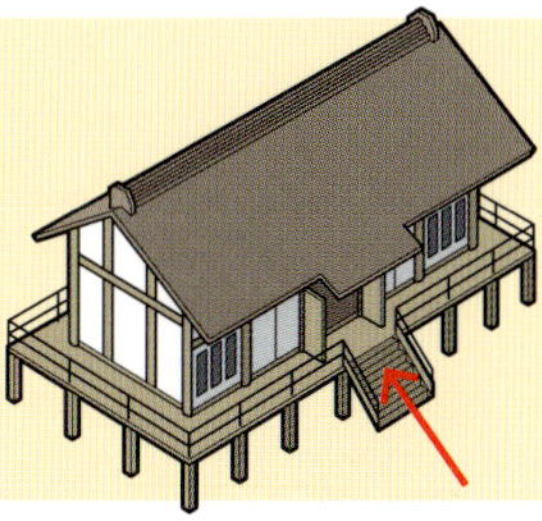

割拝殿《わりはいでん》

- 形式：拝殿の中央が土間
- 神社：由岐《ゆき》神社拝殿（京都府）／櫻井《さくらい》神社拝殿（大阪府）

横拝殿の中央部分が土間（馬道《めどう》）となっており、前後に通り抜けられるようになっている。

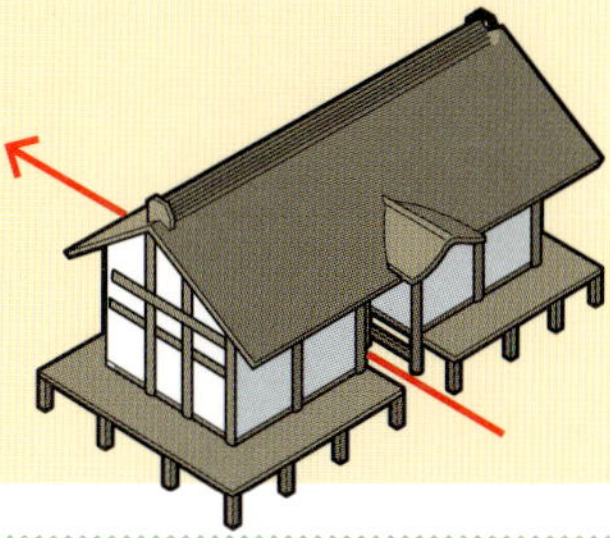

国宝・櫻井神社拝殿（櫻井神社写真提供）

神道こぼれ話

大阪府櫻井神社の国宝・割拝殿

櫻井神社（大阪府堺市）の割拝殿は、切妻造で神社建築には珍しく本瓦葺きで、*蟇股《かえるまた》の装飾がある。寺院建築風の意匠の拝殿である。柱間は桁行（正面）5間、梁間（側面）3間。建築年代が鎌倉時代にさかのぼる。祭礼時には、通路の両脇の*蔀戸《しとみど》という建具を降ろして、床にできる。

＊**蟇股**：社寺建築において、頭貫《かしらぬき》と軒下の桁《けた》との間や梁《はり》の上に置かれる建築装飾。蛙が股を開いてふんばっているような形をしている。

＊**蔀戸**：上から吊り下げた格子戸。平安時代の内裏や貴族の邸宅で用いられた。

神社の仕組み

7

神社の鳥居

同じ形に見えても種類はいろいろ

神聖な場所と世俗の境い目の門

神社や参道の入口に立つ**鳥居**《とりい》は、神社の門である。奈良時代にはすでに存在していたといわれているが、その起源についてはわかっていない。一説には、**天照大御神**《アマテラスオオミカミ》の**天岩屋神話**《あまのいわや》（➡P124）の際に鳴いた＊「**常世**《とこよ》**の長鳴鳥**《ながなきどり》」の止まり木であったともいうが、神話には「**止まり木**」の記述はない。

鳥居は神社だけでなく寺院や神聖視されている場所にも見られるが、これは鳥居が世俗な領域と神聖な場所とを区別するいわば結界の役割を担っているからである。

大規模な神社では、入口だけでなく参道の途中にも鳥居が存在し、本殿に遠いところから一の鳥居、二の鳥居、三の鳥居と番号がつけられることも多い。

神明系と明神系の二種類に分類される

社殿と同じく、鳥居も神社によって形状が異なる。基本的には、左右二本の縦柱の上部に「**貫**《ぬき》」と呼ばれる横木を渡し、さらに最上部にもう一本「**笠木**《かさぎ》」と呼ばれる横木を渡したシンプルな形をしている。また笠木の下に**島木**《しまぎ》を横に渡したものもある。貫や笠木の形、また貫が柱の外側に突き出しているかの違いによってさまざまな種類がある。基本は「**神明鳥居**《しんめいとりい》」と「**明神鳥居**《みょうじんとりい》」の二種類である。

前者の「神明鳥居《しんめいとりい》」は、伊勢神宮などに代表され、縦の柱も横の柱も直線的な形状をしている。

後者の「明神鳥居《みょうじんとりい》」は、反った笠木《かさぎ》の下に島木《しまぎ》が、貫《ぬき》と縦柱の間には**楔**《くさび》が入り、貫《ぬき》と島木《しまぎ》の間の中央には神社の名前を記した**社号額**《しゃごうがく》が掲げられている。神明鳥居に比べると、左右の縦柱がやや開き気味である。また神明鳥居は白木や黒木など自然木で素木が多いが、明神鳥居は朱塗りなどの彩色がほどこされる傾向にある。

＊ **常世の長鳴鳥**：この鳥は、にわとりと考えられている。そのため、にわとりは伊勢神宮において神使《しんし》とされ、境内で飼われている。

鳥居の形の基本

鳥居各部の名称

鳥居にはいろいろ種類があり、寄進者や作る職人によって千差万別である。各部の名称を覚えると、鳥居の違いがよくわかるようになる。鳥居の素材も、木以外にも石材や青銅製・陶製など多様である。

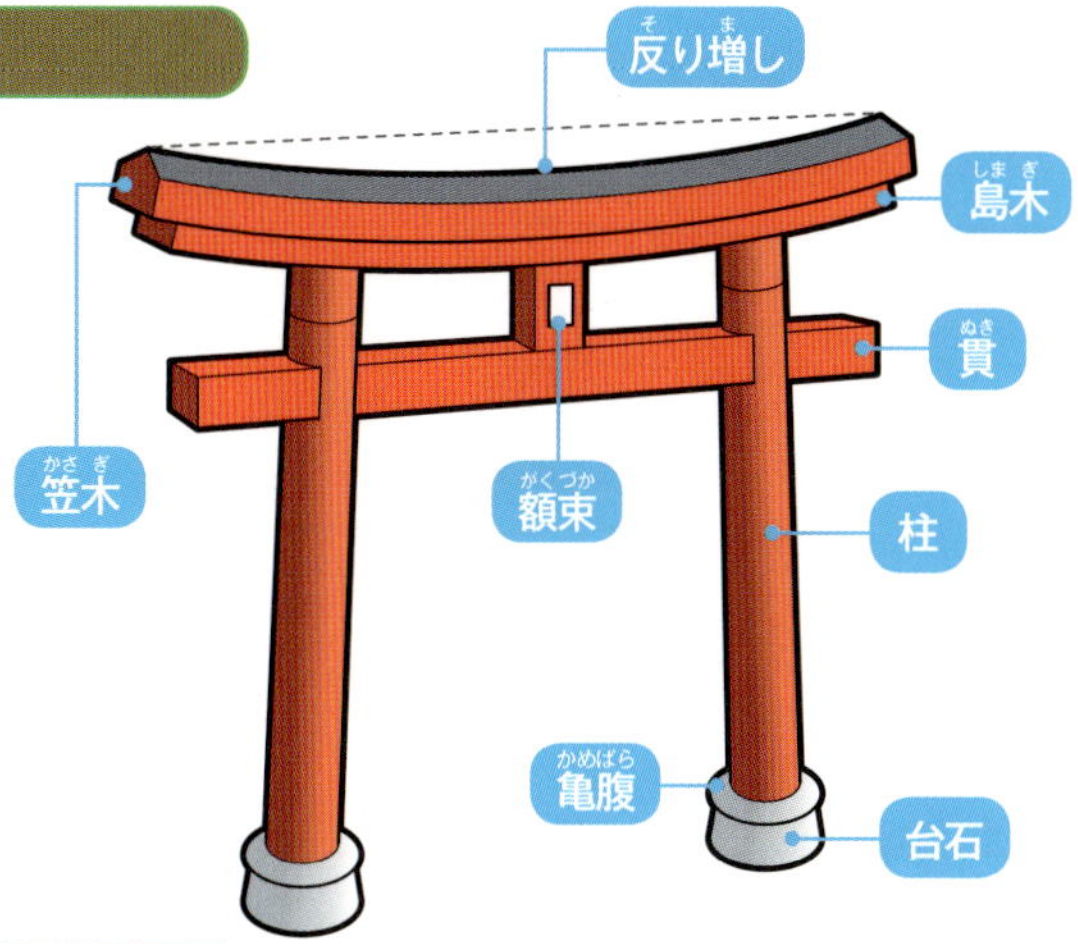

神明鳥居と明神鳥居の違い

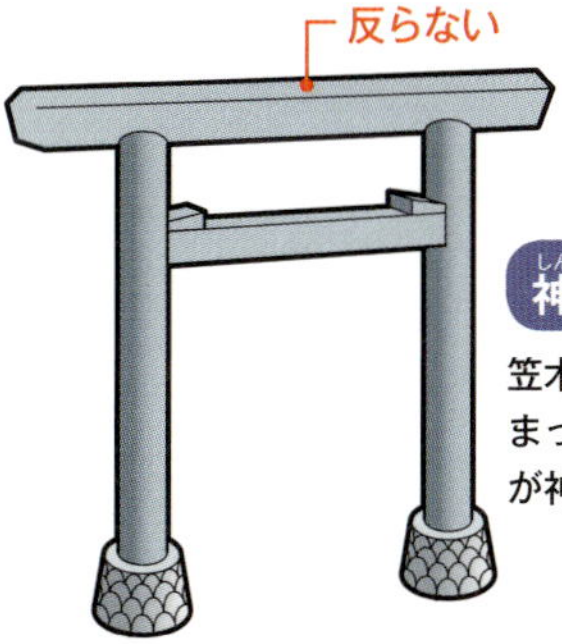

神明鳥居《しんめいとりい》

笠木と島木がまっすぐなのが神明鳥居。

明神鳥居《みょうじんとりい》

笠木と島木が反る「反《そ》り増《ま》し」があるのが明神鳥居。

伏見稲荷大社の千本鳥居（伏見稲荷大社写真提供）

神道こぼれ話

神社の鳥居はなぜ赤い？

稲荷神社鳥居は、朱色に塗られることが多い。なぜ朱に塗られているのか。中国からの風習で、朱には厄除けや疫病除けの意味があり、鳥居だけでなく神社仏閣の建物などに使用されてきた。

さて、この朱の原材料は、*辰砂《しんしゃ》である。水銀の原料であり、顔料として古代から使われていた。また辰砂には木材の防腐剤としての効能もあるという。

＊ **辰砂**：「丹《に》」とも呼ばれ、血と同じ色であることから、古代から呪術や魔除けの道具として使われてきた。弥生時代のことを記した『魏志倭人伝』には「倭国（日本）には丹を顔に塗る風習があった」と記している。また古墳時代には、古墳の内壁や石棺、壁画に使用されていた。

明神系鳥居

明神《みょうじん》鳥居

普遍的な鳥居形式。笠木《かさぎ》と島木《しまぎ》に反り増しがあり、額束《がくづか》をつける。

◉**神社**：八坂神社（京都市東山区）

台輪《だいわ》鳥居

台輪《だいわ》
亀腹《かめはら》

稲荷神社に多い。円柱の上部に台輪《だいわ》がつく。木造は朱塗りが多い。

◉**神社**：伏見稲荷大社（京都市伏見区）

中山《なかやま》鳥居

貫が柱まで

中山神社（岡山県）の鳥居を典型とする。北野天満宮の末社にみられる。

◉**神社**：中山神社（岡山県津山市）

山王《さんのう》鳥居

笠木《かさぎ》の上に
三角の装飾
をつける

仏教色の強い鳥居。上部が合掌したような形から合掌鳥居ともいう。

◉**神社**：日吉大社（滋賀県大津市）

三輪《みわ》鳥居（三ツ鳥居）

袖《そで》鳥居
中央に両開きの扉がある

本殿のない大神《おおみわ》神社にある。明神鳥居の両脇に小さい鳥居をつける。

◉**神社**：大神神社（奈良県桜井市）

両部《りょうぶ》鳥居

両柱前後に
控柱《ひかえはしら》を
つけている。

神仏習合《しんぶつしゅうごう》の神社に多く建てられる傾向がある。別名、四足鳥居。

◉**神社**：嚴島神社（広島県廿日市市）

神明系鳥居

神明《しんめい》鳥居

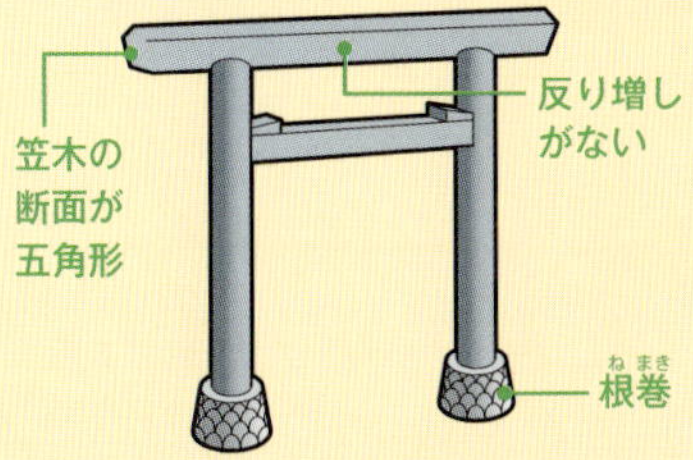

伊勢神宮に多い。内宮のものは、下に小石を積んだ根巻《ねまき》が施される。
●**神社**：伊勢神宮内宮（三重県伊勢市）

黒木《くろき》鳥居

最も原始的な鳥居。笠木、貫、柱すべてが樹皮つきの自然木である。
●**神社**：野宮神社（京都市右京区）

靖国《やすくに》鳥居

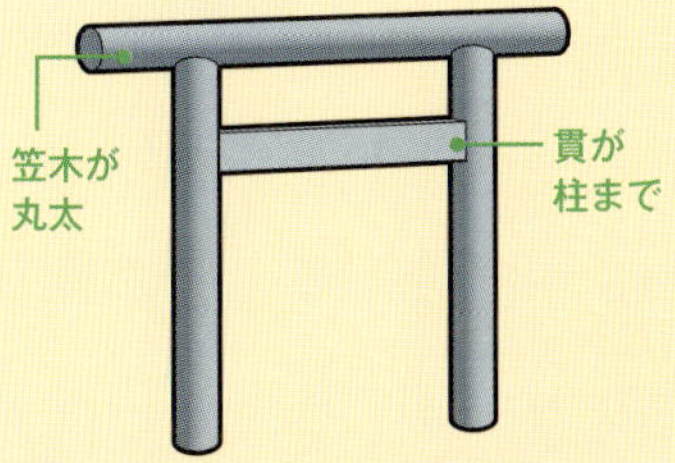

靖国神社や各地の護国神社に建てられる。貫だけが断面が長方形。
●**神社**：靖国神社（東京都千代田区）

鹿島《かしま》鳥居

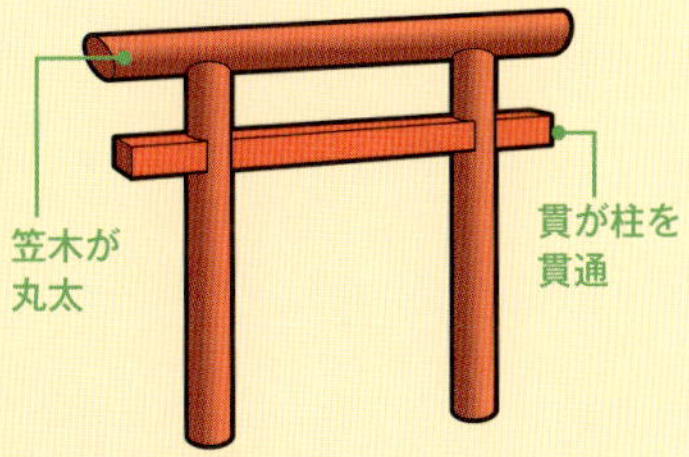

神明系鳥居の一種で、額束がなく、貫が柱を貫通している。
●**神社**：鹿島神宮（茨城県鹿嶋市）

八幡《はちまん》鳥居

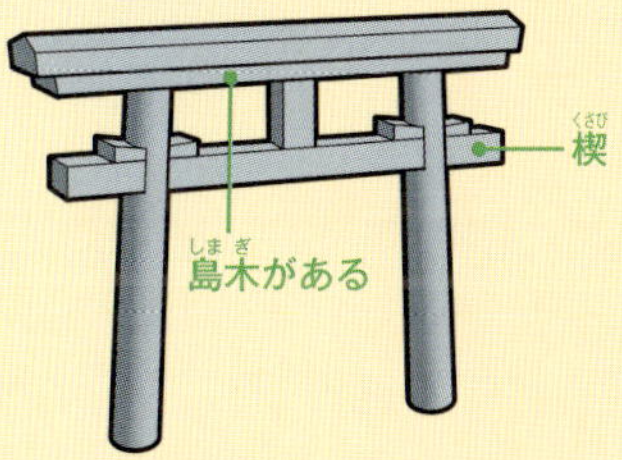

各地の八幡宮の神社にみられる。島木があり、貫に楔が打ち込まれる。
●**神社**：石清水八幡宮（京都府八幡市）

宗忠《むねただ》鳥居

黒住教の教祖・黒住宗忠を祀る宗忠神社にある鳥居。
●**神社**：宗忠神社（京都市左京区）

神社の仕組み

8

神社の注連縄

注連縄が張られた空間は神様の占めた聖域

神が「占めている」神聖な場所を示す縄

鳥居《とりい》や**拝殿《はいでん》**などに太い縄が張られているのをよく見かける。また神木や霊石などの周囲にも縄が巻かれている。

これらの縄を**注連縄《しめなわ》**と呼ぶ。*__七五三縄《しめなわ》__・〆縄・標縄とも表記する。注連縄を張るのは、人間が神の神聖な空間に足を踏み入れないようにするためである。

注連縄には「占め縄」という意味があり、縄で取り囲まれたところは「神が占《し》めている」ことを示すとの意味である。

古代中国の「**注連《しめ》**」の役割は葬式の行列が行った後に、死者の霊が家に戻らないよう家の入口に張られた縄であったという。

日本における注連縄の古語は「**尻久米縄《しりくめなわ》**」で『古事記』の神話にみられる。それは天照大御神《アマテラスオオミカミ》が岩屋から出てきた際に、**布刀玉命《フトダマノミコト》**が入口に尻久米縄《しりくめなわ》を張って、天照大御神が再び岩屋に戻ることのないようにしたとある。

この尻久米縄《しめくりなわ》が、古代中国の「注連《しめ》」と同様の機能をもっていたことがわかる。

注連縄は左よりにする

注連縄は通常、稲わらを用い、普通の縄とは逆の左の方向にまわして綯《な》った縄のことである。これに紙垂《しで》という紙片を垂らし、さらにわらの端（**注連の子《しめのこ》**）を垂らしたりする。

また注連縄も神社によって大きさに違いがあったり、地方によって多様な形が存在する。

一般の神社で見られるのは、縄に**紙垂《しで》**とわら製の飾り（注連《しめ》の子）を垂らした**前垂注連《まえだれじめ》**である。

出雲大社の拝殿の大注連縄などで見られる、両端が細くなって中央部が太くなった**大根注連《だいこんじめ》**、また左（向かって右）にいくほど太くなる**牛蒡締め《ごぼうじめ》**などの種類がある。

＊**七五三縄**：注連縄を七五三縄と表記するのは、七五三という言葉が昔から縁起のよい数字とされていたからである。ほかに一五三、棒縄、〆縄、締縄、標縄などの表記もある。

注連縄の種類

前垂注連《まえだれじめ》

一般的な注連縄。縄にしめの子と紙垂を垂らしたもの。四本の竹に張り巡らす。地鎮祭《じちんさい》*などに用いられる。

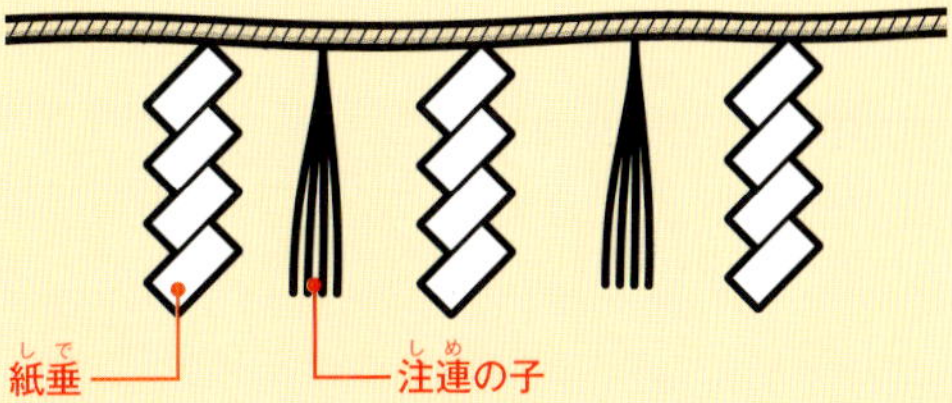

大根注連《だいこんじめ》

中央部が太くなった注連縄で、出雲大社の拝殿の大根注連が有名。両端が細くなっている。

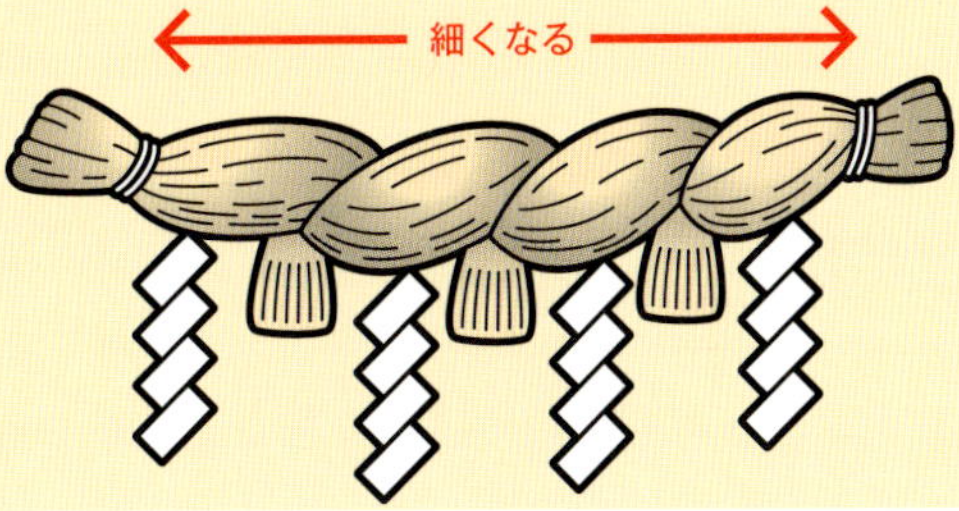

牛蒡注連《ごぼうじめ》

注連縄の一方が細くなってだんだん太くなっている。神社の拝殿に用いられる。左綯《ひだりな》いにする。

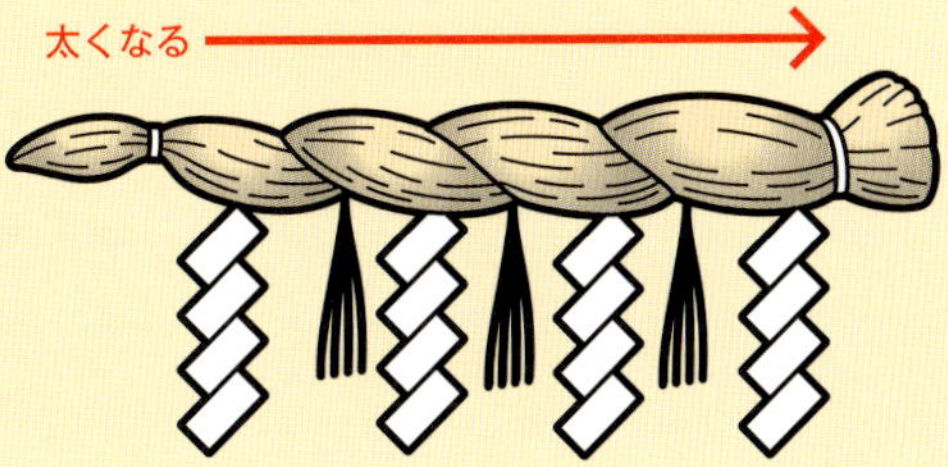

相撲錦絵（国立国会図書館蔵）

神道こぼれ話

腰に巻く横綱は注連縄の一種

大相撲というと、テレビで放送されて大衆娯楽競技と思われがちだが、もとは天皇家に奉納された神事である。力士の最高位・大関から選び出された特別な者のみが、神の御神体の証として注連縄の一種である「横綱」を腰に張ることができる。

これが現在の「横綱」の言葉の由来である。横綱を張った力士は神霊が降りているとみなされる。この横綱も紙垂をつけて左綯《ひだりな》いになっている。

＊**地鎮祭**：土木工事や建築工事を始める前に、その土地の神を鎮めて、土地を使うことの許しを請う儀式。神を祀り、工事の安全を祈願する。

9 狛犬

神社を守護する魔除けの霊獣

狛犬のルーツはインドやエジプトまでさかのぼる

一般的な神社には、**拝殿**《はいでん》の中や**参道**《さんどう》の入口の脇などに獅子の形をした一対の像が置かれている。これを**狛犬**《こまいぬ》という。狛犬は本殿の前に置く場合もある。

狛犬は「**高麗犬**《こまいぬ》」とも表記する。高麗《こま》は高句麗のことで、古代朝鮮の国名だが、これは朝鮮半島から伝外来したものを「高麗《こま》○○」と呼んでいた名残である。しかし実際の狛犬は、中国から伝わり、そのルーツは遠くインドやエジプトにまでさかのぼるといわれている。

狛犬は、片方が角を生やした像の場合もある。この角があり口の閉じた方を狛犬、角がなく口を開いた方を**獅子**《しし》と呼んでいる。角のある方の狛犬は、中国の「**辟邪**《へきじゃ》」という架空の霊獣である。中国の皇帝の墳墓《ふんぼ》や門を守り、魔を退ける存在と信じられていた。

狛犬が日本に伝わったのは平安時代のことで、当初は宮中で几《き》帳《ちょう》・門扉・屏風などの揺れを押さえるために用いた。また魔除けを兼ねて用いられたので、のちに神社を守護する魔除けに転用された。

狛犬の形態はバリエーション豊富

狛犬の姿は神社によってさまざまである。一般的な狛犬は、雄と雌で対をなしている。また、寺院にある*****仁王像**《におうぞう》（金剛力士像《こんごうりきしぞう》）のように、一方が口を開く「**阿形**《あぎょう》」、もう一方が口を閉じている「**吽形**《うんぎょう》」のように「*****阿吽**《あうん》」の形が多い。

狛犬の形には、古来、多くのバリエーションがある。子連れの「子取り」、玉を抑えている「玉取り」、逆立ちをしたものなどである。また顔の表情、毛が巻き毛や直毛だったり、性器の有無などそれぞれに個性がある。材質は石が多いが、銅や鉄などの金属製、木製もある。中には備前焼の陶製も存在する。

＊ **仁王像**：仏教を守護する神である金剛力士のこと。寺院の表門などに安置されることが多い。寺院内に魔が侵入するのを防ぐ役割をする。
＊ **阿吽**：仏教における真言（呪文）のひとつ。宇宙の始まりと終わりを示す象徴とされる。

さまざまな神社の狛犬

❖ 基本的な狛犬の姿

狛犬《こまいぬ》は、もと狛犬と獅子が区別されて一対のものとなっていた。口を開いた方が「阿形《あぎょう》」、口を結んだものが「吽《うん》形《ぎょう》」である。一般的には、拝殿《はいでん》に向かって右が阿形で角のないのが獅子《しし》、左の吽形《うんぎょう》で角があるのが狛犬とされるが、例外も多い。

❖ 狛犬のバリエーション

子取りバージョン

品川神社（東京都品川区）

玉取りバージョン

大鳥神社（東京都目黒区）

青銅製バージョン

日光東照宮（栃木県）

原始バージョン

氷川神社（東京都港区）

和犬バージョン

目黒不動尊（東京都目黒区）

神社の仕組み

10

神使

神社に縁故のある鳥獣や虫魚

鳥獣や虫魚たちが神の意思を伝える

神意を伝えたり、吉凶を示す特定の鳥獣や虫魚を**神使**《しんし》とか**使**《つかわ》**しめ**という。古くは『日本書紀』に**蛇***が荒ぶる神の使いとして登場する。こうした動物たちは、神社の縁起とからんで神社の祭神と密接な関係をもつとされ、境内で保護されて大切にされた。

たとえば、奈良県の**春日**《かすが》**大社**《たいしゃ》にはたくさんの**鹿**が神の使いとして大事にされてきた。これは祭神の**武甕槌命**《タケミカヅチノミコト》が、茨城県の**鹿島神宮**《かしまじんぐう》から**白い鹿**に乗って来たことに由来する。そのため春日大社と鹿島神宮では、鹿が神使とされる。

また滋賀県の日吉《ひよし》大社では、比叡山の猿を「神猿《まさる》」と呼び、眷属《けんぞく》としている。眷属は、神使とほぼ同義に扱われているが、もともとは仏教用語で、仏・菩薩につき従うもののことである。「眷属神《けんぞくしん》」ともいう。

狛犬だけではなくオオカミやネズミもいる

このような眷属や神使を**狛犬**《こまいぬ》（⬇P72）の代わりに据えている神社もある。たとえば京都市の**和気清麻呂***《わけのきよまろ》を祀る**護王**《ごおう》**神社**（京都市上京区）では狛犬の代わりに**イノシシ**を据えている。これは祭神の和気清麻呂が、宇佐神宮に行く途中で足を痛めたときに、イノシシが清麻呂を守ったという故事による。

また**大豊**《おおとよ》**神社**（京都市左京区）では**狛**《こま》**ネズミ**が知られている。これは祭神の**大国主神**《オオクニヌシノカミ》が、火に囲まれて困ったときにネズミが現れて助けたという伝説による。

埼玉県の秩父地方では**オオカミ**信仰が盛んである。これは秩父地方の山岳にいた修験者たちが普及させたものといわれている。そのため**三峯**《みつみね》**神社**（埼玉県秩父市）では、オオカミの狛犬が多くある。

同じく埼玉県にある**調**《つき》**神社**には、**ウサギ**の石像もある。

＊**蛇**：ヘビは大神神社（奈良県）の神使とされ、ヌシと呼ばれた。

＊**和気清麻呂**：奈良時代末期の官僚。宇佐八幡神託事件で、女帝の称徳天皇から寵愛を受けていた僧の道鏡が皇位に就こうとしたのを阻止した。

全国の主な神使

ネズミ

大豊《おおとよ》神社
（京都市左京区）

ウサギ

調《つき》神社
（埼玉県さいたま市）

イノシシ

護王《ごおう》神社
（京都市左京区）

キツネ

伏見稲荷大社
（京都市伏見区）

サル

日枝《ひえ》神社
（東京都千代田区）

タヌキ

柳森《やなぎもり》神社
（東京都千代田区）

シカ

春日《かすが》大社
（奈良県奈良市）

オオカミ

三峯《みつみね》神社
（埼玉県秩父市）

場所	神社	神使
京都府	石清水八幡宮	鳩
	大豊神社	鼠《ねずみ》
	護王神社	猪《いのしし》
	北野天満宮	牛
	伏見稲荷大社	狐《きつね》
	松尾大社	亀
	三宅八幡宮	鳩
	三嶋神社	鰻《うなぎ》
滋賀県	日吉大社	猿

場所	神社	神使
奈良県	春日大社	鹿
	大神神社	蛇
和歌山県	熊野那智大社	烏
栃木県	二荒山神社	蜂
埼玉県	三峯神社	狼
	調神社	兎《うさぎ》
東京都	柳森神社	狸《たぬき》
	日枝神社	猿
茨城県	鹿島神宮	鹿

11

神のためのさまざまな施設
灯籠・手水舎・玉垣

神に明かりを献じるための灯籠

社殿の内部や参道の両側などに灯をともすための**献灯**《けんとう》や**常夜灯**《じょうやとう》として設置されているのが**灯籠**《とうろう》である。本来は仏教寺院に置かれていたものだった。しかし**神仏習合**（⬇P26）が進んだ平安時代以降は、神社でも献灯のために用いられるようになった。灯籠は崇敬者の寄進によって設置されることが多く、その神社に対する崇敬の歴史を物語っている。

神社の境内で、比較的よく見かけるのは春日灯籠《かすがとうろう》だ。明かりを灯す「**火袋**《ひぶくろ》」に春日大社を象徴する鹿や若草山などが彫られている。素材には石や青銅製などがある。形も一般的な春日灯籠以外にも、**釣り灯籠**などがある。

参拝者の心身を清める手水、神聖な領域を守る玉垣

参道の脇に、参拝するのに先だち、手や口を清めるための**手水舎**《てみずや》*（**御手洗**《みたらい》、**水盤舎**《すいばんしゃ》）を設置してある。参拝者はそこの水で、手や口をすすぎ、心身を清めるのである。これを「手水を使う」といい、決まった作法がある。参拝の際は注意しておきたいものである（⬇P214）。

手水舎は四本柱の上に屋根をのせた、吹き抜けが多い。中央には**水盤**が設置されており、常に清浄な水が流れるようになっている。

また、社殿（主に本殿）や聖域を取り囲むように設けられた垣を**玉垣**《たまがき》という。玉垣は、神が占有する場所を守るために張り巡らされたもので、重要な役割を果たす。そこを踏み越えられないようにするために幾重にも玉垣を巡らしている場合も多い。伊勢神宮では、四重に玉垣・瑞垣を巡らしてある。

また垣の種類には、玉垣以外にも**荒垣**《あらがき》、**瑞垣**《みずがき》、**板垣**《いたがき》といった種類や、**築地塀**《ついじべい》や**透塀**《すきべい》で社殿を囲む場合もある。寺院建築の影響から、廊下を巡らす例もある。

＊ **水盤舎**：栃木県の日光東照宮にある水盤舎は、サイフォンの原理を利用したものである。これは土地の高低差を応用して、水盤から水が噴出す仕組みになっている。当時の九州の鍋島藩主・鍋島勝茂が奉納した。

灯籠・手水舎・玉垣

灯籠の基本と種類

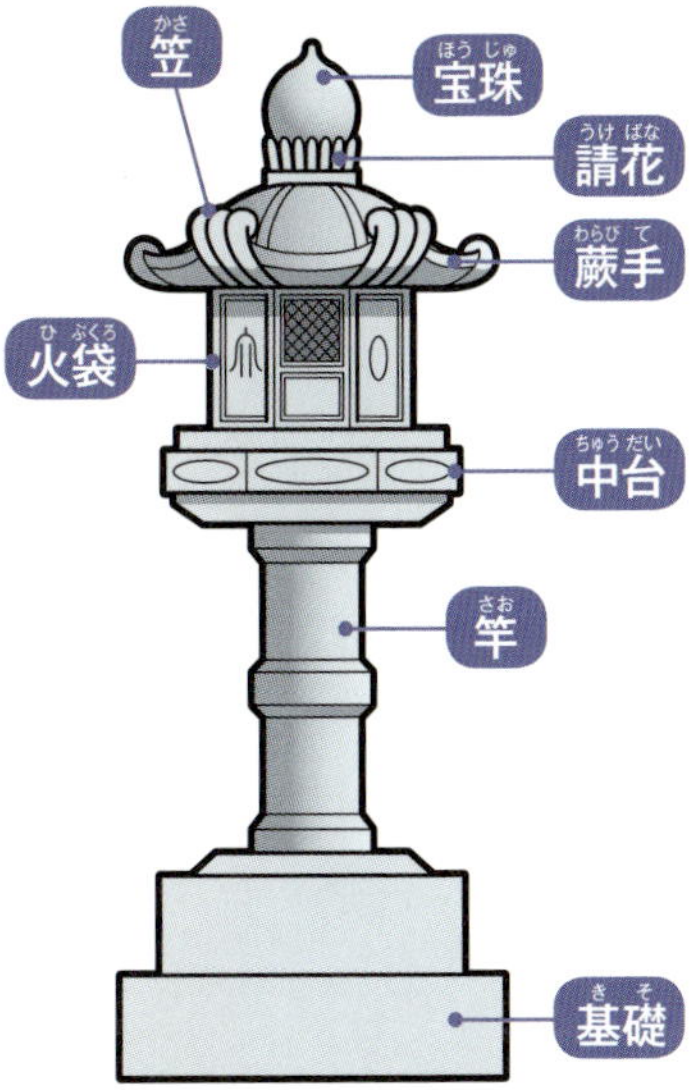

談山神社の釣り灯籠。神社の社殿の正面や左右に吊り下げられる。

もともと灯籠は、仏教寺院のものだったが、神社でも使われるようになった。神社で圧倒的に多いのが春日灯籠である。六角形で、火袋に鹿・雲・若草山が彫られる。こうした灯籠は、当時の有力者によってさかんに寄進された。

手水舎《てみずや》について

水屋《みずや》、水盤舎《すいばんしゃ》ともいう。神社に参拝する前に手や口をすすいで、心身を清める建物である。古くは、社頭《しゃとう》の川を利用していた。日光東照宮の水盤舎（手水舎）はサイフォンの原理で水が下から湧き出す仕組みになっている。

日光東照宮の水盤舎
（日光東照宮写真提供）

垣の種類

下図は宮元健次『図説 日本建築のみかた』（学芸出版社）をもとに作図

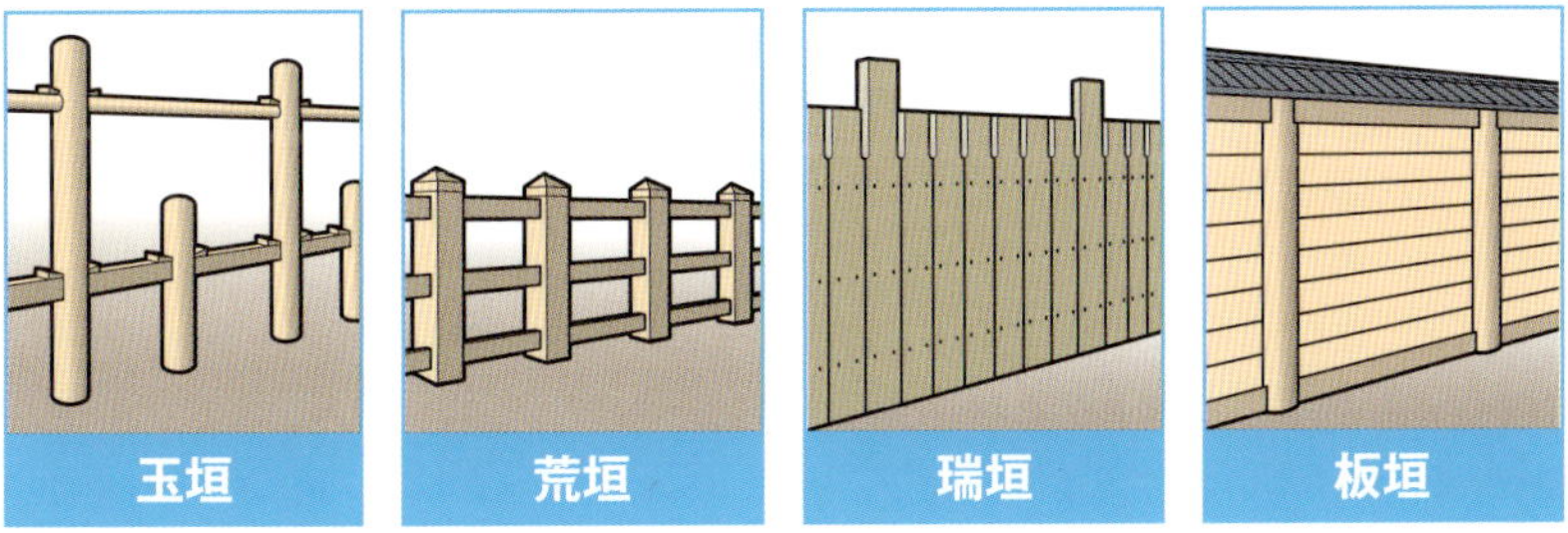

神社の仕組み

12 参道と玉砂利

神様や参拝者の通り道

参道の中央を横切ってはダメ！

鳥居から拝殿まで続いている道が**参道**《さんどう》である。参道の中央は「**正**《せい》**中**《ちゅう》」と呼ばれ、**神様の通り道**とされている。

つまり、正中は**本殿の神が俗界に渡る道**であるため、踏み入ってはならない聖域である。そのようなわけで、参道を歩くときには、真ん中を歩かないように注意しなければならない。

たとえば、伊勢神宮の参道のはじめにある***宇治橋**《うじばし》には、中央を横切ることがないように**盛り木**がほどこされている。

また参道は、神に近づくための気分を高揚するのに重要である。参道を屈折させたり、階段を設けたりなどの変化をつけているのはそのためである。また祭礼の際にこれらの参道には屋台が立ち並ぶこともある。

神社の門前に形成された**門前町**《もんぜんちょう》では、その町の往来が参道となっている場合が多い。おしゃれなブランドショップが並ぶ東京都渋谷の**表参道**は、明治神宮の参道から発展した町である。

神域と参拝者を清める玉砂利

参道に敷き詰められた小石を**玉**《たま》**砂利**《じゃり》と呼ぶ。玉砂利の玉は「**タマ（霊）**」に通じ、特別に大切で美しい小石という意味がある。玉砂利を敷くのは、その場所を清め、それを踏みながら参拝する人々の心を清めるためである。

ところで本殿の周囲に玉砂利を敷いている神社もある。参道や本殿は神聖な場所であるため、玉砂利も清浄なものを使用する。特に伊勢神宮の御正殿の周囲に敷く小石は、宮川の河原の丸い白石を採取したもので、二十年に一度取り替える。玉砂利を踏みしめながら、次第に心身が清められていくのを実感する。

＊ **宇治橋**：伊勢神宮内宮の参道口にある橋のこと。内宮のシンボルともされている。橋の両端には神明鳥居が建てられている。冬至の前後には、この宇治橋の鳥居から日の出を見ることができるので大勢の人でにぎわう。

神社の参道

❖ 神社の参道とはなにか？

参道とは、鳥居から拝殿に至までの道をいう。

↓

参道の中心は「正中《せいちゅう》」と呼ばれ、神様の通り道である。

↓

そのため、人は踏み入ってはならないとされ、歩くときは参道の端を歩く。

北野天満宮の参道（京都市上京区）

伊勢神宮内宮の宇治橋には、中央に盛り木が置かれいる。

要点 正中とは本殿に鎮座する神が俗界に渡御《とぎょ》するための道である。

神道こぼれ話

とおりゃんせのわらべ歌の細道とは？

「とおりゃんせ　とおりゃんせ　ここはどこの細道じゃ　天神様の細道じゃ　ちっととおしてくだしゃんせ　*ご用のないものとおしゃせぬ」というわらべ歌がある。この細道は小田原市国府津の菅原神社の参道が*発祥地とされる。

歌の続きは「この子の七つのお祝いに　お札を納めに参ります　行きはよいよい　帰りはこわい　こわいながらもとおりゃんせ　とおりゃんせ」となっている。この「七つのお祝い」とは、七五三を指している。子どもは「七歳になるまで神の子」とされていた。しかし七歳になると、地域の一員となり「神の子」といわれなくなる。だから「行きはよいよい　帰りは怖い」のであるとも…。

＊**「ご用のないものとおしゃせぬ」**：昔は「手形のないものとおしゃせぬ」と歌われていた。つまり子どもの七五三の祝いの御札を納めに関所を通る歌である。

＊**とおりゃんせの発祥地**：一説に、埼玉県川越市にある三芳野神社が「とおりゃんせ」の発祥地とされており、そこには石碑が建っている。

神社の仕組み

13

神社の神紋

神社にもそれぞれ紋章がある

神紋の中で一番多いのは巴紋

それぞれの家に家紋があるように、各神社にも神紋《しんもん》がある。神社そのものの紋のほか、祭神の紋、その神社の神職を務める社家《しゃけ》の紋などがある。

神紋は平安時代末期頃から使われ始め、鎌倉時代には多くの神社で用いられるようになった。勧《かん》*請《じょう》した神社や同じ系統の神社などの場合、同種の神紋を複数の神社で用いることが出てきた。

神社の紋章の代表格が巴紋《ともえもん》である。全国の神社では巴紋が最も多い。巴紋は八幡宮などの神紋であり、武士が各地で八幡宮を勧請したために全国に広まったとされる。この巴紋の形の由来はさまざまな説がある。中でも有力なのが流水を意味する説である。また巴紋が稲光の変形とも考えられ、神霊を表す神のシンボルとされる。

有名な家紋も神紋と縁が深い

菊紋は天皇家の紋章としてよく知られているが、これを神紋に用いている神社も多い。明治時代以前はごく限られた神社だけが使用していたが、近代社格制度（⬇P54）が定められ、菊紋の使用が認められると、これを神紋とする神社が急速に増えた。

豊臣秀吉《とよとみひでよし》の家紋である桐紋《きりもん》も、天皇家が古くから使用していた。天皇家からこの紋を授与された秀吉は、皇室の権威を利用しようと全国の神社に桐紋を授けたために広まった。

徳川家の家紋として有名な葵紋《あおいもん》は、もともと京都の上賀茂《かみがも》・下鴨《しもがも》神社の神紋である。徳川家康が継いだ松平氏は、三河国松平村が加《か》*茂郡《もぐん》だったため、家康は葵紋を採用した。徳川氏が葵紋を二葉葵《ふたばあおい》から三つ葉葵に変形させたため、徳川家の権威にあやかり徳川と縁のある神社が盛んに葵紋を用いた。

＊**勧請**：祭神の分霊を別の場所に移して祀ること。
＊**加茂郡**：上賀茂・下鴨神社のように有力な神社は、各地に神社の領地をもっていた。加茂郡もその中のひとつ。

神紋の種類のいろいろ

巴紋

宇佐神宮（大分県）

十六弁八重菊紋

明治神宮（東京都）

五七桐紋

大神神社（奈良県）

上り藤紋

石上神宮（奈良県）

徳川葵紋

日光東照宮（栃木県）

二葉葵紋

賀茂御祖神社（京都府）

桜花紋

平安神宮（京都府）

陰花菱

住吉大社（大阪府）

梅花紋

太宰府天満宮（福岡県）

木瓜《もっこう》紋

八坂神社（京都府）

束ね稲紋

伏見稲荷大社（京都府）

八雲《やくも》紋

氷川神社（埼玉県）

神紋のランキング

1	巴紋	1044
2	桐紋	268
3	菊紋	215
4	梅紋	139
5	葵紋	112
6	菱紋	112
7	木瓜紋	102

旧社格が郷社以上の神社に限った神紋のランキングは、巴紋が一番多い。ただし小さな神社を含めると、稲紋が最も多い。これは稲荷社の数が多いためである（丹羽基二『神紋』秋田書店より）。

神社の仕組み

14

神社に奉職して神事に仕える 神職・巫女とは？

神様と人間との仲介をする役

私たちは神に祈願できても、神の意思を知ることができない。したがって神と人との間に立ち、神の意志を人に伝え、また人の願いを神に届ける仲介者が必要となる。この役割を担っているのが**神職**や**巫女**《みこ》である。神職を**神主**《かんぬし》ともいうが、これは祭祀を担当する神社の職員を指す場合が多い。

しかし神主という語は本来、神祭の中心になって神に奉仕する神職の長を意味した。神、また**神の代弁者として振る舞う存在**であり、よって神主《かんぬし》とは役割の名称といえる。古くは神主《しんぬし》、祝部《はふりべ》などとも呼ばれた。

また巫女は、現在ではお守りやお札を授与し、**神楽舞**《かぐらまい》を舞うなど、神社において補助的な社務を担当する女性のことをいう。しかし、本来は神に仕える未婚の女性であり、祈祷《きとう》や神楽《かぐら》の際に神がかりして**託宣**《たくせん》*をしていた。

神職には職階・階位がある

現在の神職は**神社本庁**《じんじゃほんちょう》（➡P32）により職階が規定されている。伊勢神宮では最高位が**祭主**《さいしゅ》で、その下に大宮司《だいぐうじ》・少宮司《しょうぐうじ》、禰宜《ねぎ》、権禰宜《ごんねぎ》・宮掌《くじょう》が置かれている。一般の神社では、**宮司**《ぐうじ》、**権宮司**《ごんぐうじ》、**禰宜**《ねぎ》、**権禰宜**《ごんねぎ》を神職としている。

また神職には職階のほかに階位と身分がある。階位の順は、浄階《じょうかい》・明階《めいかい》・正階《せいかい》・権正階《ごんせいかい》・直階《ちょくかい》であり、身分は特級・一級・二級上・二級・三級・四級がある。

なお、巫女になるには、特に資格を必要としない。

こうした神職の正装は、主として**平安時代の公家**（貴族）のものを踏襲したものである。基本的には**白衣**以外の装束は身につけないことになっている。ただし祭祀の際は、左図のような装束をそれぞれ着用する。

＊**託宣**：この場合、神がかりした巫女の口から伝えられる神の意志のお告げをいう。

神々に仕える神職・巫女

神職のランク

多くの神社は、神社本《じんじゃほん》庁《ちょう》に属している（一部例外もある）。神社本庁が定めた神職の序列に、階位がある。上から浄《じょう》階《かい》、明階《めいかい》、正階《せいかい》、権正階《ごんせいかい》、直階《ちょくかい》と五段階の階位がある。また神職には、もうひとつ職階がある。中でも宮司は、神社の最高責任者である。宮司の下は、権宮司《ごんぐうじ》、禰《ね》宜《ぎ》、権禰宜《ごんねぎ》と続く。

神職の階位

神職の職階

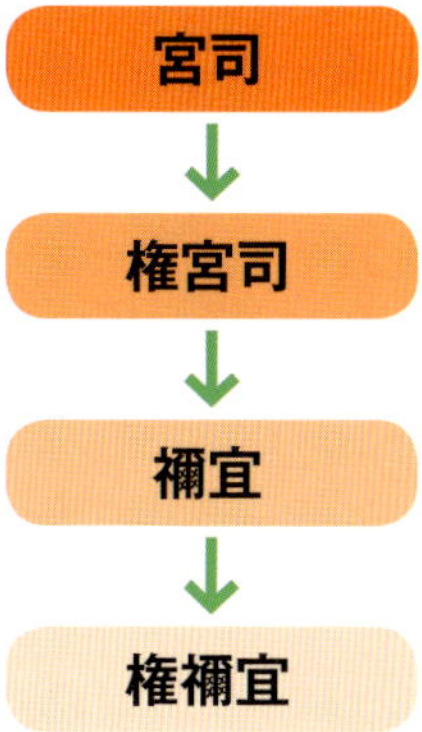

神職・巫女の装束

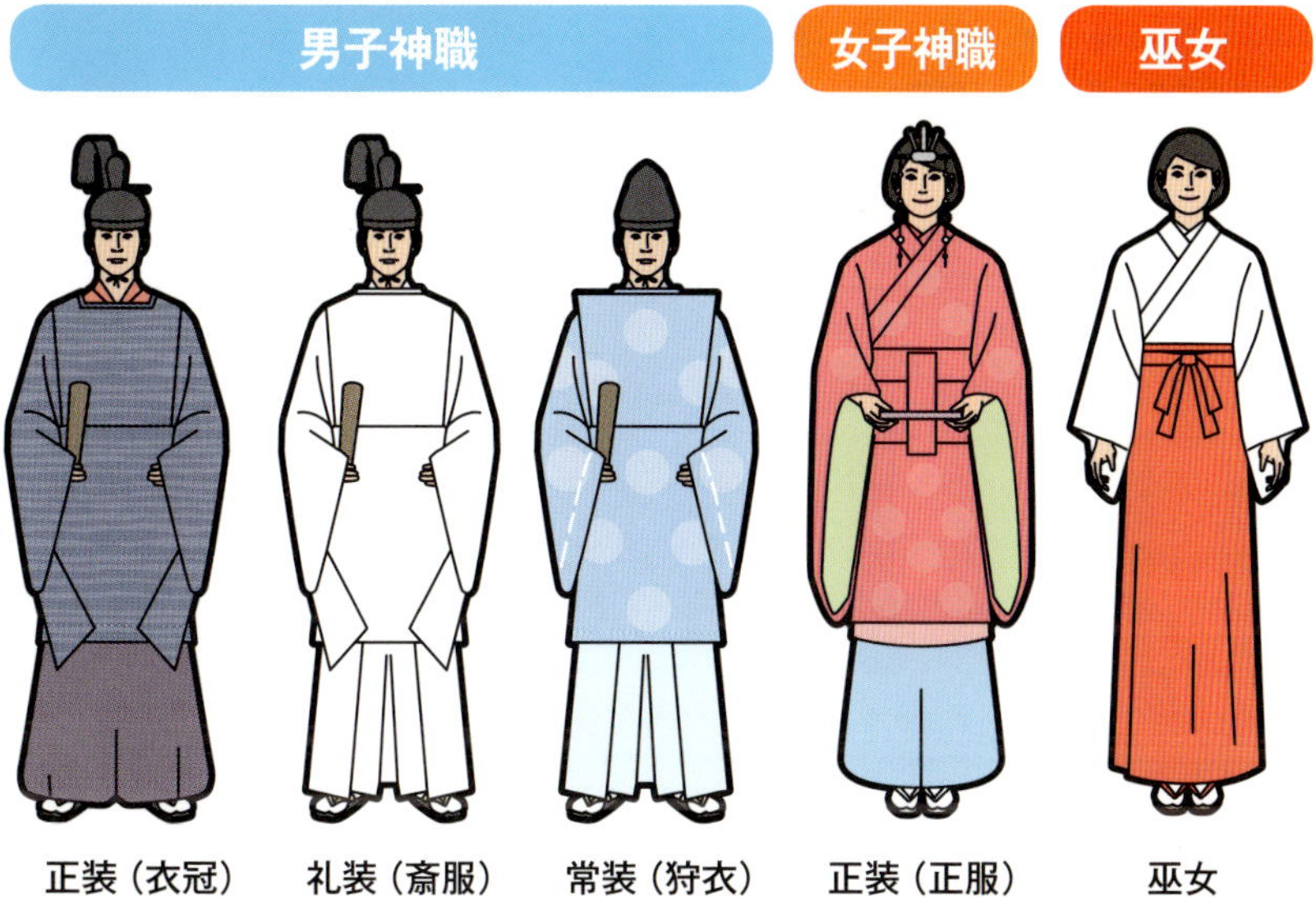

神職は基本的には、白衣以外の装束は用いない。なぜなら白は、浄明正直《じょうみょうせいちょく》を示すといわれているからである。一方、祭祀のときには、上記の装束を着用する。大祭には正装、中祭には礼装、小祭には常装を着用する。

神道コラム 4

特殊な形の鳥居

P68～69で紹介した鳥居以外にも、
全国に一カ所にしか存在しない特殊な鳥居がある。
ここでは、そのような珍しい鳥居を紹介する。

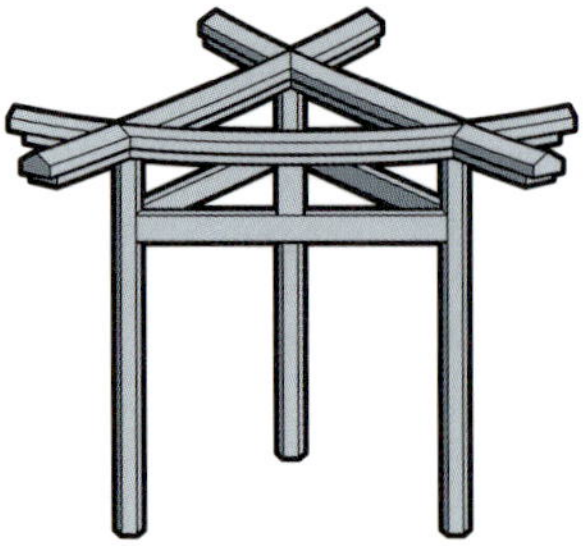

三《みつ》柱《ばしら》鳥《とり》居《い》

春日鳥居を三つ鼎《かなえ》状に組み合わせた鳥居で、唯一無二の形である。京都の木島坐天照御《このしまにますあまてるみ》霊神社《たまじんじゃ》にある鳥居で、なぜこの形になったか謎に包まれた不思議な鳥居。

奴《ぬ》禰《ね》鳥《とり》居《い》

明神鳥居の中央の額束に左右から扠首棹《さすざお》をかけたもの。京都の錦天神の末社の日の出稲荷社の鳥居や、伏見稲荷大社の山間の峰にある荷田社の前の鳥居などにみられる。

唐《から》破《は》風《ふ》鳥《とり》居《い》

京都御所《きょうとごしょ》内の旧九条邸跡にある嚴島神社《いつくしまじんじゃ》だけにしか存在しない鳥居。春日鳥居の笠木《かさぎ》と島木《しまぎ》がせり上がり、建築様式である唐破風状の形になっている。

内《ない》宮《ぐう》源《げん》・外《げ》宮《ぐう》宗《そう》鳥《とり》居《い》

京都の吉田神社の大元宮《だいげんきゅう》後方にある東神明社・西神明社の鳥居。柱の断面が八角形になっており、「内宮源」「外宮宗」と記した額束《がくづか》の上に板庇《いたびさし》がついている。

5章

神道の祭

神道の祭

1

祭の意味

神道や神社の根本となる「祭」

「祭」という言葉の意味とは？

「祭」の語源は、「**奉る**《たてまつ》（**捧げる**）」という言葉と関係が深い。神に食事や酒などの品々（**神饌**《しんせん》）を捧げ、それを下《おろ》してきて、きちんとすわり直して共食共飲すること（**直会**《なおらい》）により神と人、人と人とが結ばれること。これが「祭」である。

また「**まつろう**」という言葉は、神の霊威に服従し、奉仕するという意味で、「祭」という言葉の由来になったともいう。

さらに「祭」には、神の降臨を「**待**《ま》**つ**」という意味も込められている。神の訪れを待ち、神からのメッセージである神託を乞うのが「祭」であるともいわれる。

このような説明の一方で、「祭」には、**日常的な人間の意識を無の状態にし、そこに神霊の力を取り込んで、心身ともに別の新しい人間に生まれ変わる**という働きもみられる。祭に参加して生まれ変わった人が日常に戻ると、新たに得られた力で周囲にもよい影響を与えるとされている。

こうした神祭《しんさい》を行うための場所が、神社なのである。つまり神社とは、神祭を行うからこそ神社といえるのである。

祭祀は大きく四種類に分けられる

全国各地のさまざまな場所でさまざまな祭が行われている。その中で祭祀を大きく分けると四種類ある。皇居の**宮中三殿**《きゅうちゅうさんでん》で行われる**宮中祭祀**《きゅうちゅうさいし》（➡P90）、伊勢神宮（三重県伊勢市）で行われる**神宮祭祀**《じんぐうさいし》（➡P92）、全国の神社で行われる**＊神社**《じんじゃ》**祭祀**《さいし》（➡P96）、そして各家庭でも祭祀が行われており、これを**家庭**《かてい》**祭祀**《さいし》という。

これらとは別に、その地方や神社独特の由緒や由来に基づいて行われる**特殊神事**もあり、それらには郷土色豊かな地域性がみられ、伝統文化が凝縮されている。

＊**神社祭祀**：元来、神社に共通する行事作法が存在したわけではなく、宮中の作法を基準としてきた。そのため明治になってから神社の祭典の基本原則である『神社祭式』が制定された。その後、細則である『神社祭式行事作法』が制定、公布された。

祭とはなにか？

「祭」の言葉の由来

祭

奉《たてまつ》る

上位の存在（＝神）に対していろいろな供物《くもつ》（神饌《しんせん》）を捧げ、それを下《おろ》して共食共飲（直会《なおらい》）をする。

待《ま》つ

神の訪れを待ち、神からのメッセージである神託《しんたく》を願う。そして日常に神の意思を反映させる。

まつろう

人間にない力を持つ神の霊威に対して、服従し、奉仕して、供物を捧げて饗応《きょうおう》する。

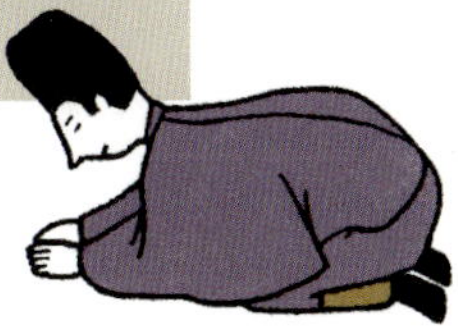

祭祀の分類

分類	内容
宮中祭祀《きゅうちゅうさいし》	天皇に関する祭で、即位に伴う大嘗祭《だいじょうさい》から新嘗祭《にいなめさい》、神嘗祭《かんなめさい》など、神宮祭祀とも関係が深い（➡P90）。
神宮祭祀《じんぐうさいし》	皇室の祖神・天照大御神を祀る伊勢神宮に関する祭祀（➡P92）。
神社祭祀《じんじゃさいし》	全国の諸社で行われる。明治時代以降、法的に定められ、大祭・中祭・小祭に区分された（➡P96）。特殊神事は神社祭祀に含まれる。
家庭祭祀《かていさいし》	各家庭におけるさまざまな祭のこと。主として神棚や祖霊舎《それいしゃ》を中心に行われる。

神道の祭

2 神饌と直会

神様への供物には霊威が宿る

最も重要な供物は日本人に欠かせない米

養老令の『神祇令《じんぎれい》』第十六条によれば、祭祀《さいし》に供えるものとして幣帛《へいはく》・飲食・果実とある。幣帛は絹を束ねたもの、飲食は米と酒、そして果物である。現在も祭祀での供物は飲食と果物が供えられ、これらを**神饌**《しんせん》*と総称している。

これは、食べ物を得られたことを神に感謝し、神に供えた食べ物がこれからも豊富に手に入れられるように、神に祈願しているのである。

神饌の種類には、食べ物を生のまま供える**生饌**《せいせん》と、私たちの食事と同じように調理してから供える**熟饌**《じゅくせん》がある。神社祭祀においては、生饌として稲穂や洗米があり、熟饌には炊いたご飯や餅、酒などがある。

米以外にも、生命の維持に欠かせない水や塩、野菜や果実、魚介類が神前に供えられる。狩猟の獲物を供える祭もまれに存在する。

たとえば、長野県の諏訪湖の周辺に鎮座している諏訪大社の上社《かみやしろ》本宮《もとみや》の御頭祭《おんとうさい》では、鳥と鹿肉、そして鹿頭が供えられる。

神の霊力を体内に取り入れる直会

これらの神饌は、祭式が終わると神前から下げて、祭の奉仕者や参加者にふるまわれ、皆でともに食べる。この神事を**直会**《なおらい》という。直会は神酒《みき》をいただくだけの簡単なものも多いが、とても重要な神事なのである。

その目的は、あらたまって神への供物をともに飲み、食すること（**神人共食**《しんじんきょうしょく》）で、神と人、あるいは人と人を結びつけることと考えられている。また神に供えたものを飲食することで、その神秘的な霊威を体内に取り入れることができ、自分の魂も新たな活力を得る。それによって病気にかからなくなると信じられてきた。

＊**神饌**：人々が最も恩恵を受ける飲食を神にもお供えする。飾りつけ、調製方法が神社によって違うのは、その神饌がその土地で最も好まれた調製・調理法であること、その祭神が好んだ盛り付けであるとの理由による。

神饌とは何か？

神饌の内容

生饌《せいせん》 = 生のまま供えた神饌。

熟饌《じゅくせん》 = 調理して供えた神饌。

神饌とは、神を饗応するとき、神に供える飲食のこと。神饌の内容は神社によって異なり、その土地で祀る神に最も喜ばれるものを供えた。

下鴨神社の神饌の模型（國學院大學神道資料館蔵）

特殊な神饌の例

神饌	内容
百味御食《ひゃくみおんじき》*	談山神社《たんざんじんじゃ》（奈良県）の嘉吉祭《かきつさい》で供えられる仏教色の強い神饌。昔は百種類の食物を供えていた。
ぶと米	春日大社《かすがたいしゃ》（奈良県）の若宮御祭《わかみやおんまつり》では、油で揚げた唐菓子《からかし》を供える。中国の影響を受けている。
御染御供《おそめのごく》	春日大社（奈良県）の若宮御祭では、米を赤・青・黄色の三色に染め分け、円筒形に調製する。
笠の餅	酒井神社《さかいじんじゃ》と両社神社《りょうじゃじんじゃ》（滋賀県）の「おこぼまつり」では、小餅を盛った上に大きな平餅を笠のようにかぶせる。

神宮神田（楠部町）での御田植初（神宮司庁写真提供）

神道こぼれ話

神饌を調達する特別な神田

神に捧げる神米は、特別な田で作られている。伊勢神宮では、神田や御料田の施設があり、うるち米や餅米、古代米である赤米・黒米が作られている。田植は「御田植式」という祭が伊勢神宮の神田や別宮である伊雑宮《いざわのみや》で行われている。こうした神饌の食材調達は、独自のしきたりが今も息づいている。それは伊勢神宮だけでなく、各地の神社でも厳格に執り行われている。

* **百味御食**：百種の味をいうのではなく、人が神仏に捧げるその土地における食料すべてということである。本来は、仏教的色彩が濃厚な供物であり、仏への供物であったが、明治初年の神仏分離令によって、談山神社の嘉吉祭の特殊神饌として現代にまで伝わったものである。

神道の祭

3 宮中祭祀

皇居で行われる天皇の祭祀

天皇皇后両陛下は国民の幸せを神々に祈願する

宮中祭祀《きゅうちゅうさいし》（朝廷祭祀）は、＊**宮中**《きゅうちゅう》**三殿**《さんでん》と三殿に附属した神嘉殿《しんかでん》などで行われる。天皇・皇后両陛下は皇室の祖神である**天照大御神**《アマテラスオオミカミ》をはじめ、歴代の皇霊、八百万《やおよろず》の神々に国家安泰や五穀豊穣を祈り、国民の幸せと繁栄を祈る。

　現行の宮中祭祀は、古代の律令体制で定められた古式を継承している。明治四十一（１９０８）年に制定された「**皇室祭祀令**《こうしつさいしれい》」は皇室祭祀に関する最初の法令である。

　昭和二十二（１９４７）年、「**皇室典範**《こうしつてんぱん》」の改正に伴い「皇室祭祀令」は廃止されたが、現在でも年間に二十件ほどの祭祀が行われている。宮中祭祀には大祭《たいさい》と小祭《しょうさい》があり、大祭とは天皇ご自身が祭典を行う親祭《しんさい》で、**御告文**《おつげぶみ》を奏上する。小祭は、**掌典長**《しょうてんちょう》（皇室の祭祀を行う職員の長）を中心に祭典を執り行い、天皇は拝礼を行う。

神話がルーツとなる宮中祭祀も多い

　宮中恒例祭祀で最も重要な**新嘗祭**《にいなめさい》は、天皇がその年に収穫された新穀を皇祖はじめ神々にお供えになり、自らもこれを召し上がりになる祭祀である。また新たに即位した天皇が初めて執り行う新嘗祭は**大嘗祭**《だいじょうさい》と呼ばれ、天皇が一世に一度だけ行う大きな祭であり、宮中祭祀のうち最も重要な祭祀とされる。

　新嘗祭の前日には**鎮魂祭**《ちんこんさい》が行われた。これは、日神《ひのかみ》である天照大御神が**天岩屋**《あまのいわや》に籠り、神々の神事によって再び姿を現したという神話（➡P124）に基づくとの説がある。諸説はあるが、生命力復活の儀式と解釈される。

　つまり、古い日神が没し、新しい日神が誕生する祭典を行う。その日神・天照大御神の子孫である天皇の魂の活力を高めるために行われる祭儀とも説明される。

＊**宮中三殿**：賢所《かしこどころ》・皇霊神殿《こうれいしんでん》・神殿《しんでん》の三棟の御殿から構成される。宮中三殿が成立するのは、明治維新後である。吹上御苑内の東南部に位置して、三殿が連続する形で南面して立っている。賢所は他よりも一尺高く、一番尊いとされる。

主要な宮中祭祀

月日	祭儀	内容
1月1日	四方拝《しほうはい》	元旦早朝に天皇陛下が伊勢神宮・山陵・四方の神々をご遥拝になる年中最初の祭儀。
	歳旦祭《さいたんさい》	元旦早朝に三殿で行われる年始の祭典。
1月3日	元始祭《げんしさい》	皇位の大本と由来を祝い、国家国民の繁栄を三殿で祈る。
1月4日	奏事始《そうじはじめ》	掌典長が年始にあたって、祭事のことを天皇陛下に申し上げる。
2月17日	祈年祭《としごいのまつり》	三殿で行われる年穀豊穣祈願の祭典。
春分の日	春季皇霊祭《しゅんきこうれいさい》	春分の日に皇霊殿で皇祖の心霊を祀る祭典。
	春季神殿祭《しゅんきしんでんさい》	春分の日に神殿で行われる神恩感謝の祭典。
4月3日	神武天皇祭《じんむてんのうさい》	神武天皇の崩御相当日に皇霊殿で行われる祭典。
	皇霊殿御神楽《こうれいでんみかぐら》	神武天皇祭の夜に御神楽を奉奏して神霊をなごめる祭典。
6月30日	節折《よおり》	天皇陛下のために行われるお祓いの行事。
	大祓《おおはらい》	神嘉殿の前で皇族をはじめとして国民のために行われるお祓いの行事。
秋分の日	秋季皇霊祭《しゅうきこうれいさい》	秋分の日に皇霊殿で皇祖の心霊を祀る祭典。
	秋季神殿祭《しゅうきしんでんさい》	秋分の日に神殿で行われる神恩感謝の祭典。
10月17日	神嘗祭《かんなめさい》	賢所に新しい穀物をお供えする神恩感謝の祭典。この朝、天皇陛下は神嘉殿で神宮を遥拝する。
11月23日	新嘗祭《にいなめさい》	天皇陛下が神嘉殿で新穀をお供えし、自らもお召し上がる最も重要な祭典。
12月中旬	賢所御神楽《かしこどころみかぐら》	夕刻から賢所で御神楽を奉奏して神霊をなごめる祭典。
12月23日	天長祭《てんちょうさい》	天皇陛下のお誕生日を祝して、三殿で行われる祭典。
12月31日	節折《よおり》	天皇陛下のために行われるお祓いの行事。
	大祓《おおはらい》	神嘉殿の前で皇族をはじめとして国民のために行われるお祓いの行事。

（宮内庁HPの「主要祭儀一覧」を参照）

神道の祭

4

神宮祭祀

特殊な祭祀が多い伊勢神宮

日本の稲作に基づく伝統的な祭

伊勢神宮の祭祀を神宮祭祀《じんぐうさいし》という。内宮の祭神で皇室の祖神・天《アマ》照大御神《テラスオオミカミ》、また外宮の祭神である豊受大神《トヨウケノオオカミ》、さらに神宮に属する別宮《べつぐう》・摂社《せっしゃ》・末社《まっしゃ》・所管社《しょかんしゃ》に関わる祭祀のことである。これらは詳しくは「神宮祭祀令《じんぐうさいしれい》」に規定されている。

神宮ではさまざまな祭祀が執り行われているが、その中心は、五穀豊穣を祈願し感謝する祭儀である。毎年十月には、その年の初穂を天照大御神に奉り、その恵みに感謝する神嘗祭《かんなめさい》、十一月には宮中で天皇が新穀を神々に奉じるに際し、神宮へ勅使を遣わす新嘗祭《にいなめさい》が行われる。いずれも、稲作が天照大御神の恵みを受けながら営まれてきたことを示すものである。こうした祭祀は、当然のことながら宮中祭祀と深い関わりをもつものである。

社殿をすべて建て替える式年遷宮

神宮祭祀の中でも特に重視されているのが、*式年遷宮《しきねんせんぐう》と呼ばれる一連の諸祭典・行事である。最初に式年遷宮（⬇P94）が行われたのは七世紀のことで、以来千三百年以上にわたって続けられている歴史と伝統のある祭儀である。

式年遷宮とは、二十年に一度、両宮の正殿をはじめ、宝殿、玉垣などすべての建物を造り替え、装束や調度品も新調し、御神体を新築した正殿に遷《うつ》す。

神殿の用材伐採の安全を祈願する山口祭《やまぐちさい》に始まり、用材を伐採する御杣始祭《みそまはじめさい》、用材を神宮の敷地内に引き入れる御木曳初式《おきひきぞめしき》、地鎮祭《じちんさい》に相当する鎮地祭《ちんちさい》、正殿の御柱を立てる立柱祭《りっちゅうさい》、御正殿が建つ敷地に白石を敷きつめる御白石持行事《おしらいしもちぎょうじ》などを経てクライマックスとなる遷御《せんぎょ》に至るまで、八年間にも及ぶ大祭儀である。

＊**式年遷宮**：御神体を新しい正殿に遷《うつ》す祭典は、690年に内宮、696年に外宮において初めて行われ、以後、ほぼ20年おきの間隔で現在に至り、平成25年に62回目を迎える。

伊勢神宮の主な祭祀

月次祭《つきなみさい》

- 6月15日・16日、12月15日・16日（外宮）
- 6月16日・17日、12月16日・17日（内宮）

由貴大御饌《ゆきのおおみけ》を午前10時と翌午前2時の2度奉《たてまつ》る。さらに正午からは天皇のお供えである幣帛《へいはく》を勅使《ちょくし》が参向して奉る奉幣《ほうへい》の儀が行われる。

大祓《おおはらい》

- 6月30日、12月31日

大祭が行われる前月の末日に神宮神職・楽師《がくし》を祓い清める行事。特に6月、12月の末日には全職員の大祓《おおはらい》が行われる。写真は、内宮での祓所《はらいど》の大祓。

神嘗祭《かんなめさい》

- 10月15日～16日（外宮）
- 10月16日～17日（内宮）

その年の新穀《しんこく》を最初に天照大御神《アマテラスオオミカミ》に捧げて、御神徳《ごしんとく》に感謝を申し上げる。神宮の中で最も重要な祭。由貴大御饌《ゆきのおおみけ》と奉幣《ほうへい》を中心に行われる。

新嘗祭《にいなめさい》

- 11月23日

宮中で新穀を天皇陛下自らが神々に奉られ、自らもお召し上がりになる。神宮では大御食《おおみけ》の儀と勅使を遣わし、奉幣《ほうへい》の儀が行われる。

神宮司庁写真提供

二十年に一度の式年遷宮

遷宮行事一覧	内容
山口祭《やまぐちさい》	式年遷宮の最初の祭儀。御造営の用材を伐り出す御杣山《みそまやま》の神を祀る。
木本祭《このもとさい》	御正殿床下の心御柱の御用材を伐採する祭儀。御木の木本の神を祀る。
御杣始祭《みそまはじめさい》	御杣山《みそまやま》で伐採作業を始める。御神体を納める御樋代《みひしろ》の用材を伐る。
御樋代木奉曳式《みひしろぎほうえいしき》	御神体を納める御樋代の御用材を、両宮域内に曳き入れる祭儀。
御船代祭《みふなしろさい》	船形の「御船代《みふなしろ》」の御用材を伐採する祭儀。
御木曳初式《おきひきぞめしき》	御造営用材の搬入をする伝統的な行事。
木造始祭《こづくりはじめさい》	御造営の開始に際し、作業の安全を屋船大神《ヤフネノオオカミ》に祈る祭儀。
御木曳行事《おきひきぎょうじ》（第一次）	旧神領の住民が御用材を両宮に曳き入れる盛大な行事。
仮御樋代木伐採式《かりみひしろぎばっさいしき》	遷宮の際に御神体を納める仮御樋代と仮御船代の御用材を伐採する。
御木曳行事《おきひきぎょうじ》（第二次）	旧神領の住民が二カ月間にわたり御用材を両宮に曳き入れる行事。
鎮地祭《ちんちさい》	御造営作業の安全を祈り新宮の大宮地《おおみやどころ》の神を祀る。
宇治橋渡始式《うじばしわたりはじめしき》	宇治橋も新しくされ、古式に則り渡り始めが行われる。
立柱祭《りっちゅうさい》	正殿の建築の始めに際し、御柱を立て奉る祭。
御形祭《ごぎょうさい》	正殿東西の妻の束柱にある御形《ごぎょう》を穿《うが》つ祭儀。
上棟祭《じょうとうさい》	正殿の棟木を上げる祭儀。
檐付祭《のきつけさい》	新殿の御屋根の萱《かや》を葺《ふ》き始める祭儀。

奉幣（神宮司庁写真提供）

立柱祭（神宮司庁写真提供）

甍祭《いらかさい》	新殿の御屋根の葺き納めの祭儀で甍覆《いらかおおい》などの金物を打つ。
御白石持行事《おしらいしもちぎょうじ》	正殿が建つ御敷地に敷く白石を旧神領に住む人々が奉献する行事。
御戸祭《みとさい》	新殿に御扉を取り付ける祭儀。
御船代奉納式《みふなしろほうのうしき》	御神体の鎮まる御船代《みふなしろ》を殿内に奉納する。
洗清《あらいきよめ》	新殿竣工にあたり殿内を洗い清める祭。
心御柱奉建《しんのみはしらほうけん》	心御柱の奉建は遷宮諸祭の中でもひときわ重んじられてきた深夜の秘儀。
杵築祭《こつきさい》	新殿竣工に際し、御敷地である大宮地《おおみやどころ》を突き固める祭儀。
後鎮祭《ごちんさい》	新殿の竣工に際し、大宮地《おおみやどころ》の平安を祈る。
御装束神宝読合《おんしょうぞくしんぽうとくごう》	御装束神宝《おんしょうぞくしんぽう》の式目《しきもく》を新宮《にいみや》の四丈殿《よじょうでん》で読み合わせる儀式。
川原大祓《かわらおおはらい》	神宮祭主《じんぐうさいしゅ》以下の奉仕員を祓い清める。
御飾《おかざり》	遷御の当日、殿内を装飾して遷御の準備をする。
遷御《せんぎょ》	大御神が本殿から新殿へとお遷《うつ》りになる遷宮諸祭の中核をなす祭儀。
大御饌《おおみけ》	遷御翌日の早朝、はじめて大御神に大御饌《おおみけ》といわれる神饌を奉る。
奉幣《ほうへい》	天皇陛下から奉られる幣帛《へいはく》を奉納する。
古物渡《こもつわたし》	古殿内の御神宝類を新殿の西宝殿に移す儀式。
御神楽御饌《みかぐらみけ》	御神楽《みかぐら》を行うに先立ち大御饌《おおみけ》といわれる神饌を奉る。
御神楽《みかぐら》	宮内庁の楽師により御神楽および秘曲が奉納される。

遷御

大御神《おおみかみ》が新しくなった正殿へと遷《うつ》る祭典で、8年間にわたる式年遷宮祭の中核をなす秘儀。奉仕員は、「召立《めしたて》」にしたがって御装束神宝を手にして整列、天皇陛下の御定めがあった時刻に大御神は大宮司《だいぐうじ》・少宮司《しょうぐうじ》・禰宜《ねぎ》に奉戴《ほうたい》されて本殿から出御《しゅつぎょ》され、新殿へ入御《にゅうぎょ》される。

（神宮司庁写真提供）

神道の祭

5

神社祭祀

祭祀にもランクがある

神社本庁の規程では大・中・小の祭祀がある

全国に所在する各神社では、年間を通じてさまざまな祭祀が執り行われている。現行の神社祭祀は、神社本庁《じんじゃほんちょう》（➡P32）が定めた『神社《じんじゃ》祭祀規程《さいしきてい》』によって、大祭《だいさい》・中《ちゅう》祭《さい》・小祭《しょうさい》に区分されている。

古代の律令時代においても、このような祭祀の区別が行われていた。祭祀を執り行う者が心身を清浄に保つことを斎戒《さいかい》*というが、律令時代に制定された『神祇令《じんぎりょう》』の十二条では、この斎戒の期間の長さに応じて大祀・中祀・小祀に区分してある。現行の神社祭祀の区分とは内容は異なるが、こうした区分の根底にある思想は同じであり、いずれも心身を清めるための斎戒が重視されている。

その神社オリジナルの祭祀もある

大祭のうち、最も重要なのは例《れい》祭《さい》である。その神社や祭神にとって特別に由緒のある祭で、一年に一度だけ行われる。

例祭は、春に五穀豊穣を祈願する祈年祭《きねんさい》、秋に収穫に感謝する新《にい》嘗祭《なめさい》とともに、神社の三大祭祀の一つとされている。

中祭は、元旦に行われる歳旦祭《さいたんさい》、一月三日に天皇の皇位の元始を祝う元始祭《げんしさい》、初代神武天皇の即位を祝う紀元祭《きげんさい》など、国家や公共に関わる性格の祭祀が多い。

小祭には月次祭《つきなみさい》や除夜祭《じょやさい》、日供《にっく》祭《さい》などがある。

さらに、『神社祭祀規程』で定められていない祭を雑祭《ざっさい》と称し、厄除祭《やくよけさい》や地鎮祭《じちんさい》、結婚式や七五三などの人生儀礼に伴う祭はこれに該当する。

このほか、一般の神社での祭式とは異なる、それぞれの神社や祭神にまつわる古い歴史や伝統をもつ独特の祭や神事を特殊神事《とくしゅしんじ》という。京都の祇園祭《ぎおんまつり》の山鉾巡行《やまほこじゅんこう》などが有名である。

＊**斎戒**：祭祀に奉仕する者が、祭祀を行う前に心身の清浄を保つために、穢れや障りに触れないように六種類の禁忌である六色禁忌《ろくじききんき》を守ることで、一定期間、特定の場所で行なわれた。清浄は神と交流するための条件とされてきた。

神社祭祀の区分

区分		内容
大祭《たいさい》		大祭式をもって行う祭祀のこと。例祭《れいさい》、祈年祭《きねんさい》、新嘗祭《にいなめさい》、式年祭《しきねんさい》、鎮座祭《ちんざさい》、遷座祭《せんざさい》、合祀祭《ごうしさい》、分祀祭《ぶんしさい》など、その神社に特別の由緒がある祭祀のこと。
	例祭《れいさい》	一年に一度、祭神や神社に由緒のある日に行われる例大《れいたい》祭《さい》。古くは大祭《おおまつり》、御祭《おんまつり》とも称され最も重要な祭礼。
	式年祭《しきねんさい》	由緒ある神社での定期的に行われる祭祀で、毎年行われる例祭より大規模。
中祭《ちゅうさい》		歳旦祭《さいたんさい》、元始祭《げんしさい》、紀元祭《きげんさい》、神嘗当日祭《かんなめとうじつさい》、明治祭《めいじさい》、天長祭《てんちょうさい》など、その他これに準ずる祭祀のこと。
小祭《しょうさい》		大祭、中祭以外のさまざまな祭祀が含まれる。神社の本殿の御扉の開閉を伴わない祭祀のこと。
雑祭《ざっさい》		『神社祭祀規程』に定める神社祭祀以外の祭祀で、人生儀礼に関わる七五三・結婚式など。

◉特殊神事

その神社にとって特別の由緒がある神事。独特の祭式次第や作法・儀礼がある。たとえば、鷽替神事《うそかえしんじ》*（太宰府天満宮《だざいふてんまんぐう》）・扇祭《おうぎまつり》（熊野那智大社《くまのなちたいしゃ》）・嘉吉祭《かきつさい》（談山神社《たんざんじんじゃ》）・流鏑馬神事《やぶさめしんじ》（鶴岡八幡宮《つるがおかはちまんぐう》など）・国府宮裸祭《こうのみやはだかまつり》（尾張大国霊神社《おわりおおくにたまじんじゃ》）などさまざま。

神道こぼれ話

なぜ祭は夜祭が多いのか？

祭礼には、ねぶた祭や秩父夜祭など、夜に行うものが多い。これは、神を迎えて祭を行うのは、太陽が沈んでからの夜間が本来の時間であったからである。

神と交流するための前段行事として神社の拝殿や籠り屋に参籠して、一夜を過ごす「通夜《つや》」がある。現在では通夜は死者を葬る前に親族が一晩寝ずに過ごす意味のみに用いられているが、もとは一晩中、神社やお寺の参籠所におこもりすることであった。

秩父夜祭（秩父観光協会写真提供）

＊**鷽替神事**：鷽《ウソ》が嘘《うそ》に通じることから、前年にあった災厄・凶事などを嘘とし、本年は吉となることを祈念して行われる神事。木彫りの鷽の木像である木うそを掛け声とともに人々が交換しあうことで有名。

神道の祭

6

神楽

日本の伝統芸能の元祖でもある

神楽舞は神の出現を表現

神楽《かぐら》とは神に奉納する神事芸能である。***天宇受売命《アメノウズメノミコト》**が、**天岩屋《あまのいわや》**の前で神がかりを行ったことが起源とされる（P124）。平安時代初期に成った『**古語拾遺《こごしゅうい》**』には、天宇受売命の子孫・**猿女君《さるめのきみ》**が宮中で行った**鎮魂儀《ちんこんのぎ》**を神楽と記している。こうした神楽は、**鎮魂**、**魂振《たまふり》**に伴う神遊びであった。

神楽を舞う人は必ず「**採《と》り物**」と呼ばれる鈴や御幣《ごへい》（P57）、笹、扇、剣などを持って踊る。これは単なる舞踊の装飾品ではなく、神が一時的に宿る**依代《よりしろ》**となる。

神楽の語源は「かみくら（神座）」とされている。これは依代である採《と》り物《もの》と、それを持つ舞人《まいびと》を指す言葉ともいえる。

神楽は大きく、宮中で行われる**御神楽《みかぐら》**と民間の**里神楽《さとかぐら》**に分けられる。御神楽は、古くは**内侍所《ないしどころ》御神楽《みかぐら》**と呼ばれ、内侍所《ないしどころ》（現在の賢所《かしこどころ》）の前庭に篝火《かがりび》を焚いて行う。

一方の里神楽は、山伏や神職が中心に行ってきたものである。**巫女神楽《みこかぐら》**・**出雲神楽《いずもかぐら》**・**霜月神楽《しもつきかぐら》**・**獅子神楽《ししかぐら》**が代表的な里神楽である。

高千穂神楽（高千穂町観光協会写真提供）

神道こぼれ話

神話がモチーフの高千穂神楽

宮崎県高千穂町の高千穂神楽は、天孫降臨伝説が生きている地であり、観光地として人気が高い。十一月中旬から翌年の二月上旬まで、各集落で三十三番の夜神楽が行われている。演目は最初が「彦舞」で最終が「雲下ろし」で終わる。ここで登場する舞手は神面をかぶり、神様の名前がついている。「戸取」の演目では、天岩屋戸伝説をモチーフに手力雄命《テヂカラオノミコト》が岩戸を開ける後半の山場である。

＊**天宇受売命**：天岩屋の前で踊り、岩屋の中にこもっていた天照大御神の興味を引いた女神。名前の「宇受売」はかんざしを意味するともいわれる。かんざし、櫛などは神霊の依代とされ、よってこの神名そのものにも神がかった巫女という意味が隠されている。

主な地方の里神楽

巫女神楽《みこかぐら》

巫女が神託を告げるための神懸《かみがか》りの舞を起源とする。それが洗練され様式化されたものが巫女舞だ。有名なものが、八乙女舞《やおとめまい》である。これは美しい衣装をまとった巫女が何人かで並んで舞う。祈祷や奉納舞の要素が強い。

鶴岡八幡宮の八乙女舞（鶴岡八幡宮写真提供）

出雲神楽《いずもかぐら》

「神能《しんのう》」「能舞《のうまい》」など神話を題材にした能を組み合わせて演じる。島根県の佐太神社《さだじんじゃ》の佐陀神能《さだしんのう》は、七座神《しちざしん》事《じ》・式三番《しきさんば》・神能《しんのう》の三つの舞をセットにした格調高い能神楽が行われ、他の里神楽に大きな影響を与えた。

佐太神社の佐陀神能（古代文化センター写真提供）

湯立神楽《ゆたてかぐら》

釜に湯を沸かして神々へ献上し、湯を人々に振り掛けて祓い清める。旧暦11月に行われるので霜月神楽《しもつきかぐら》ともいう。長野県の遠山霜月祭《とおやましもつきまつり》が有名。また愛知県の奥三河《おくみかわ》の花祭《はなまつり》では、鬼の舞を行い、湯立の湯囃子《ゆばやし》が行われる。

愛知県東栄町の花祭
（東栄町観光推進協議会写真提供）

獅子神楽《ししかぐら》

獅子神楽を行う伊勢大神楽（太太《だいだい》神楽《かぐら》）は、三重県桑名市の増田神社を本拠地とする。移動をする珍しい神楽で獅子舞と放下芸《ほうかげい》（曲芸）を中心にした構成である。西日本を中心に檀《だん》那場《なば》と呼ばれる集落を巡り、竈《かまど》祓いや悪魔祓いなどの獅子舞を奉納する。

伊勢大神楽（桑名市観光協会写真提供）

神道の祭

7

バサラやかぶきと結びついた 御霊会と風流

疫病の原因である怨霊を退散させる御霊会

奈良・平安時代の貴族たちは**疫病**《えきびょう》が流行するのは、無実により配流させられた人々の怨みの心が怨《おん》霊《りょう》となって祟ったものだと考えられた。この**御霊**《ごりょう》（➡P164）を鎮め、洛外に退散させるために行われたのが、**御霊会**《ごりょうえ》である。

最初に行われた御霊会は、貞観五（863）年に、朝廷主宰で京都の**神泉苑**《しんせんえん》で行われたものである。**崇道天皇**《すどうてんのう》（**早良親王**《さわらしんのう》）など六所の御霊を祀り、御霊を慰撫《いぶ》するために供物をして、雅楽を奏し、芸能を競った。後年、神社でも御霊会が行われるようになる。**八坂神社**《やさかじんじゃ》の**祇園祭**《ぎおんまつり》や、**今宮神社**《いまみやじんじゃ》の**やすらい祭**にも影響を与えている。

趣向をこらす風流が盛んになる

今宮神社のやすらい祭は、桜の花が散る頃になると悪い疫病が流行するということから、花鎮《はなしず》めの祭として平安時代から行われてきた。花で飾りたてた「**花傘**《はながさ》」の中に入ると悪霊を取り去って、病気になることがないとされる。この中で、**赤熊**《しゃぐま》をかぶった「**鬼**」が鉦《かね》や太鼓を叩きながら飛び交い、氏《うじ》子《こ》の町内を練り歩く。

一方の**祇園祭**は、貞観十一（869）年に、京都の神泉苑《しんせんえん》で六十六本の鉾《ほこ》を立てて祇園の神を祀ったことに始まる。中世に入り、町衆が次第に力をつけてくると、それぞれの山鉾の趣向を凝らすようになってくる。

こうした神様を楽しませるため、奉納する芸能に趣向を凝らし、大掛かりな仕掛けを施すことを「**風流**《ふりゅう》」といった。

室町時代から江戸時代初期にかけて、一遍上人《いっぺんしょうにん》の「**念仏踊**《ねんぶつおどり》」が展開して「**風流踊**《ふりゅうおどり》」が流行する。それは華やかな衣装や花笠をつけた「**バサラ**」*「**かぶき**」と呼ばれる風俗と結びつき一世を風靡した。

＊**バサラ**：中世における独特の美意識で、当時の権力や秩序を無視して、粋で華美な服装や豪奢なふるまいを好む風潮のことをいう。近江国の佐々木道誉は、その豪儀な振る舞いからバサラ大名と呼ばれた。

御霊会と風流

御霊会《ごりょうえ》とは、悪疫退散《あくえきたいさん》を目的としたもので、歌舞芸能を尽くして、歩射《ぶしゃ》や相撲《すもう》、流鏑馬《やぶさめ》などをしたり、神輿渡御の行列を行った。

↓

紫野《むらさきの》の今宮社《いまみやしゃ》（現・今宮神社《いまみやじんじゃ》）では、やすらい祭が行われてきた。桜や椿などで飾られた花傘《はながさ》を中心に、赤毛・黒毛の鬼たちがお囃子《はやし》に合わせて踊り歩く。

祇園社《ぎおんしゃ》（現・八坂神社）では、祇園祭が行われてきた。山《やま》や鉾《ほこ》が市中を練り歩き、夕方からは神輿祭《みこしまつり》が行われる。

要点 神に悪疫退散を祈願するにあたって、神に喜んでもらうために、趣向をこらした芸能が披露されるようになる。これを「風流《ふりゅう》」といい、芸能が祭そのものになった。

今宮神社のやすらい祭

八坂神社の祇園祭

『豊国祭礼図屏風』（徳川美術館蔵）。豊臣秀吉の七回忌に際して行われた祭礼を描いた屏風。豊国神社と方広寺大仏殿を中心とし、祭礼の中で華美な服装で風流踊に加わる町衆の熱気が描かれている。

神道の祭

8

神輿

祭礼を盛り上げる神様の乗り物

神霊が御旅所へ渡御するための乗り物が神輿

神は、普段は神社の本殿に鎮まっているが、祭礼の際には、本殿よりお出ましになる。このときに神が乗る乗り物が**神輿**《みこし》である。なお、神輿が神社からお出ましになることを**渡御**《とぎょ》といい、お帰りになることを**還御**《かんぎょ》という。

神輿の起源には、諸説あるが、天平勝宝元（749）年の東大寺大仏建立が進められていたとき、宇佐神宮の**大神杜女**《おおがのもりめ》が大仏造立に協力するために上京した際に、高貴な紫の輦輿《れんよ》に乗って、東大寺**転**《てん》**害門**《がいもん》をくぐった。そして大勢の僧侶と文武百官に迎えられたというのが発祥といわれる。

神社の社殿を小型化した神輿

神輿の形は、神社の本殿を模して小型化したものが多い。一般的には台と胴と屋根で構成され、屋根の中央には鳳凰《ほうおう》や葱花《ねぎばな》などをあしらい、台には何本かの棒を通して大勢で担ぐようになっている。

祭礼の日、神の**御分霊**《ごぶんれい》を移した神輿が神社から出るのを「**宮出**《みやだ》**し**」という。また、神輿が氏子《うじこ》区域内へ渡御する。これを神幸祭《しんこうさい》という。途中で神輿は留まって**饗応**《きょうおう》を受ける。その仮に留まる所を「**御旅**《おたび》**所**《じょ》」という。これは、神が本殿を離れて旅をし、町や村を来訪するという信仰に基づく。さらに氏子区域を練り歩き、再び**御神座**《おんかみざ》に還御するのが「**宮入**《みやい》**り**」である。

こうした神輿は平安時代以降、急速に普及する。**比叡山延暦寺**《ひえいざんえんりゃくじ》の僧兵による朝廷への**強訴**《ごうそ》の際、**日**《ひ》**吉大社**《よしたいしゃ》**の神輿**が奉載《ほうたい》され、強訴に利用されている。近世に入ると、江戸では、神社の**宮神輿**《みやみこし》だけでなく、各町内ごとに**町会神輿**《ちょうかいみこし》が作られた。たとえば、東京都では、**神**《かん》**田祭**《だまつり》・**三社祭**《さんじゃまつり》・***山王祭**《さんのうまつり》が知られており、いずれの祭礼も壮麗な**神輿**《みこし》**渡御**《とぎょ》が行われる。

---

* **山王祭**：東京都の日枝神社の山王祭は、本来、山車も伴う祭であったが、関東大震災と路面電車の普及により山車の巡幸はみられなくなってしまった。

各地の神輿

日吉大社の神輿
（滋賀県／日吉大社写真提供）

浅草神社の三社祭の神輿（東京都／浅草神社写真提供）

祇園祭の神輿（京都府）

神田祭の神輿（東京都／神田明神写真提供）

『日本橋魚がし旧天王祭団扇投之図』（日本銀行貨幣博物館蔵）。日本橋小舟町天王祭の様子を描いたもの。日本橋の魚河岸の周辺を練り歩きながら、おひねりや団扇などを投げている明治二十二年の浮世絵。

神道の祭

9

山車

突き出した飾りが神の依代となる

神の依代である「山」を巡幸させるのが山車

山車《だし》とは祭礼のときに引き出される車のことである。**屋台**《やたい》、**曳山**《ひきやま》、**傘鉾**《かさほこ》、**地車**《だんじり》、**車楽**《だんじり》、**太鼓台**《たいこだい》、**山笠**《やまがさ》、**曳物**《ひきもの》、**楽車**《だんじり》など、日本各地にさまざまな形式や名称がある。

山車には車のついたもの、人が担いで移動するもの、飾っておくだけで動かない**置山**《おきやま》がある。こうした山車は、各地で贅《ぜい》を尽くした豪華絢爛な祭絵巻を繰り広げている。山車の原型は、平安時代の「**標山**《しめやま》」である。標山とは、天皇が即位後に行う大嘗祭《だいじょうさい》で作られるものである。これは松の木などを飾った作り物で、神霊の鎮りの坐す山を表現している。これが、民間でも「標山」を模して作るようになり、のちに**祇園祭**《ぎおんまつり》で**山鉾**《やまほこ》として曳かれるようになった。

江戸市中を埋め尽くす山車が存在した

室町時代になると山車は、豪華絢爛な山車祭に変化していった。裕福な町衆たちによって、山鉾がたくさん作られるようになるのだ。その代表的な祇園祭は、福岡県の博多祇園祭の山笠《やまかさ》、飛騨高山祭の屋台《やたい》など全国の都市部などで見られるようになる。

商工業を主要産業とする都市の祭礼においては、その富裕な経済力を基盤として特色のある作り物がつくられ、祭礼で披露された。

特に関東では赤坂日枝神社の祭礼である山王祭と神田明神の神田祭で、数多くの山車が引き出され、**天下祭**と呼ばれるようになった。こうした山車の多くは、山車の上に人形など神の依代を乗せ、それらは豪華な作り物で飾られる。

関東一帯にあった山車は、明治時代に入ると、路面電車の普及や関東大震災によって山車の巡幸は中止となっていった。しかし**埼玉県川越**《かわごえ》**市**や**千葉県香取市**などの東京近郊では、**江戸型の山車***が残る。

＊**江戸型の山車**：山王祭・神田祭などを中心とした祭礼で引き回されていた山車を指す。当初は、祇園祭の山鉾の影響が強かったが、次第に江戸独自の吹貫型山車、万燈型山車、笠鉾型山車などの形が現れた。

山車のもつ意味

『山王御祭練込図』(川越市立博物館蔵)。日枝神社の山王祭は、かつて徳川将軍も上覧し、江戸の町に数多くの山車を出していた。しかし、関東大震災などにより山車がほとんど焼失し、現在は神輿渡御を中心に行われる。

祇園祭の山と鉾の違い

鉾(ほこ)は武器の「矛」からきており、悪い疫神を鉾に集めて祓い清める役割をする。

祇園祭の長刀鉾

常緑樹である松を神の依代(よりしろ)に見立て、自然の山を象徴する。

祇園祭の占出山

祇園祭で巡幸する山鉾《やまほこ》には、山と鉾がある。鉾は、そこに疫病神を集める役割をし、山は依代でそこに神様が降りて、清める役割をする。その後、祇園の神を乗せた神輿《みこし》が渡ってくる。この神輿が渡御するため、山と鉾により悪疫を退散させるのだという。

要点
祇園祭は、祇園の神が神輿に乗って渡御《とぎょ》・還御《かんぎょ》するために、山鉾の巡行を行って疫病神を退散させるという意味がある。

日本の主な祭

青森ねぶた祭

【青森市】
毎年8月2日～7日
巨大な人形灯籠とハネトが乱舞する。

秋田竿燈《かんとう》まつり

【秋田市】
毎年8月3日～6日
たくさんの提灯を吊るした竹ざおを操る。

仙台七夕まつり

【仙台市】
毎年8月6日～8日
豪華絢爛な笹飾りが街を彩る。

秩父《ちちぶ》夜祭

【秩父市】
毎年12月2日、3日
屋台や笠鉾などを引き回したり、屋台で歌舞伎を行う。

佐原《さわら》の大祭《たいさい》

【香取市】

夏祭りは7月10日以降の金・土・日曜日。秋祭りは10月第2土曜日を中日とする金・土・日曜日。10月11日～13日。

勇壮豪快な山車が夏祭り10台、秋祭り14台が練り歩く。

三社祭《さんじゃまつり》

【東京都台東区】
5月中旬の金土日
浅草神社で行われる大規模な神輿渡御。

御柱祭《おんばしらさい》

【諏訪市】
4月1日～6月15日
7年に1度4つの社殿の四隅に立つ巨木を建て替える。

山王祭《さんのうまつり》

【東京都千代田区・中央区】
6月7日～17日
徳川時代、将軍が上覧した天下祭として、日本三大祭に数えられる。二年に一度行われる神幸祭は都心に華麗な王朝絵巻を繰り広げる。

唐津《からつ》くんち
【唐津市】
毎年11月2日〜4日
巨大な獅子などの曳山が練り歩く。

天神祭《てんじんまつり》
【大阪市】
毎年7月24日〜25日
大川を船が渡御する。

葵祭《あおいまつり》
【京都市】
毎年5月15日
平安王朝の行列が、京都御所から賀茂神社に向かって行列する。

祇園祭《ぎおんまつり》
【京都市】
毎年7月から1カ月
山鉾巡幸は17日。

博多祇園山笠《はかたぎおんやまかさ》
【福岡市】
毎年7月1日〜15日
勇壮豪快な山笠が街中を疾走する。

高山祭
【高山市】
毎年4月14日、15日・10月9日、10日
豪華絢爛な屋台が巡幸し、からくりが奉納される。

岸和田《きしわだ》だんじり祭
【岸和田市】
9月〜10月
だんじりが勢いよく曳き出され、曲がり角では「やりまわし」が行われる。

写真提供：青森ねぶた祭実行委員会、仙台商工会議所、秋田市観光物産課、秩父観光協会、香取市商工観光課、浅草神社、日枝神社、諏訪大社、大阪天満宮、唐津観光協会、櫛田神社内、福岡市

日本各地の奇祭

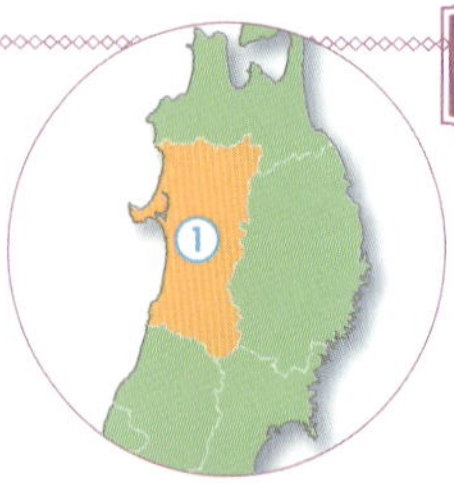

❶ 男鹿のなまはげ

【秋田県男鹿市】旧正月に鬼の面をかぶった若者が、木製の出刃包丁などを持ってやってくる。このなまはげは、鬼ではなく年神の一種だと考えられている。

❷ 間々田蛇祭

【栃木県小山市】子どもたちが大蛇を担いで町内を練り歩く。

❸ 御霊神社・面掛行列

【神奈川県鎌倉市】ユーモラスな面をつけた行列が練り歩く。

❹ 安久美神戸神明社・鬼祭

【愛知県豊橋市】赤鬼が境内を出て、タンキリ飴を振りまく。

❺ 吉田神社・追儺式

【京都府京都市】方相氏が祭文を奏して、赤・青・黄の疫鬼を追い払う節分の神事。

❻ 丹生神社・笑い祭

【和歌山県日高川町】白粉を塗った「笑い翁」が「笑え笑え」と練り歩く。

❼ 伊賀天神祭

【三重県伊賀市】山車行列とともに、百数十体の鬼行列が練り歩く。ひょろつき鬼などユーモアあふれる鬼が多い。

❽ 和霊大祭うわじま牛鬼まつり

【愛媛県宇和島市】5m以上の巨体に長い首、鬼の面をつけた牛鬼が練り歩く。

写真提供：男鹿市観光協会、小山市観光協会、御霊神社、安久美神戸神明社、日高川町観光協会、宇和島市商工観光課

6章

日本神話と神々の系譜

神々の系譜

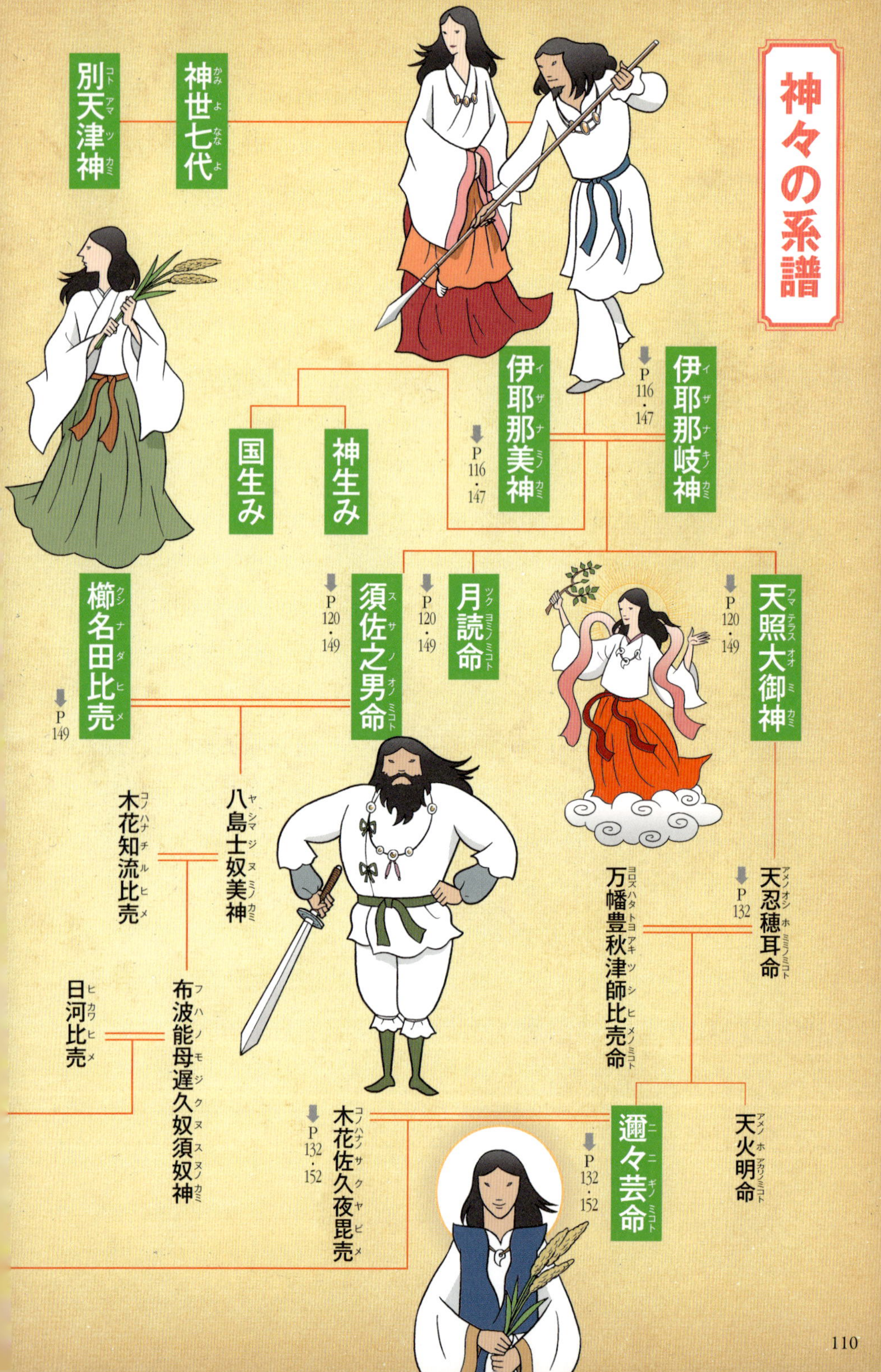

別《コト》天《アマ》津《ツ》神《カミ》
神《かみ》世《よ》七《なな》代《よ》
伊《イ》耶《ザ》那《ナ》岐《キ》神《ノカミ》
P 116・147
伊《イ》耶《ザ》那《ナ》美《ミ》神《ノカミ》
P 116・147
国生み
神生み
天《アマ》照《テラス》大《オオ》御《ミ》神《カミ》
P 120・149
月《ツク》読《ヨミ》命《ノミコト》
P 120・149
須《ス》佐《サ》之《ノ》男《オ》命《ノミコト》
P 120・149
櫛《クシ》名《ナ》田《ダ》比《ヒ》売《メ》
P 149
八《ヤ》島《シマ》士《ジ》奴《ヌ》美《ミ》神《ノカミ》
木《コノ》花《ハナ》知《チ》流《ル》比《ヒ》売《メ》
布《フ》波《ハ》能《ノ》母《モ》遅《ジ》久《ク》奴《ヌ》須《ス》奴《ヌ》神《ノカミ》
日《ヒ》河《カワ》比《ヒ》売《メ》
天《アメノ》忍《オシ》穂《ホ》耳《ミミ》命《ノミコト》
P 132
万《ヨロズ》幡《ハタ》豊《トヨ》秋《アキ》津《ツ》師《シ》比《ヒ》売《メ》命《ノミコト》
邇《ニ》々《ニ》芸《ギ》命《ノミコト》
P 132・152
天《アメノ》火《ホ》明《アカリ》命《ノミコト》
木《コノ》花《ハナ》佐《サ》久《ク》夜《ヤ》毘《ビ》売《メ》
P 132・152

※神の名前は『古事記』の表記に基づく

火照命《ホデリノミコト》（海幸彦） P134

火須勢理命《ホスセリノミコト》

火遠理命《ホオリノミコト》（山幸彦） P134

豊玉毘売《トヨタマビメ》

天津日高日子波限建鵜葺草葺不合命《アマツヒタカヒコナギサタケウカヤフキアエズノミコト》 P135

玉依毘売《タマヨリビメ》

神倭伊波礼毘古命《カムヤマトイハレビコノミコト》（神武天皇） P136

倭建命《ヤマトタケルノミコト》 P138

深淵之水夜礼花神《フカフチノミズヤレハナノカミ》

天之都度閇知泥神《アメノツドヘチネノカミ》

布帝耳神《フテミミノカミ》

淤美豆奴神《オミズヌノカミ》

天之冬衣神《アメノフユキヌノカミ》 P134・136

刺国若比売《サシクニワカヒメ》

八上比売《ヤカミヒメ》

大穴牟遅神《オオアナムジノカミ》（大国主神《オオクニヌシノカミ》） P128・150

神屋楯比売命《カムヤタテヒメノミコト》

多紀理毘売命《タキリビメノミコト》

沼河比売《ヌナカワヒメ》

須勢理毘売《スセリビメ》 P128

鳥取神《トトリノカミ》

日本神話

1 記紀の神話の世界

古事記・日本書紀とは？

日本神話のベースとなった最古の歴史書

日本神話を語るには『**古事記**《こじき》』『**日本書紀**《にほんしょき》』の神代巻《しんだいかん》が重要だ。これら二典は日本の代表的な古典で、いずれも**平城京**《へいじょうきょう》*遷都《せんと》後の奈良時代初期に成立している。

『古事記』は**天武天皇**《てんむ》*の勅《みことのり》を受けて編纂《へんさん》され、和銅《わどう》五（712）年、**元明天皇**《げんめい》*の御代《みよ》に完成した。もともと諸家に、天皇家の事績を年次順に記した『**帝紀**《ていき》』、また神話や伝承を記録した『**旧辞**《きゅうじ》』という書物が存在しているが、すでにいつわりも多かったので、それらを調べ直して再編集したのである。

一方、『日本書紀』が完成したのは、『古事記』成立から八年後の養老《ようろう》四（720）年。

こちらは中国の史書を手本としている。これらの二典は性格を異にするものの、その内容には共通する部分も多く、二つ合わせて「**記紀神話**《きき》」と総称される。

記紀の編纂目的の違いとは？

なぜ同時代に似たような二つの歴史書を編纂《へんさん》したのか。それは、『古事記』が各地の豪族との戦いに勝ち抜いて王権を確立したプロセスが神話という形になっており、**天皇家の正当性を示す**ものになっているため、**出雲**《いずも》**神話**が大きな位置を占めている。これに対し『日本書紀』は国家の正史であり、中国や朝鮮の書物、政府や寺院の縁起など幅広く記録を収録し、**国外向けの通史**となっている。よって地方である出雲の記事は『日本書紀』には登場しない。

また神の名前や表記も違いがある。『日本書紀』が漢文で記されたのに対して、『古事記』は漢字の音読みと訓読みを交えて表記してある。日本語本来の音を漢字表記した『古事記』に対し、『日本書紀』は名前のもつ意味を漢字で表記しているためである。

＊**平城京**：奈良時代の日本の首都。唐の都「長安」や北魏洛陽城などを模倣して造営された。
＊**天武天皇**：壬申の乱で天智天皇の息子を倒して即位。律令国家の確立を目指した。
＊**元明天皇**：孫の聖武天皇が幼かったために、中継ぎとして即位した女帝。

『古事記』『日本書紀』とは何か

古事記と日本書紀の違い

	古事記	日本書紀
巻数	上・中・下（全三巻）	三十巻と系図
範囲	日本初発《しょはつ》～推古天皇《すいこてんのう》	天地開闢《かいびゃく》～持統天皇《じとうてんのう》
記述	紀伝体を含む編年体	編年体
表記法	漢字の音読みと訓読みを交えた**和文**	**漢文**
性格	**天皇を中心とする神話**	**日本初の国家の正史**
編纂者	**稗田阿礼**《ひえだのあれ》が語り、**太安万侶**《おおのやすまろ》が筆記した	川島皇子《かわしまのみこ》、忍壁皇子《おさかべみこ》ら皇族らが命じられて編纂が始まり、**舎人親王**《とねりしんのう》が完成させた
完成	和銅《わどう》五（712）年	養老《ようろう》四（720）年
相違点	●出雲神話に重点 ●一定の視点から語られる	●出雲神話がみえない ●いろいろな説を併記

記紀が成立した理由

七～八世紀にかけて国家が成立。

↓

天皇家は統治の正当化が必要だった。

↓

要点 **『古事記』は国内統治のために天皇家を正当化し、『日本書紀』は国外に向けて国家を正当化するために作られた。**

記紀編纂者の太安万侶、舎人親王、稗田阿礼の像の模写（東京大学史料編纂所蔵）

日本神話

2 いろいろな神様が最初に生まれた
天地のはじまりと神々

天と地が分かれて神々が出現する

『**古事記**』では、天地の始まりを、次のように伝えている。はるかな昔、世界は混沌《こんとん》の中にあった。初めて天と地が分かれたとき、「＊**高《たか》天《まの》原《はら》**」と呼ばれる神々の世界に、**天御中主神《アメノミナカヌシノカミ》**、**高御産巣日神《タカミムスビノカミ》**、**神産巣日神《カムムスビノカミ》**という＊**三《み》柱《はしら》**の神（**造化三神《ゾウカサンシン》**）が現れた。

天御中主神《アメノミナカヌシノカミ》とは高天原《たかまのはら》の中心に位置して、宇宙の根源をなす神とされている。次に生まれたのが高御産巣日神《タカミムスビノカミ》と神産巣日神《カムムスビノカミ》である。

両神の名の中にある「**むすひ**＊」の「むす」は生成、「ひ」は不思議な霊力を意味し、**生成力の神**とされる。高御産巣日神《タカミムスビノカミ》は、のちに**天孫《てんそん》降臨《こうりん》**（⬇P132）を司令する神となった。そして神産巣日神《カムムスビノカミ》は生命の復活と再生を司り、出雲系神話（⬇P128）では生命の蘇生復活の神として登場する。

その頃の地上は、まだ水に浮かぶ油のように漂っていたが、そこから葦《あし》の芽が萌えるような**宇摩志阿斯訶備比古遅神《ウマシアシカビヒコジノカミ》**と**天之常立神《アメノトコタチノカミ》**という**二柱《ふたはしら》**の神が生まれた。これら**五柱《いつはしら》**の神々は「**別天津神《コトアマツカミ》**」と呼ばれ、記紀神話の中でも格別に高貴な神とされている。

神世七代の最後に夫婦神が生まれる

その後「**神世七代《かみよななよ》**」という時代になり、次々と神々が現れた。最初の二代は、別天津神《コトアマツカミ》と同様、男女の性別のない独神《ひとりがみ》で、国土や大地を神格化した神だった。これに続くのが、男女二神が対になった五代の〝双《ふた》つ神〟である。

その最後に誕生したのが、有名な**伊耶那岐神《イザナキノカミ》**と**伊耶那美神《イザナミノカミ》**である。神世七代《かみよななよ》では、豊かな大地を神格化した独神《ひとりがみ》から次第に人間と同じような**男女の性**をもった神が生まれていき、具体的な男女の身体を得た伊耶那岐神《イザナキノカミ》・伊耶那美神《イザナミノカミ》に至るまでの過程が述べられている。

＊**高天原**：天津神がいる天上にある広大な神々の世界を指し、天照大御神が支配する。
＊**柱**：神々を数えるときに用いる語。偏の木は神霊の依代、旁の主はとどまるという意味。
＊**むすひ**：「産霊」「産巣日」とも記す。万物を生成・発展させる霊妙な神霊である。

別天津神《コトアマツカミ》と神世七代

独神　男神　女神

	神名		解説	
五柱の別天津神《コトアマツカミ》	天御中主神《アメノミナカヌシノカミ》		天地世界の始まりに現れた宇宙の中央に鎮座する宇宙最高神。	造化三神《ゾウカサンシン》
	高御産巣日神《タカミムスビノカミ》		神聖な生成の霊力を司る神。天孫降臨の際に、司令神となる。	
	神産巣日神《カムムスビノカミ》		生命の復活と再生を司る。大国主命が八十神に殺されたとき助けた。	
	宇摩志阿斯訶備比古遅神《ウマシアシカビヒコジノカミ》		生成力の強さを、旺盛に伸びる葦の芽に象徴して神格化した神。	
	天之常立神《アメノトコタチノカミ》		天地が分かれて、天の礎が定まった状態を神格化した神。	
次々と生まれて消えた神世《かみよ》七代《ななよ》	国之常立神《クニノトコタチノカミ》		天之常立神と対になる、大地を神格化した独神。	
	豊雲野神《トヨクモノノカミ》		豊穣な大地を神格化している。配偶神のない独神。	
	宇比地邇神《ウヒジニノカミ》	男	泥土を神格化し、植物の成長を保障する豊かな土地を示す。	
	須比智邇神《スヒジニノカミ》	女		
	角杙神《ツノグイノカミ》	男	生成・繁殖を司る神。「活杙《イクグヒ》」は、物の芽生えを意味している。	男女二神が対偶神
	活杙神《イクグヒノカミ》	女		
	意富斗能地神《オオトノジノカミ》	男	「斗《ト》」とは性器を表す。生命に具体的な形態を与える働きをする。	
	大斗之弁神《オオトノベノカミ》	女		
	於母陀流神《オモダルノカミ》	男	国土が整ったことを示し、愛の誘いを神格化した神。	
	阿夜訶志古泥神《アヤカシコネノカミ》	女		
	伊耶那岐神《イザナキノカミ》	男	最後に登場する夫婦神。万物を生成する生成力を司る。	
	伊耶那美神《イザナミノカミ》	女		

下に行くほど、抽象的な神から男女の性や身体が整ってゆく

日本神話

3

国生みと神生みの神話

日本列島と八百万の神々の誕生

男女の交わりにより日本列島が生まれる

伊耶那岐神《イザナキノカミ》と**伊耶那美神《イザナミノカミ》**は***天津《アマツ》神《カミ》**から、いまだ漂う国土を固めるよう委任された。そして**天浮橋《あめのうきはし》**という天空に浮かんだ橋の上に立って、**天沼矛《あめのぬぼこ》**を海水に入れてかき混ぜると矛の先から落ちた潮《しお》が固まり、***淤能碁呂島《おのごろしま》**ができた。

二神はこの島に天降《あまくだ》り、**天《あま》の御《み》柱《はしら》**（神聖な柱）と**八尋殿《やひろどの》**（大きな御殿）を建て、そこで結婚して、国を生もうと考えた。

そのとき、二神は互いの身体を確かめ合って、天《あめ》の御《み》柱《はしら》を回り、出会ったところで、伊耶那美神《イザナミノカミ》が先に声をかけ、次に伊耶那岐神《イザナキノカミ》が声をかけて、契りを交わした。ところが、生まれたのは形を成さない**水蛭子神《ヒルコノカミ》**（➡P146）だったので、***葦の船**に入れて流してしまった。

その後、「女が先に声をかけるのはよくない」という天津神《アマツカミ》からの助言で、今度は男のほうから先に声をかけたところ、成功した。

こうして最初に淡道之穂之狭別《あわじのほのさわけ》島《しま》（淡路島）が生まれ、次に四国・隠岐島《おきのしま》・九州・壱岐島《いきのしま》・対馬《つしま》・佐渡島《さどのしま》・本州が生まれた（**大八嶋国《おおやしまくに》**）。さらに六つの島が生まれ、日本列島が誕生した。

こうした男女の神々による国生みは、当時の男女の交わりを神聖視していたという背景がある。また女性から声をかけて国生みを失敗したのは男尊女卑による中国の儒教《じゅきょう》の影響があるともいわれる。

火神の出産がもたらした伊耶那美神の死

二神は**国生み**を終えると、**神生み**を始めた。生んだ神の数は三十五柱に上った。しかし最後に火の神である**迦具土神《カグツチノカミ》**を生み落としたとき、伊耶那美神《イザナミノカミ》は女陰《ほと》を焼かれ、大やけどを負ってしまう。

これが致命傷となり、伊耶那美神は死者が住む**黄泉国《よみのくに》**へと旅立っていった。

＊**天津神**：高天原にあらわれた神々のこと。
＊**淤能碁呂島**：日本最初の島。淡路島沖に浮かぶ島と思われるが、後に日本の国の名とされた。
＊**葦の船**：葦には、邪霊を祓う呪力があると考えられていた。

国生みと神生み

国生みで生まれた国

神生みで生まれた神々

伊耶那岐神《イザナキノカミ》と伊耶那美神《イザナミノカミ》

- 大事忍男神《オオコトオシオノカミ》
- 石土毘古神《イワツチビコノカミ》
- 石巣比売神《イワスヒメノカミ》
- 大戸日別神《オオトヒワケノカミ》
- 天之吹男神《アメノフキオノカミ》
- 大屋毘古神《オオヤビコノカミ》
- 風木津別之忍男神《カゼモツワケノオシオノカミ》
- 大綿津見神《オオワタツミノカミ》（海神）
- 速秋津日子神《ハヤアキツヒコノカミ》（水戸《みなと》の神）
- 速秋津比売神《ハヤアキツヒメノカミ》
- 志那都比古神《シナツヒコノカミ》（風の神）
- 久久能智神《ククノチノカミ》（木の神）
- 大山津見神《オオヤマツミノカミ》（山の神）
- 鹿屋野比売神《カヤノヒメノカミ》（野の神）
- 鳥之石楠船神《トリノイワクスブネノカミ》（船の神）
- 大宜都比売神《オオゲツヒメノカミ》（食物の神）
- 火之迦具土神《ヒノカグツチノカミ》（火の神）

『古事記』では三十五柱の神が生まれたとあるが、実際は十七柱の神名しか記されていない。

伊耶那岐神と伊耶那美神は天沼矛で最初の島、淤能碁呂島《おのごろしま》を作り、そこで国生みと神生みを行った。

日本神話

4

伊耶那岐神と黄泉国

愛する妻を追って死者の国を訪ねる

伊耶那岐神は妻の姿を見て逃げ出す

伊耶那岐神《イザナキノカミ》は愛する妻の**伊耶那美神《イザナミノカミ》**を死に至らしめた火の神・迦具土神《カグツチノカミ》（⬇P146）を斬《き》り殺した。そして伊耶那岐神《イザナキノカミ》は、伊耶那美神《イザナミノカミ》のいる**黄泉国《よみのくに》**を訪ね、妻に帰ってくるようにと懇願する。

しかし伊耶那美神《イザナミノカミ》は、黄泉国の食べ物を口にしてしまったので、帰ることはできないという。「私を見ないで」との約束を破り、伊耶那岐神《イザナキノカミ》が見たものは、醜く腐乱した世にも恐ろしい妻・伊耶那美神《イザナミノカミ》の姿であった。

仰天した伊耶那岐神《イザナキノカミ》は逃げ出した。伊耶那美神《イザナミノカミ》は伊耶那岐神《イザナキノカミ》の裏切りに激怒し、黄泉国の**予母都志許売《ヨモツシコメ》***に後を追わせた。

黄泉比良坂での壮絶な別れ

必死に予母都志許売《ヨモツシコメ》らを振り払いながら逃げる伊耶那岐神《イザナキノカミ》に、今度は雷神《らいじん》と黄泉の軍勢が迫る。**黄泉津比良坂《よもつひらさか》***にさしかかると、伊耶那岐神《イザナキノカミ》は桃*の実を追手に投げつけた。この桃の呪力により、ついに追手は追跡を断念。伊耶那岐神《イザナキノカミ》は、追手から逃れることができた。

ところが、ついには妻・伊耶那美神《イザナミノカミ》本人が追いかけて来た。そこで伊耶那岐神《イザナキノカミ》は黄泉津比良坂《よもつひらさか》にある黄泉国の入り口を**千引岩《ちびきのいわ》**でふさぎ、その岩を挟んで伊耶那美神《イザナミノカミ》と対峙した。伊耶那岐神《イザナキノカミ》が離縁を告げると伊耶那美神《イザナミノカミ》はこう言った。

「愛しい夫よ。私と別れるなら、私はあなたの国の民を一日に千人絞《し》め殺そう」

すると伊耶那岐神《イザナキノカミ》はこう答えた。

「愛しい妻よ。では私は一日に千五百人の子を生ませよう」

これは一日に千人が死に、千五百人が生まれることとなったという生と死の神話である。夫との離別後、伊耶那美神《イザナミノカミ》は、死を司る黄泉津大神《ヨモツオオカミ》となり、伊耶那岐神《イザナキノカミ》は生を司る地上の大神となった。

---

* **予母都志許売**：黄泉国の醜女という意味。追っ手として伊耶那岐神を追いかけてきた。
* **黄泉津比良坂**：島根県八束郡東出雲町には、黄泉津比良坂と呼ばれる場所が残っている。
* **桃**：道教では、桃は邪気を祓い、不老長寿を与える霊力をもつとされている。

伊耶那岐神《イザナキノカミ》の黄泉国《よみのくに》訪問

1 伊耶那岐神《イザナキノカミ》は迦具土神《カグツチノカミ》を殺して黄泉国に向かう。

2 変わり果てた妻の伊耶那美神《イザナミノカミ》を見た伊耶那岐神《イザナキノカミ》は恐れをなして逃げ出す。

3 伊耶那岐神《イザナキノカミ》が追っ手の予母都志許売《ヨモツシコメ》に、髪飾りを投げると山ぶどうが生えて足止めした。さらに櫛を投げると竹の子になって足止めした。

4 さらに追っ手として雷神と黄泉国の軍隊が追ってきたため、伊耶那岐神《イザナキノカミ》は黄泉津比良坂で桃の実を投げて撃退した。

5 伊耶那岐神《イザナキノカミ》は、千引岩《ちびきのいわ》で黄泉国の入り口をふさぎ、妻と永遠の決別をする。

愛しい妻よ。私は一日に千五百人の子を産ませよう

日本神話

5

三貴子の誕生

伊耶那岐神の禊によって成った神々

黄泉国から脱出の後 禊により成った神々

黄泉《よみ》国《くに》から逃げ帰った伊耶那岐《イザナキ》神《カミ》は、**筑紫《つくし》の日向《ひむか》の阿波岐原《あわきはら》***にある小さな入り江にやって来た。ここで**禊《みそぎ》**をして、**黄泉国で穢《けが》れた身体を清めようとした**のである。

伊耶那岐神《イザナキノカミ》が禊《みそぎ》をするため、身に着けていた杖や帯、袋、衣類、冠、腕輪などを投げ捨てると、そこからさまざまな神々が生まれた。道の神、流行病の神、災厄の神、別れ道の神、食物の神、水の神、漁業の神など、十二柱の神々が次々に生まれたのである。

次に、伊耶那岐神《イザナキノカミ》が垢《あか》を流すと、災いをもたらす二柱の**禍津日神《マガツヒノカミ》**が生まれ、次いで、黄泉国の穢《けが》れを流すと三柱の神々が生まれた。

さらに、水の底、水の中ほど、水の表面で身をすすいだときにもあわせて六柱の神々が生成した。この神々は**住吉三神《スミヨシノサンシン》***と**綿津見三神《ワタツミノサンシン》**という海に関連する神である。

神々の中でも尊い存在 三貴子が誕生する

伊耶那岐神《イザナキノカミ》の禊《みそぎ》で最後に生んだのは、日本の神話における最も重要な、**三貴子《さんきし》**である。伊耶那岐神《イザナキノカミ》が左の目を洗うと**天照大御神《アマテラスオオミカミ》**が成《な》り、右の目を洗うと**月読命《ツクヨミノミコト》**が、鼻を洗うと**須佐之男命《スサノオノミコト》**が成った。

この天照大御神《アマテラスオオミカミ》とは太陽のように光り輝く最高神であり、月読命《ツクヨミノミコト》は満月のような美しい神、須佐之男《スサノオ》命《ミコト》は荒れすさぶエネルギッシュな神である。

伊耶那岐神《イザナキノカミ》はこの三神の誕生をことのほか喜んだ。そして首にかけていた首飾りを音をたてるように揺らしながらはずすと、それを天照大御神《アマテラスオオミカミ》の首にかけた。

そして天照大御神《アマテラスオオミカミ》には**高天原《たかまのはら》**を、また月読命《ツクヨミノミコト》には**夜の国**を、須佐之男命《オノミコト》には**海原**を治めるように委任した。この三貴子《さんきし》の誕生を契機として、記紀神話の世界は大きく動き始めるのである。

* **筑紫の日向の阿波岐原**：伊耶那岐神が禊をした場所は宮崎県の江田神社のあたりだと伝わるが未詳である。
* **住吉三神**：住吉大社（大阪府）に祀られる神。航海を守護する海の神として有名である。

伊耶那岐神《イザナキノカミ》の禊《みそぎ》と三貴子《さんきし》

1 伊耶那岐神《イザナキノカミ》の脱ぎ捨てた衣類などから十二柱《じゅうにばしら》の神が生まれた。

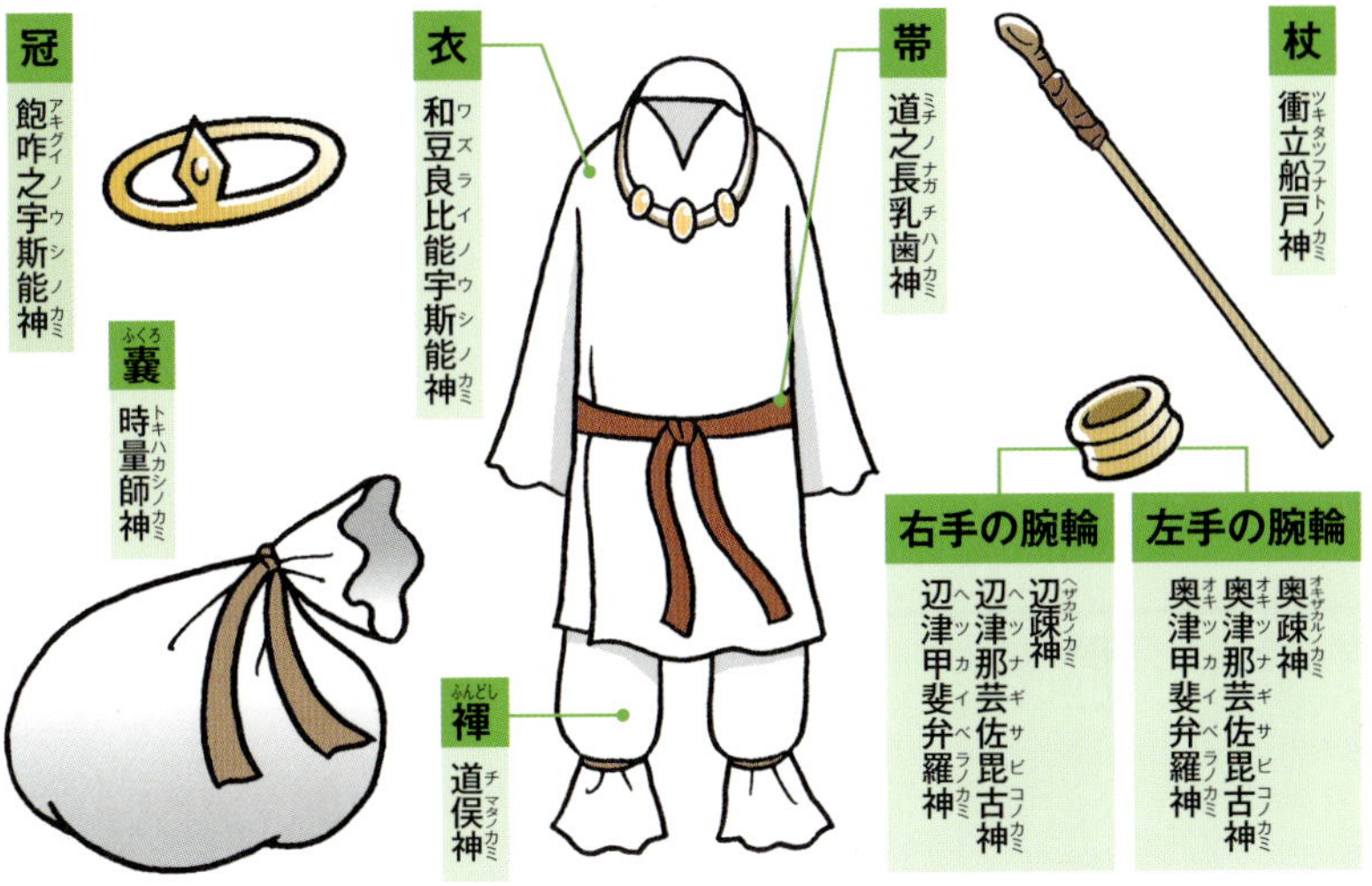

2 伊耶那岐神《イザナキノカミ》が水につかると垢《あか》や穢《けが》れから十一柱《じゅういちばしら》の神が生まれ、顔を洗うと三貴子《さんきし》が生まれた。

十一柱の神

垢	八十禍津日神《ヤソマガツヒノカミ》/大禍津日神《オオマガツヒノカミ》
穢れ	神直毘神《カムナオビノカミ》/大直毘神《オオナオビノカミ》/伊豆能売《イズノメ》
水の底	底津綿津見神《ソコツワタツミノカミ》/底箇之男命《ソコツツノオノミコト》
水の中	中津綿津見神《ナカツワタツミノカミ》/中箇之男命《ナカツツノオノミコト》
水の上	上津綿津見神《ウワツワタツミノカミ》/上箇之男命《ウワツツノオノミコト》

日本神話

6

天照大御神と須佐之男命の対決
誓約で生まれた神々

父神から追放された須佐之男命

父・伊耶那岐神《イザナキノカミ》に海原の統治を委任された末子の須佐之男命《スサノオノミコト》は、成人しても泣きわめいてばかりいた。あまりに激しく泣くので、山は枯れ、海や川の水も干上がって、世は混乱をきわめた。

父の伊耶那岐神《イザナキノカミ》が須佐之男命《スサノオノミコト》に泣く理由を尋ねると、須佐之男命《スサノオノミコト》は妣《はは》の国である**根の国***に行きたくて泣いているという。これを聞いて、伊耶那岐神は激怒し、須佐之《スサノ》男命《オノミコト》を神々の世界から追放した。

そこで、須佐之男命《スサノオノミコト》は姉の**天照《アマテラス》大御神《オオミカミ》**に別れを告げようと、**高天《たかま》原《はら》**に上った。その様子があまりに荒々しく、高天原《たかまのはら》全体が鳴動するほどだったので、天照大御神《アマテラスオオミカミ》は、須佐之男命《スサノオノミコト》が高天原を奪いに来たに違いないと思いこんで、須佐之《スサノ》男命《オノミコト》を待ち受けた。

誓約に勝利した須佐之男命が乱暴を行う

姉に別れを告げようとやってきた須佐之男命《スサノオノミコト》を、天照大御神《アマテラスオオミカミ》は信用できなかった。そこで須佐之男《スサノオ》命《ミコト》は自らの潔白を証明するため**誓《う》約《けい》***を提案。それは天照大御神《アマテラスオオミカミ》とそれぞれの持ち物を交換して神生みを行い、神意を占うことであった。

誓約《うけい》の結果、須佐之男命《スサノオノミコト》の十拳《とつかの》剣《つるぎ》から**三柱の女神***が生まれ、天照《アマテラス》大御神《オオミカミ》の勾玉《まがたま》から**五柱の男神**が生まれた。須佐之男命《スサノオノミコト》は、私の心が清いから自分の剣から女神が生まれたのだと主張し、一方的に誓約の勝利を宣言する。

そして須佐之男命《スサノオノミコト》は高天原で乱暴狼藉の限りを尽くした。ある日、須佐之男命《スサノオノミコト》が皮を剥いだ馬を機織《はたおり》小屋に投げ込む。中の機織女《はたおりめ》が驚いて転んだ拍子に、尖《とが》った機具に刺さって亡くなってしまった。

ここにきて天照大御神《アマテラスオオミカミ》も須佐之《スサノ》男命《オノミコト》の悪行を静観することはできなくなり、ついに天岩屋《あまのいわや》にこもって戸を固く閉ざしてしまった。

＊**根の国**：現世とは別にあると考えられた世界。黄泉国と同様に死者の国とされた。
＊**誓約**：神に誓いを立てて、神意として示された現象からことの善悪を判断する。
＊**三柱の女神**：この三女神は天照大御神の御子神で、宗像大社の祭神である。

誓約《うけい》で生まれた神々

1 天照大御神《アマテラスオオミカミ》に自分の本心を疑われた須佐之男命《スサノオノミコト》は、身の潔白を証明するために「誓約《うけい》」を提案する。

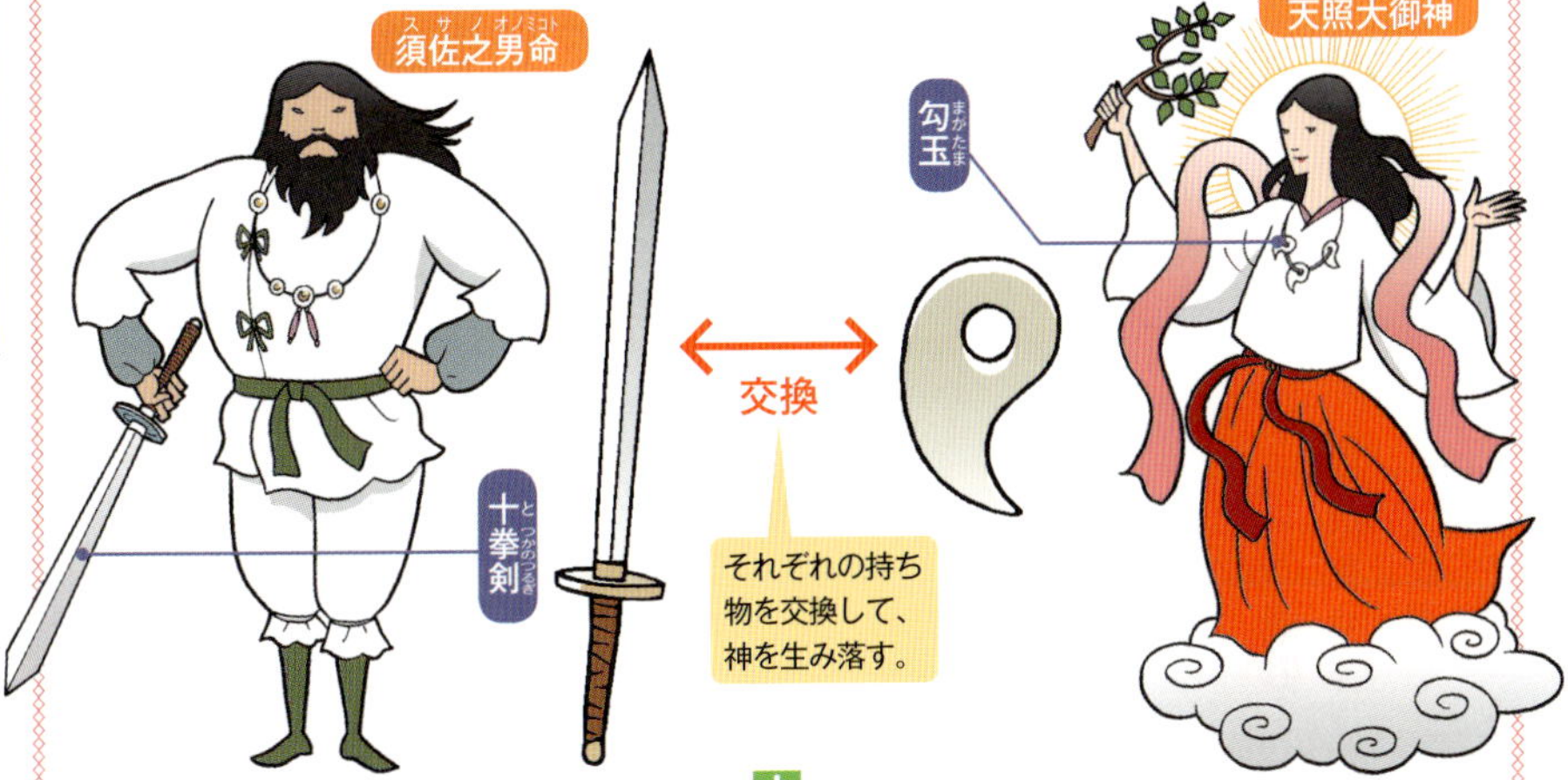

2 天照大御神《アマテラスオオミカミ》は、須佐之男命《スサノオノミコト》の十拳剣《とつかのつるぎ》から三柱の女神を生む

宗像三女神
多紀理毘売命《タキリビメノミコト》
市寸島比売命《イチキシマヒメノミコト》
多岐都比売命《タキツヒメノミコト》

3 須佐之男命《スサノオノミコト》は、天照大御神《アマテラスオオミカミ》の勾玉から五柱の男神を生む

五柱の男神
天之忍穂耳命《アメノオシホミミノミコト》
天之菩卑能命《アメノホヒノミコト》
天津日子根命《アマツヒコネノミコト》
活津日子根命《イクツヒコネノミコト》
熊野久須毘命《クマノクスビノミコト》

4 須佐之男命《スサノオノミコト》は、自分の剣から女神を生むことができたのは心が清いからだと誓約《うけい》の勝利を宣言する。

日本神話

7

天岩屋神話

天岩屋にこもった太陽神

天岩屋にこもったので、世界は闇に閉ざされた

太陽のような天照大御神《アマテラスオオミカミ》が天岩《あまのいわ》屋《や》にこもると、**高天原**《たかまのはら》と**葦原中国**《あしはらのなかつくに》（地上の世界）には永遠の夜が訪れた。闇に乗じて悪神がうごめき、天地は災いで満たされた。

そこで、八百万《やおよろず》の神々は***天安河**《あめのやすのか》**原**《わら》に集まり、**思金神**《オモイカネノカミ》に対策を考えさせた。そこで思金神《オモイカネノカミ》は次のように神々に指示した。

まず、暁を告げる**長鳴鳥**《ながなきどり》を集めて天岩屋の前で鳴かせ、神々が分担して鏡や勾玉《まがたま》を作る。次に、**榊**《さかき》を天岩屋《あまのいわや》の前に立てて、その枝に勾玉と鏡、白と青の***和幣**《にぎて》をくくりつけ、これを**布刀玉命**《フトタマノミコト》が神への供え物として捧げ持ち、また**天児屋**《アメノコヤネノ》**命**《ミコト》が尊い***祝詞**《のりと》を唱え、**天手力男神**《アメノタヂカラオノカミ》が岩屋の入り口の脇に隠れた。

天照大御神を呼び戻した神々の活躍

次に**天宇受売命**《アメノウズメノミコト》は、神がかり状態になって踊り狂った。乳房や女《ほ》陰《と》をあらわにして踊る姿を見て、集まった神々は笑い転げ、その声は高天原《たかまのはら》を揺るがすほどであった。

その騒ぎを不思議に思った天照《アマテラス》大御神《オオミカミ》は、天岩屋の戸を薄めに開いて、何が起こっているのか尋ねた。すると「あなた様よりも貴い神がいらっしゃるので、皆、喜んでいるのです」と天宇受売命《アメノウズメノミコト》が答えた。その間に、**布刀玉命**《フトタマノミコト》が鏡を差し出した。

天照大御神《アマテラスオオミカミ》がその鏡をのぞきこむと手力男神《タヂカラオノカミ》が天照大御神《アマテラスオオミカミ》の手を取って、外へ引き出した。そこに布刀玉命《フトタマノミコト》が後ろに注連縄《しめなわ》を引き渡し、再び内へ戻れないようにしたのである。こうして天照大御神《アマテラスオオミカミ》が岩屋から出ると、高天原《たかまのはら》も葦原中《あしはらのなかつ》国《くに》も自然と照り輝き、明るくなった。この天岩屋の神話は、太陽を司る天照大御神《アマテラスオオミカミ》が高天原《たかまのはら》の最高神であることを示唆している。またこの神話は日食をモチーフにしているともいわれている。

＊**天安河原**：八百万の神々が相談したとされる伝承地が宮崎県西臼杵郡高千穂町にある。
＊**和幣**：榊《さかき》の枝に掛けて、神にささげる麻や楮《こうぞ》で織った白い布。
＊**祝詞**：感謝や、崇敬の意思を神に示すため、神の前で唱える古い言葉（➡P264）。

天岩屋《あまのいわや》の前で活躍した神々

①思金神《オモイカネノカミ》	天照大御神《アマテラスオオミカミ》を外に出す策を講じ、常世の長鳴鳥《ながなきどり》を鳴かせる。
②天児屋命《アメノコヤネノミコト》	祝詞《のりと》を唱える（朝廷の神事と祭事を司る**中臣《なかとみ》氏の祖**となる）。
③天手力男神《アメノタヂカラオノカミ》	岩屋の脇に隠れて、天照大御神《アマテラスオオミカミ》を引き出す。
④天宇受売命《アノウズメノミコト》	神楽《かぐら》を舞う（**猿女君《さるめのきみ》の祖**。猿女は鎮魂祭などで神楽の舞を奉仕した）。
⑤布刀玉命《フトタマノミコト》	御幣《ごへい》を持つ（祭祀具を作る**忌部《いんべ》氏の祖**となる）。
⑥伊斯許理度売命《イシコリドメノミコト》	榊《さかき》に飾る鏡を作った（➡P140）。
⑦玉祖命《タマノオヤノミコト》	榊《さかき》に飾る勾玉を製作（玉造《たまつくり》氏の祖となる）（➡P140）。

天照大御神が天岩屋にこもったために、世界中が闇に覆われた。思金神《オモイカネノカミ》の発案で、岩屋から天照大御神を引っ張り出すことに成功する。このとき活躍した天児屋命《アメノコヤネノミコト》は、大化の改新で活躍する中臣鎌足《なかとみのかまたり》の一族・中臣氏の祖神である。

要点 天岩屋で活躍した神々は、のちに天孫降臨《てんそんこうりん》の際に邇々芸命《ニニギノミコト》に従って地上に降りた。そして祭祀一族の祖となった。

日本神話

8

須佐之男命とオロチ退治

乱暴な神から出雲の英雄への転身

高天原を追放されて出雲にたどり着く

高《たか》天《まの》原《はら》から追放された**須佐之男《スサノオノ》命《ミコト》**は、出雲国の＊肥《ひの》河《かわ》の上流の地に降った。その時、箸《はし》が流れてきたので、上流に人がいると思って上っていくと、足名椎《アシナヅチ》と手名椎《テナヅチ》という＊**国《クニ》津《ツ》神《カミ》**の老夫婦が**櫛名田比売《クシナダヒメ》**という美しい娘を間にして泣いていた。

須佐之男命《スサノオノミコト》が泣くわけを聞くと、「私の娘は八人いたが、毎年、高《こ》志《し》の**ヤマタノオロチ**がやってきて、食べてしまった。いま、そのオロチがやって来るときです。だから、泣いているのです」という。オロチの姿は赤いホウズキのような目をもち、一つの身体に八つの頭と八つの尾があり、長さは、いくつもの谷や山にわたっているという。

オロチ退治をして絶世の美女と結婚

須佐之男命《スサノオノミコト》は櫛名田比売《クシナダヒメ》を妻としたいことを申し入れると、足名《アシナ》椎《ヅチ》と手名椎《テナヅチ》は承諾したので、その代わりにオロチを退治することを約束した。そして須佐之男命《スサノオノミコト》は、自分で櫛名田比売《クシナダヒメ》を神聖な櫛に変え、足名椎《アシナヅチ》と手名椎《テナヅチ》に、「お前たちは、垣根をめぐらし、そこに八つの入り口を作り、それぞれの入り口に、強い酒を満たした器を置くように」と指示した。

すると足名椎《アシナヅチ》のいうとおりオロチがやって来て、ただちに酒を飲んだ。オロチが酔って寝込んだところを、須佐之男命《スサノオノミコト》は十《と》拳剣《つかのつるぎ》を抜いてズタズタに切り裂いた。肥河《ひのかわ》は血の川となった。中ほどの尾を斬ったとき、奇異な御刀《みと》が現れたので、それを須佐之男命《スサノオノミコト》は天照大《アマテラスオオ》御神《ミカミ》に献上した。この御刀は、後に**三種の神器**（⬇P140）の一つとして知られる**草薙《くさなぎの》神剣《つるぎ》**となる。

高天原を追放された須佐之男命《スサノオノミコト》はオロチ退治で英雄となった。後に櫛名田比売《クシナダヒメ》を娶《めと》り＊**須《す》賀《がの》宮《みや》**を建て、子どもをもうけた。

＊**肥河**：現在の斐伊川《ひいかわ》のことである。宍道湖《しんじこ》に流れ込んでいる。
＊**国津神**：その土地にあらわれた神々のこと。これに対し高天原にあらわれた神々を天津神という。
＊**須賀宮**：須佐之男命が「すがすがしい」といってたので、その地を「須賀」と名づけた。

須佐之男命のヤマタノオロチ退治

足名椎と手名椎に強い酒を用意させて、ヤマタノオロチを酔わせた。オロチを切り裂くと尾の中から草薙神剣が現れた。

ヤマタノオロチのイメージになった川

島根県を流れる斐伊川《ひいかわ》は、古来から氾濫を繰り返した。その斐伊川の流域は製鉄の産地であったため、時に鉄分が川に流れて山肌や川が赤くなったものと思われる。曲がりくねって流れる斐伊川の様子がヤマタノオロチの大蛇のイメージにつながったといわれている。

島根県石見地方に伝わる石見神楽とヤマタノオロチ。（島根県浜田市役所写真提供）

日本神話

9

大国主神の試練

苦難を乗り越えて葦原中国の支配者となる

恋敵の兄弟たちに命を狙われる

須佐之男命《スサノオノミコト》六代目の孫である大穴牟遅神《オオアナムジノカミ》（のちの大国主神《オオクニヌシノカミ》）には八十神《ヤソガミ》と呼ばれるほど多くの兄弟たちがいた。ある日、因幡国《いなばのくに》の八上比売《ヤカミヒメ》に求婚するため、兄弟たちは揃って出かけた。

一行が*気多《けた》の岬に着くと、ワニに皮を剥《は》がされた兎《うさぎ》が泣いていた。大穴牟遅神《オオアナムジノカミ》は兎に治療法を教えた。兎は、「あなたこそが八上比売《ヤカミヒメ》を得るでしょう」と予言する。

兎の予言どおり、八上比売《ヤカミヒメ》は兄弟たちの求婚を断り、大穴牟遅神《オオアナムジノカミ》との結婚を望んだ。すると兄弟たちは嫉妬のあまり、大穴牟遅神《オオアナムジノカミ》を殺そうとし、あらゆる手を尽くした。

そのたびに、母神が*神産巣日神《カムムスビノカミ》に助けを求めて大穴牟遅神《オオアナムジノカミ》を蘇生させた。このままでは兄弟たちに殺されてしまうと考えた母神は、大穴牟遅神《オオアナムジノカミ》に須佐之男命《スサノオノミコト》の住む地底の根《ね》の国に行くことを勧めた。

大穴牟遅神の窮地を救った須世理毘売の機転

根《ね》の国に着いた大穴牟遅神《オオアナムジノカミ》は、須佐之男命《スサノオノミコト》の娘・須世理毘売《スセリビメ》とたちまち恋に落ちた。須佐之男命《スサノオノミコト》は大穴牟遅神《オオアナムジノカミ》を家に招き、さまざまな試練を与えた。須世理毘売《スセリビメ》の助けもあって、からくも窮地を逃れることができた。

須佐之男命《スサノオノミコト》は最後の試練に、自分の頭のシラミ取りを命じた。だが須佐之男命《スサノオノミコト》の頭にいたのは、無数のムカデだった。ここでも、須世理毘売《スセリビメ》の機転で試練を乗り越えた大穴牟遅神《オオアナムジノカミ》は、眠っている須佐之男命《スサノオノミコト》の髪を柱に結び付け、須世理毘売《スセリビメ》を背負って逃げ出る。

須佐之男命《スサノオノミコト》は逃げてゆく大穴牟遅神《オオアナムジノカミ》に向かって「須世理毘売《スセリビメ》を正妻とし、*葦原中国《あしはらのなかつくに》を支配する大国主神《オオクニヌシノカミ》と名乗るがよい」といった。

その後、大国主神《オオクニヌシノカミ》は兄弟たちを追放し、葦原中国《あしはらのなかつくに》を統治して国作りに着手した。

＊ **気多の岬**：鳥取県鳥取市の白兎海岸に気多岬という地名がある。
＊ **神産巣日神**：天地の始まりで三番目に成ったエネルギッシュな神。
＊ **葦原中国**：人々が住む地上の世界のこと。

大国主神《オオクニヌシノカミ》の試練

大国主神となるまで

1 大穴牟遅神《オオアナムジノカミ》（大国主神《オオクニヌシノカミ》）は、因幡の浜で兎を助ける。

↓

2 八上比売が大穴牟遅神との結婚を望んだため、兄・八十神たちの嫉妬を買い、命を狙われる。

↓

3 母神の勧めで、根の国に逃げる。

↓

4 須佐之男命に与えられた試練をくぐりぬける。

↓

5 大国主神となって葦原中国の支配者となる。

大国主神の系譜

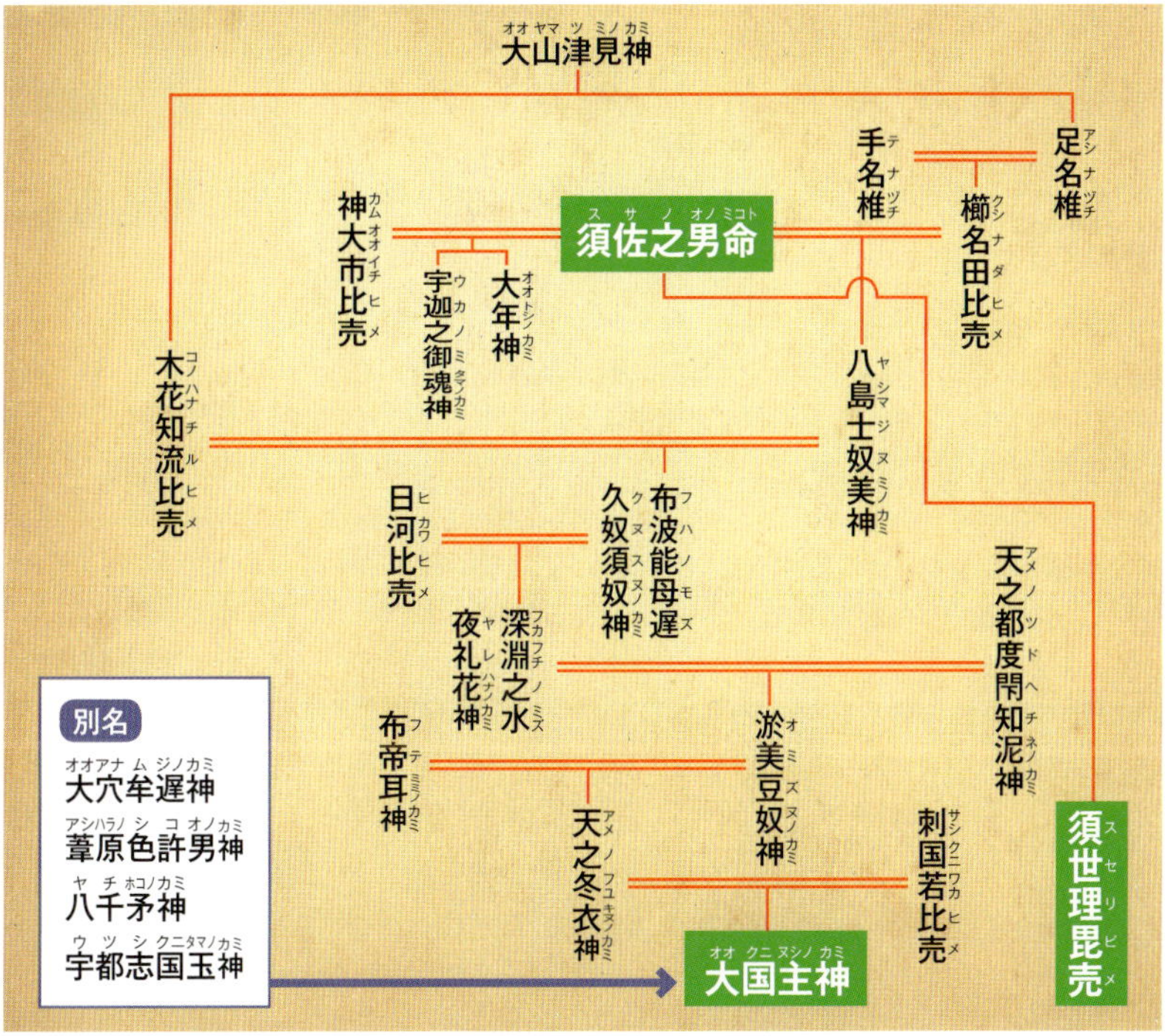

日本神話

10 大国主神の国譲り

高天原側によって征服された葦原中国

二神と協力して国作りを完了する

大国主神《オオクニヌシノカミ》が出雲の**美保**《みほ》**の岬**にいると、小さな船に乗り、雁《かり》の皮の服を着た、**少名毘古那神**《スクナビコナノカミ》という名の小さな神がやって来た。この神は大国主神《オオクニヌシノカミ》と協力して**葦原中国**《あしはらのなかつくに》を作るものの、途中で海の彼方《かなた》の*****常世**《とこよ》**の国**に帰っていった。そこで大《オオ》国主神《クニヌシノカミ》は*****大物主神**《オオモノヌシノカミ》とともに国作りを完成させた。

この豊かな葦原中国《あしはらのなかつくに》を、わが子に治めさせようと考えたのが、高《たか》天原《まのはら》の支配者の天照大御神《アマテラスオオミカミ》である。

そこで天照大御神《アマテラスオオミカミ》は大国主神《オオクニヌシノカミ》に使者を派遣し、葦原中国を譲るよう要求することにした。

ところが、第一の使者・**天菩比**《アメノホヒノ》**神**《カミ》は**大国主神**《オオクニヌシノカミ》の側に付き、第二の使者・**天若日子**《アメワカヒコ》は大国主神の娘を妻に娶《めと》って、何年経っても戻って来ない。そこで、第三の使者・**鳴**《ナキ》**女**《メ》（**雉**《キジ》）が行くが、天若日子《アメワカヒコ》に殺害されてしまう。最後に遣わされたのが勇猛な**建御雷神**《タケミカズチノカミ》であった。

大国主神に国譲りを受諾させた神々の力競べ

建御雷神《タケミカズチノカミ》は出雲国の*****稲佐**《いなさ》**の浜**に降り、大国主神《オオクニヌシノカミ》に国譲りを迫った。大国主神《オオクニヌシノカミ》は答えを渋り、代わりに息子の**八重事代主神**《ヤエコトシロヌシノカミ》に返答を任せる。八重事代主神《ヤエコトシロヌシノカミ》は国を天照大御《アマテラスオオミ》神《カミ》に献上することを承諾したが、もう一人の息子**建御名方神**《タケミナカタノカミ》は承服せず、建御雷神《タケミカズチノカミ》に力競べを挑んだ。建御雷神《タケミカズチノカミ》は建御名方神《タケミナカタノカミ》を投げ倒し、敗走する建御名方神《タケミナカタノカミ》を信濃国の諏訪《すわ》湖まで追いつめた。そして、二度とその地から出ないこと、天《アマ》照大御神《テラスオオミカミ》に国を譲ることを誓わせたのである。

出雲に戻った建御雷神《タケミカズチノカミ》に大国主《オオクニヌシ》神《カミ》は、国譲りの条件として高くそびえる宮殿に住まわせてほしいと願い出る。こうして完成したのが**杵築宮**《きづきのみや》（**現在の出雲大社**）である。大国主神《オオクニヌシノカミ》の国譲りによって、葦原《あしはら》中国《なかつくに》は高天原側に平定された。

---

* **常世の国**：海の彼方にあるとされる不老不死の国のこと。
* **大物主神**：奈良県桜井市にある大神神社の祭神で、大己貴神の幸魂《さきみたま》・奇魂《くしみたま》ともいう。
* **稲佐の浜**：島根県出雲市大社町にある海岸。『出雲国風土記』では国引き神話でも登場する。

大国主神《オオクニヌシノカミ》の国作りと国譲り

二神の協力と国作り

少名毘古那神《スクナビコナノカミ》の協力

◉大国主神はガガイモの種で作った船に乗ってやって来た小さな神。
◉病を除く方法や虫害・鳥獣の害を除去する方法を定めた。

常世国へ姿を消してしまう

大物主神《オオモノヌシノカミ》により完成する

◉少名毘古那神が去ったあと、大物主神を大和の御諸山《みもろやま》に祀り、国作りをする。
◉祭祀中心に秩序ある国作りをする。

葦原中国の国作りが完成する

大国主神の国譲り

1 高天原からの三人の使者

天菩比神《アメノホヒノカミ》	天若日子《アメワカヒコ》	鳴女《ナキメ》（雉《キジ》）
最初に使者として派遣されるも、大国主神に懐柔されてしまう。	第二の使者で派遣されるが、大国主神の娘の下照比売《シタデルヒメ》の婿《むこ》となり、葦原中国《あしはらのなかつくに》の支配者になろうとする。	天若日子《アメワカヒコ》の真意を問うために派遣されるが、天若《アメワカ》日子《ヒコ》によって弓で射殺されてしまう。

2 国譲りの使者

① 武神・建御雷神《タケミカズチノカミ》が大国主神に国譲りを要求する。

↓

② 建御名方神《タケミナカタノカミ》が抵抗するも、力比べに負けて屈服する。

↓

③ 大国主神は、出雲に宮殿を建てることを条件に国を譲る。

建御名方神は建御雷神に力比べに負けて諏訪へ逃げる。

日本神話

11

天孫降臨神話

葦原中国に天孫が降臨する

高千穂峰に天降った天照大御神の御孫

天照《アマテラス》大《オオ》御《ミ》神《カミ》は、**天忍《アメノオシ》穂《ホ》耳命《ミミノミコト》**に葦《あし》原中国《はらのなかつくに》を治めるようにと願っていた。ところが、天忍《アメノオシ》穂《ホ》耳命《ミミノミコト》は、「子が生まれたところなので、その子を天《あま》降《くだ》すのがよいでしょう」といった。天照《アマテラス》大《オオ》御《ミ》神《カミ》は、その言葉を受け入れ、御孫の**邇《ニ》々《ニ》芸《ギノ》命《ミコト》**に葦《あし》原中国《はらのなかつくに》の統治を委ねたのである。

父に代わり天降ることになった邇《ニ》々《ニ》芸《ギノ》命《ミコト》に、天照《アマテラス》大《オオ》御《ミ》神《カミ》は勾玉と鏡と剣を授け、天岩屋神話で活躍した五部族の神々（⬇P124）が邇《ニ》々《ニ》芸《ギノ》命《ミコト》に付き添った。

葦《あし》原中国《はらのなかつくに》へ向かう途中、天上との分かれ道に、天と地を照らす神がいた。そこで**天《アメノ》宇《ウ》受《ズ》売《メノ》命《ミコト》**を使者に立てて、その神の名を問わせると、国《クニ》津《ツ》神《カミ》の**猿《サル》田《タ》毘《ビ》古《コノ》神《カミ》**（⬇P152）といい、道案内のためお迎えに上がったと申し出た。

こうして猿《サル》田《タ》毘《ビ》古《コノ》神《カミ》に導かれ、邇《ニ》々《ニ》芸《ギノ》命《ミコト》と随行の神々は筑紫の日《ひ》向《むか》の**高《たか》千《ち》穂《ほ》の霊峰**に天降った。そして太い柱を立て、*千木《ちぎ》を高く掲げた壮麗な宮殿を建てて、葦《あし》原中《はらのなかつ》国《くに》を治める拠点とした。これが世にいう「**天《てん》孫《そん》降《こう》臨《りん》**」である。

邇々芸命の結婚と天皇の寿命

邇《ニ》々《ニ》芸《ギノ》命《ミコト》は*笠《かさ》沙《さ》の岬で美しい乙女に出会う。この乙女は**木《コノ》花《ハナノ》佐《サ》久《ク》夜《ヤ》毘《ビ》売《メ》**といい、国《クニ》津《ツ》神《ガミ》・*大《オオ》山《ヤマ》津《ツ》見《ミノ》神《カミ》の娘であった。邇《ニ》々《ニ》芸《ギノ》命《ミコト》が結婚を申し込むと、大《オオ》山《ヤマ》津《ツ》見《ミノ》神《カミ》は大変喜び、姉の**石《イワ》長《ナガ》比《ビ》売《メ》**を添えて差し出した。ところが、この姉は大変醜かったので、邇《ニ》々《ニ》芸《ギノ》命《ミコト》は姉だけを送り返した。

すると大《オオ》山《ヤマ》津《ツ》見《ミノ》神《カミ》は「木《コノ》花《ハナノ》佐《サ》久《ク》夜《ヤ》毘《ビ》売《メ》には花のような繁栄が、石《イワ》長《ナガ》比《ビ》売《メ》には岩のような永遠の命が約束されていたのに、お返しになるとは、神の御《み》子《こ》のご寿命は花のように儚《はかな》いものになるでしょう」と申し上げた。以来、天皇の寿命は、限りあるものとなった。

＊ **千木**：神社の本殿の屋上にみられ、破風の先端がのびて交叉した木のこと。
＊ **笠沙の岬**：伝承地として鹿児島県川辺郡笠沙町の野間岬がある。
＊ **大山津見神**：大いなる山の精霊で、また酒造の神ともされている。

天孫とともに葦原中国《あしはらのなかつくに》へ天降った神たち

❖ 天孫降臨の比定地

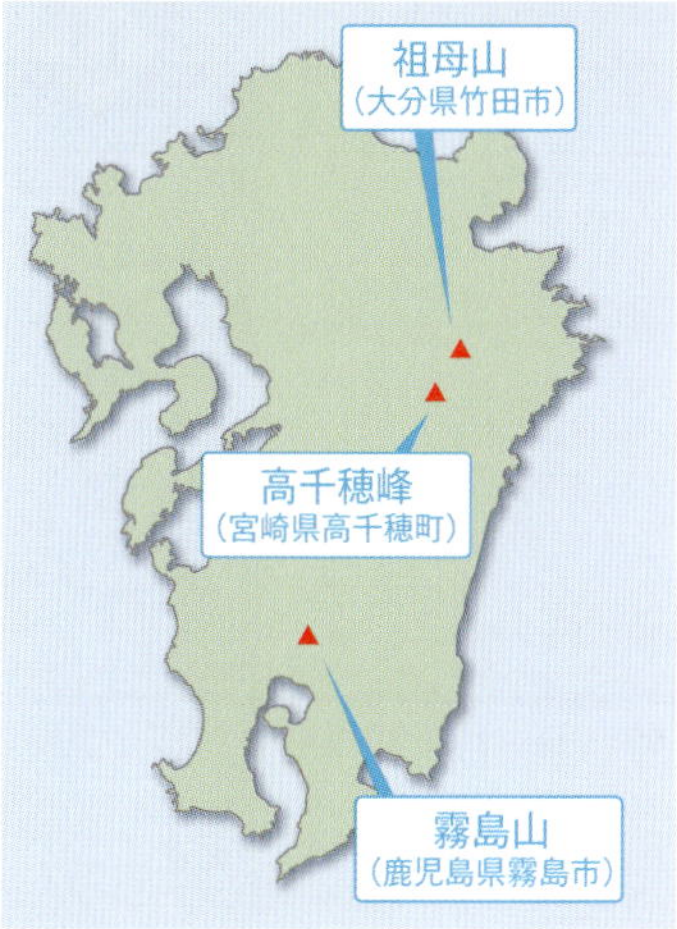

邇々芸命《ニニギノミコト》一行が天降ったという伝承地は、いくつか諸説があり、現在もはっきりしていない。宮崎県の高千穂峰《たかちほのみね》や鹿児島県霧島山《かごしまけんきりしまさん》が有力な候補地だと言われるが、論争が続いている。

❖ 邇々芸命の結婚

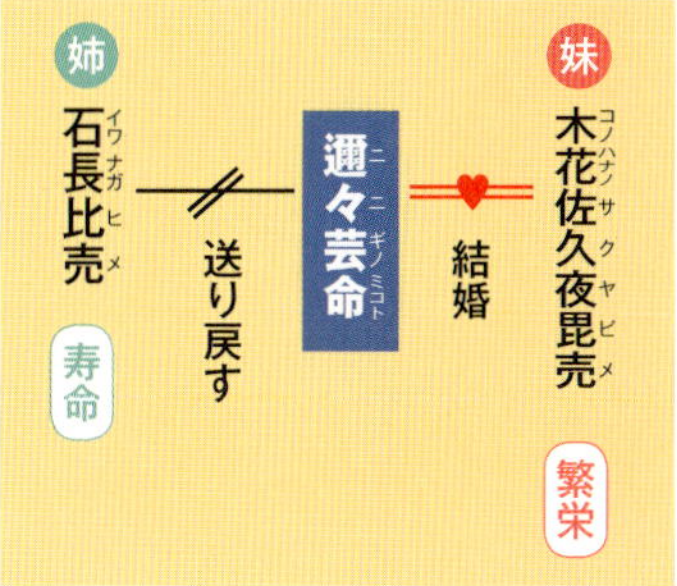

邇々芸命《ニニギノミコト》は、大山津見神《オオヤマツミノカミ》の娘・木花佐久夜毘売《コノハナノサクヤビメ》に求婚すると、姉の石長比売《イワナガビメ》も一緒に送られてきた。醜い姉を送り返したことで天皇の寿命は限りがあるものになったという。

日本神話

12

海幸彦と山幸彦

神代から歴代天皇へとつなぐ系譜

兄の釣り針をなくして海神に助けられる

邇々芸命《ニニギノミコト》は**木花佐久夜毘売《コノハナノサクヤビメ》**との間に三人の御子《みこ》をもうけた。長男の**火照命《ホデリノミコト》**（**海幸彦《ウミサチヒコ》**）は漁を生業とし、末子の**火遠理命《ホオリノミコト》**（**山幸彦《ヤマサチヒコ》**）は山で狩りをしていた。

ある日、山幸彦《ヤマサチヒコ》は兄の海幸彦《ウミサチヒコ》に懇願して釣り道具を貸してもらったが、誤って釣り針を海中になくしてしまう。そこで山幸彦《ヤマサチヒコ》は、海《ウミ》幸彦《サチヒコ》に許しを乞うたが、許してもらえなかった。

山幸彦《ヤマサチヒコ》が海辺で嘆き悲しんでいると、塩椎神《シオツチノカミ》が現れ、***綿津見神《ワタツミノカミ》の宮**へ行くように教えられる。山幸彦《ヤマサチヒコ》は海神の宮殿に行き、海神の娘・**豊玉毘売《トヨタマビメ》**と出会い、恋に落ちた。父の綿津見神《ワタツミノカミ》も山幸彦《ヤマサチヒコ》を手厚くもてなし、二人を結婚させた。

邇々芸命の系譜が初代天皇へつながる

こうして山幸彦《ヤマサチヒコ》は三年の間、海神の宮で暮らしたが、この国にやって来た目的を思い出し、大きなため息をついた。ため息の理由を豊玉毘売《トヨタマビメ》に尋ねられたので、その一部始終を語ると、父の海神は海にいる魚を全部集め、なくした釣り針を探させた。

釣り針は見つかり、それを海神が山幸彦《ヤマサチヒコ》にお与えになる時に、呪文を教えて、潮を自由に操ることのできる**潮盈珠《しおみちのたま》**と**潮干珠《しおひのたま》**を渡した。

この呪文により兄の海幸彦《ウミサチヒコ》はどんどん貧しくなっていった。追いつめられた海幸彦《ウミサチヒコ》が山幸彦《ヤマサチヒコ》を攻め込んでくると、今度は潮盈珠《しおみちのたま》を使って溺れさせた。海幸彦《ウミサチヒコ》が許しを求めると、潮乾珠《しおひのたま》で水を引かせた。ついに海幸彦《ウミサチヒコ》は山幸彦に服従し、海幸彦《ウミサチヒコ》の子孫はのちに九州南部に住んだ***隼人《ハヤト》**と呼ばれた。

こうして邇々芸命《ニニギノミコト》とその御子《みこ》は、山の神と海の神の娘と結婚することで、山海両方の霊力を得て、**初代・神武《じんむ》天皇**へとつながり、天下を支配することになるのである。

＊**綿津見神の宮**：海神の宮殿。海のはるかかなたにある理想郷と考えられていた。

＊**隼人**：古代の九州南部の人々。風俗習慣を異にし、はじめは大和政権に抵抗していたが、後には隼人舞を見せたり、宮門の守護をしたりして服従した。

神武天皇に至るまでの天皇家の祖

火遠理命《ホオリノミコト》と火照命《ホデリノミコト》の争い

1 弟・火遠理命《ホオリノミコト》(山幸彦)は兄・火照命《ホデリノミコト》(海幸彦) から借りた釣り針をなくす。

↓

2 塩椎神《シオツチノカミ》に助けられて、綿津見神《ワタツミノカミ》(海神)の宮に行き豊玉毘売《トヨタマビメ》と結婚する。

↓

3 故郷に戻り、潮盈珠《しおみちのたま》・潮干珠《しおひのたま》を使って兄を服従させる。

↓

4 火照命の子孫は大隅・薩摩地方の・隼人《ハヤト》の祖に、火遠理命は天皇の祖となる。

神武天皇に至る系図

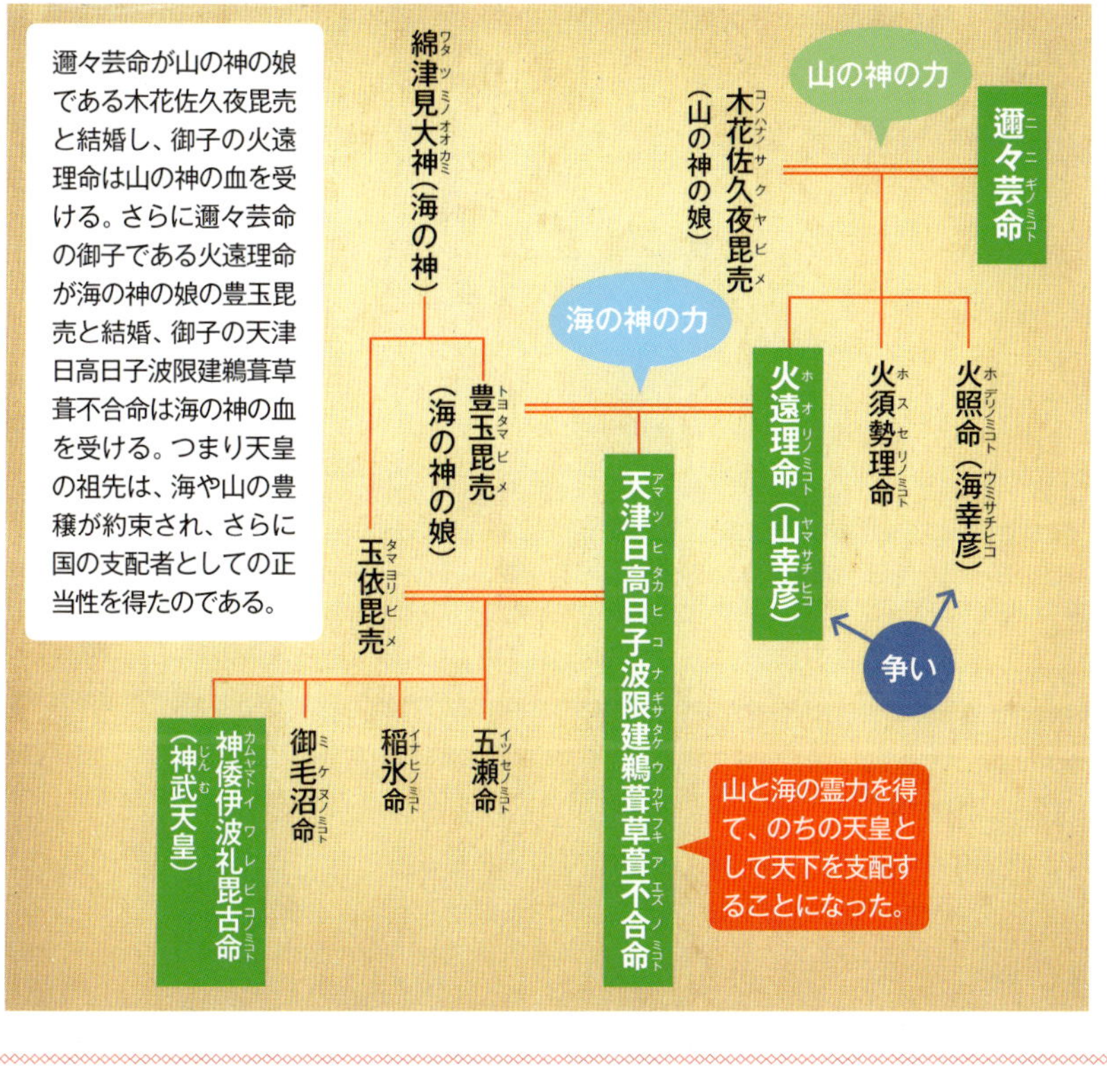

日本神話

13

神武東征

長年の遠征の末、大和を平定する

天下を平定するために日向から東へと向かう

山幸彦《ヤマサチヒコ》の孫にあたる**神倭伊波礼毘古命**《カムヤマトイワレビコノミコト》（初代・神武天皇）は葦原中国《あしはらのなかつくに》を平和に治めるためのふさわしい地を求めて、兄の**五瀬命**《イツセノミコト》に遠征を提案した。そこで、五瀬命《イツセノミコト》と相談し、日向《ひゅうが》の**高千穂宮**《たかちほのみや》を出て東へと向かうことにした。

二人は**豊国**《とよくに》の宇沙《うさ》、**筑紫**《つくし》、**安芸**《あき》、**吉備**《きび》を経て、浪速《なにわ》の湾を通って**白肩の津**《しらかたのつ》（港）に船を泊した。すると、その土地の豪族の**登美能那賀須泥毘古**《トミノナガスネビコ》が、軍勢を率いて戦をしかけてきた。兄の五瀬命《イツセノミコト》は、このときに負った手の傷がもとで、**紀伊国**《きのくに》の**男之水門**《おのみなと》で亡くなった。

荒ぶる神を服従させて初代の天皇となる

神倭伊波礼毘古命《カムヤマトイワレビコノミコト》一行が**熊野**《くまの》にたどり着くと、邪神の影響で神倭《カムヤマト》伊波礼毘古命《イワレビコノミコト》とその軍勢は気を失ってしまった。このとき、熊野の**高倉下**《タカクラジ》が健御雷神《タケミカヅチノカミ》から授かった大刀を持って歩み寄った。高倉下《タカクラジ》が差し出した一振りの大刀を神倭《カムヤマト》伊波礼毘古命《イワレビコノミコト》が受け取ると、兵たちは目を覚まし、熊野の荒ぶる神はことごとく逃げ去っていった。

伊波礼毘古命《イワレビコノミコト》は**八咫烏**《やたがらす》*に案内されて、**吉野の山**を越えて大和の宇陀《うだ》に着いた。宇陀《うだ》には**兄宇迦斯**《エウカシ》と**弟宇迦斯**《オトウカシ》という兄弟がいた。

兄宇迦斯《エウカシ》は軍勢を集めて迎え撃とうとした。しかし、軍勢が集まらなかったため作戦を変え、服従すると見せかけて、神倭伊波礼毘古命《カムヤマトイワレビコノミコト》のための御殿を作り、その中に罠をしかけた。

だが、その作戦は弟宇迦斯《オトウカシ》の密告により露見。兄宇迦斯《エウカシ》は御殿に先に入るよう強要され、自分が仕掛けた罠にかかって命を落とした。

その後も、さまざまな荒ぶる神たちを服従させ、ついに神倭伊波礼毘古命《カムヤマトイワレビコノミコト》は畝傍《うねび》の**白檮原宮**《かしはらのみや》*で即位した。この神倭伊波礼毘古命《カムヤマトイワレビコノミコト》とは、**初代・神武天皇**《じんむ》である。

＊**八咫烏**：神武東征のとき、熊野から大和に入る道案内をしたという大きな烏。熊野の土地における神の使いで、足が三本あるとされる。

＊**白檮原宮**：神武天皇の宮殿。奈良県の畝傍山の南東という、橿原神宮はその宮地に建設された。

神武東征ルートと関連神社

① 駒宮神社《こまみや》

神倭伊波礼毘古命《カムヤマトイワレビコノミコト》が、宮居を建て若い頃に滞在されたという伝説地。

② 男《おの》神社

負傷した兄・五瀬命がおたけびされたと伝わる場所。

③ 神倉《かみくら》神社

神剣を持って神倭伊波礼毘古《カムヤマトイワレビコノ》命《ミコト》の一行を助けた高倉下を祀る神社。

④ 八咫烏《やたがらす》神社

神倭伊波礼毘古命《カムヤマトイワレビコノミコト》を導いた、八咫烏を祀る。

⑤ 橿原《かしはら》神宮

神倭伊波礼毘古命《カムヤマトイワレビコノミコト》が神武天皇として即位した地に建立された。

日向から出発した神《カム》倭伊波礼毘古命《ヤマトイワレビコノミコト》は、各地に滞在をしながら、東へ向かった。神々の力を借りながら荒ぶる神々を次々に服従させて、畝火《うねび》の白檮原宮《かしはらのみや》で天下を治め、初代・神武天皇として即位した。

日南市商工観光課、男神社、神倉神社、宇陀市商工観光課、橿原神宮写真提供

日本神話

14 倭建命の征伐

故郷を夢見て力尽きた悲劇の英雄

父に疎まれて西方征伐の旅へ

第十二代の**景《けい》行《こう》天皇**は御子《みこ》の**小《オ》碓命《ウスノミコト》**に、兄の**大《オオ》碓命《ウスノミコト》**を教えさとすようにと命じた。ところが、小碓《ウスノ》命《ミコト》は天皇の言葉を読み違えて、大《オオ》碓命《ウスノミコト》の手足をへし折って惨殺してしまった。天皇は小《オ》碓命《ウスノミコト》の暴虐ぶりに恐れをなし、西方の*熊《クマ》曾《ソ》建《タケル》**と いう二人を征伐するよう命じた。

小《オ》碓命《ウスノミコト》は女装して、熊《クマ》曾《ソ》建《タケル》の新築祝いの宴会に忍び込み、宴もたけなわの頃、熊《クマ》曾《ソ》建《タケル》の二人を容赦なく切り殺した。そのとき、熊《クマ》曾《ソ》建《タケル》が死に臨み小《オ》碓命《ウスノミコト》に、「今から後は**倭建命《ヤマトタケルノミコト》**と名乗られたらよい」と申し上げた。そのときから、小碓命の武勇をたたえて、倭建命《ヤマトタケルノミコト》と呼ぶようになったのである。

その後、倭建命《ヤマトタケルノミコト》は、出雲国の**出《イズ》雲《モ》建《タケル》**も平らげ、意気揚々と宮中に戻った。すると天皇は、重ねて倭《ヤマト》建命《タケルノミコト》に「東の十二国の服従しない者たちを言向けて平定せよ」とおおせられた。

転戦に次ぐ転戦 終わりなき闘いの果てに

倭建命《ヤマトタケルノミコト》が、相《さ》模《がみ》国《のくに》に着くと、国《くにの》造《みやっこ》は倭建命《ヤマトタケルノミコト》をだまして、野で火攻めにした。なすべき方法がないと思われたとき、その窮地を救ったのは、叔母の***倭姫命《ヤマトヒメノミコト》**から授けられた御剣と火打ちであった。倭建命《ヤマトタケルノミコト》は、御剣で草を刈り、火打ち石で火をつけ、火勢を向こう側に向け、窮地を脱した。これは、須《ス》佐《サ》之《ノ》男《オ》命《ミコト》がオロチ退治したときに、オロチの尾から出た御剣で、のちに「***草薙神剣《くさなぎのつるぎ》**」と呼ばれた。

さて、その後も、倭建命《ヤマトタケルノミコト》は甲斐《かい》、信《しな》濃《の》、尾張《おわり》と転戦に転戦を重ねた。この終わりなき闘いの日々は、いつしか健康を蝕んでいった。旅の途上で倭建命《ヤマトタケルノミコト》の病は重くなり、ついに息絶えてしまう。嘆き悲しむ妻子の前で、倭建命の魂は大きな**白鳥**となって舞い上がり、天高く飛び立っていったのだった。

＊ **熊曾建**：記紀神話にみえる九州南部の先住民で、朝廷に抵抗をしていた種族。
＊ **倭姫命**：垂仁天皇の皇女で、天照大御神を大和の笠縫邑《かさぬいのむら》から伊勢に遷して祀った。
＊ **草薙神剣**：『日本書紀』には草を薙ぎはらったことから「草薙神剣《くさなぎのつるぎ》」との名前がついたとある。

倭建命《ヤマトタケルノミコト》の征伐と伝承地

① 纒向日代宮跡《まきむくひしろ》（奈良県桜井市）

倭建命の父である景行天皇が宮殿を構えたとされる伝承地。

② 倭姫宮《やまとひめみや》（三重県伊勢市）

伊勢の皇大神宮の別宮。倭建命の叔母である倭姫命を祀る。

③ 腰掛《こしかけ》神社（神奈川県茅ヶ崎市）

倭建命が東国遠征の際、大山を眺めながら休憩したときの大石がある。

④ 走水《はしりみず》神社（神奈川県横須賀市）

海神の怒りを鎮めるために自ら入水した弟橘媛命《オトタチバナヒメノミコト》を祀る。

⑤ 酒折《さかおり》の宮《みや》（山梨県甲府市）

東国の征伐の帰りに焚火番の翁と歌を交わした。

⑥ 熱田《あつた》神宮（愛知県名古屋市）

倭姫命から与えられ、相模国で倭建命を救った草薙神剣《くさなぎのつるぎ》を御神体として祀る。

桜井市教育委員会、神宮司庁、腰掛神社、甲府観光課、熱田神宮写真提供

日本神話

15

三種の神器

歴代天皇が受け継いできた皇位の標識

天孫降臨がもたらした高天原からの贈り物

倭建命《ヤマトタケルノミコト》が相模国《さがみのくに》で野火攻めにあったときに、窮地を救った**草薙**《くさなぎの》**神剣**《つるぎ》。これは皇室に代々伝えられた「**三種**《さんしゅ》**の神器**《じんぎ》」の一つである。

ちなみに、三種の神器とは、**八咫鏡**《やたのかがみ》・**八尺瓊勾玉**《やさかにのまがたま》・**天叢雲剣**《あめのむらくものつるぎ》（草薙《くさなぎの》神剣《つるぎ》）のことである。『古事記』には、天孫降臨《てんそんこうりん》の際に、天照大御神《アマテラスオオミカミ》が、これらの神宝を御孫の**邇々芸命**《ニニギノミコト》に授けたとの記述がある。そして鏡を自分の神霊として祀るよう邇々芸命《ニニギノミコト》に命じた。

『古事記』『日本書紀』の**天岩屋**《あまのいわや》**神話**によれば、天照大御神《アマテラスオオミカミ》を天岩屋から引き出す方策の一つとして作られた鏡と勾玉（➡P124）が、八咫鏡《やたのかがみ》と八尺瓊勾玉《やさかにのまがたま》になった。八咫鏡《やたのかがみ》は、天安河原《あめのやすのかわら》の川上で採れた石と鉱山の鉄を使い、*****伊斯許理度売命**《イシコリドメノミコト》が鋳造した。一方、八尺瓊勾玉《やさかにのまがたま》は、*****玉祖命**《タマノオヤノミコト》に命じて作らせた玉飾りである。

歴史の謎を秘めた皇位継承のシンボル

これらの二つの神宝と異なるのが草薙神剣《くさなぎのつるぎ》である。この剣は、はじめは「天叢雲剣《あめのむらくものつるぎ》」ともいい、須佐之男命《スサノオノミコト》がヤマタノオロチを退治したとき、その尾から見出され、天照大御神《アマテラスオオミカミ》に献上された（➡P126）。

その後、天叢雲剣《あめのむらくものつるぎ》は皇女・**倭姫命**《ヤマトヒメノミコト》によって倭建命《ヤマトタケルノミコト》に授けられ、東征の途上、倭建命《ヤマトタケルノミコト》が野火攻めにあったとき、草を薙ぎ払って危地を脱したことから、「草薙神剣《くさなぎのつるぎ》」と呼ばれるようになった（➡P138）。

現在、八咫鏡《やたのかがみ》は**伊勢神宮**に、草《くさ》薙神剣《なぎのつるぎ》は**熱田神宮**に祀られている。そして八尺瓊勾玉《やさかにのまがたま》は**皇居**に保管されている。

三種の神器は皇位の正統性のシンボルであるので、戦乱の中では、しばしば敵味方が奪い合った。数奇な運命をたどった神宝は、歴史に秘密を宿したまま、今に至っている。

＊**伊斯許理度売命**：鏡を作った老女。鏡作《かがみつくり》の連《むらじ》らの祖神である。天孫降臨の際に邇々芸命に従った。

＊**玉祖命**：玉を作る部族の祖神。同じく天孫降臨の際に随行する。

皇位の印とされる三種の宝物

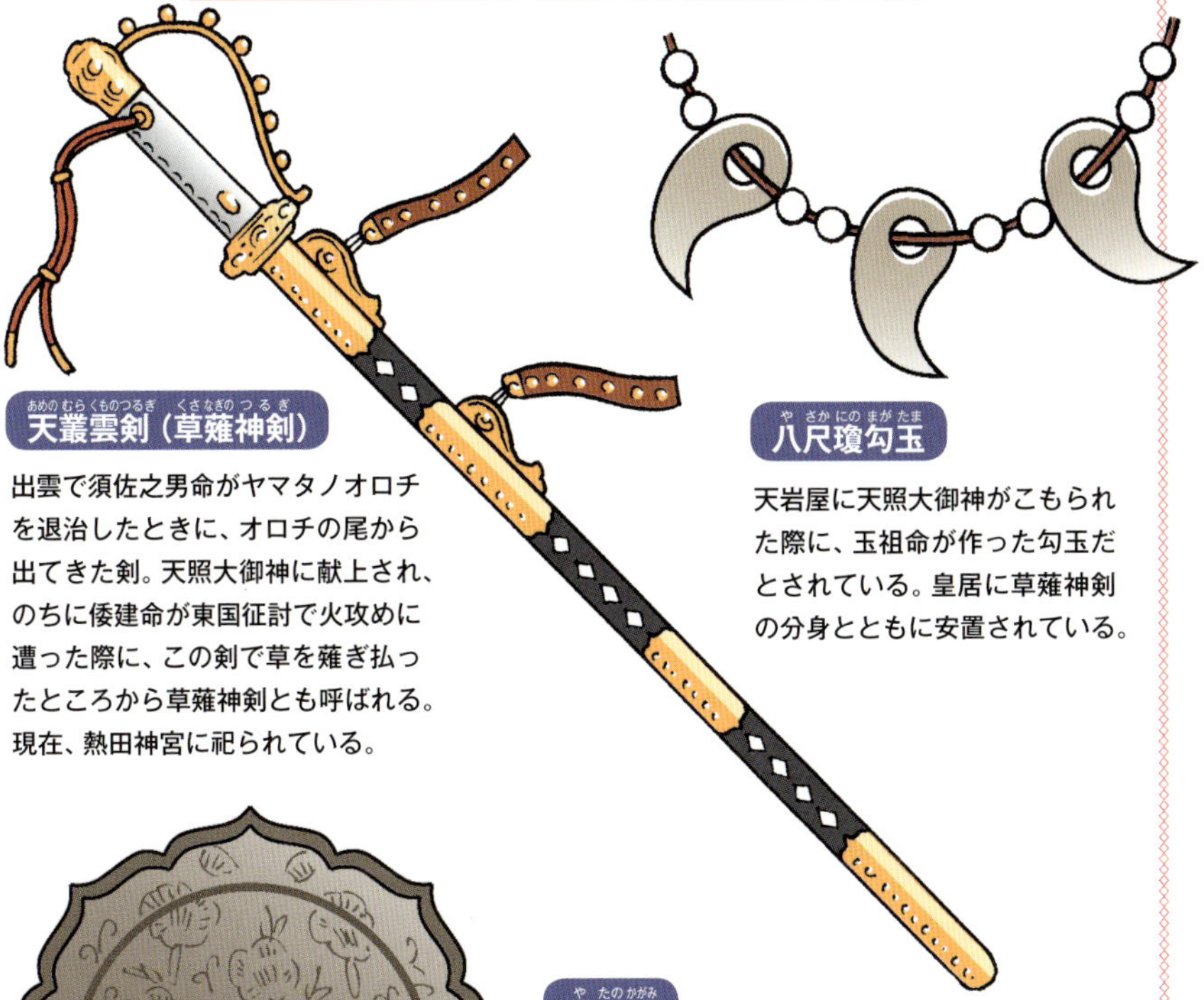

天叢雲剣《あめのむらくものつるぎ》（草薙神剣《くさなぎのつるぎ》）

出雲で須佐之男命がヤマタノオロチを退治したときに、オロチの尾から出てきた剣。天照大御神に献上され、のちに倭建命が東国征討で火攻めに遭った際に、この剣で草を薙ぎ払ったところから草薙神剣とも呼ばれる。現在、熱田神宮に祀られている。

八尺瓊勾玉《やさかにのまがたま》

天岩屋に天照大御神がこもられた際に、玉祖命が作った勾玉だとされている。皇居に草薙神剣の分身とともに安置されている。

八咫鏡《やたのかがみ》

天岩屋に天照大御神がこもった際に、伊斯《イシ》許理度売命《コリドメノミコト》が作った鏡という。ついで天孫降臨のとき、天照大御神が自身の神霊として祀れと願って邇々芸命に渡した。現在は伊勢神宮に祀られる。

神道こぼれ話

謎の神宝 十種《とくさ》の神宝《かみたから》とは？

十種の神宝とは、*物部《もののべ》の祖神である饒速日命《ニギハヤヒノミコト》が高天原から降りた際に、天神御祖から授けられた神宝のこと。饒速日命とは、邇々芸命の兄にあたる神で天孫降臨と別ルートで天降っていた。

十種の神宝には合計十種の鏡と剣と玉と比礼《ひれ》があるという。しかし三種の神器と異なって、その実態が謎に包まれている。この比礼とは、古代の女性が肩にかけた薄い布のことで、これを振ると災いを祓う力があると考えられていた。この神宝は、死者を生き返らせるほどの霊験があるとされる。『令集解』によると、鎮魂祭のときに、比礼を振り動かして、鎮魂行事が行われていたとある。

* **物部**：邇々芸命よりも前に葦原中国に降りた、饒速日命を始祖とする一族。兵器の製造管理をし、次第に有力軍事氏族に成長していった。仏教を排斥して蘇我稲目と物部守屋が対立し、蘇我氏に攻め込まれて、物部守屋は滅んだ。

神道コラム 5

日本サッカーと八咫烏

日本サッカー協会のシンボルマークである三本足の烏は、ボールをゴールに導く神様・八咫烏を由来としている。

八咫烏《やたがらす》は、『古事記』や『日本書紀』の伝承によれば、神武《じんむ》天皇東征《とうせい》（➡P136）の際、熊野国から大和国への険路を案内する役割を果たしたとある。この八咫烏とサッカーがなぜ結びつくのかというと、日本でサッカーを初めて紹介した人物が熊野那智大社が鎮座する和歌山県那智勝浦町出身の中村覚《なかむらかく》之助《のすけ》という人物であったことによる。明治三十六（1903）年、中村は英国の本を翻訳・編集して日本最初のサッカー指導書『アッソシェーションフットボール』を出版した。日本のサッカー普及に貢献した人物である。

この中村が生まれた熊野は、平安時代に蹴鞠《けまり》の名人といわれた藤原成通《ふじわらなりみち》が技の奉納に訪れたと言われており、熊野の地は古くから蹴球と深い関わりをもっているのである。

八咫烏神社（奈良県宇陀市／八咫烏神社写真提供）。八咫烏神社では、建角身命を祭神としている。建角身命は八咫烏に化身して神武天皇を道案内し、天皇を助けたという。

日本サッカー協会のシンボルマーク。熊野三山の神使である三本足の烏がサッカーボールを足で押さえている姿をシンボルマークにしている。（©JFA）

7章

神社に祀られる神々

神道の神々

1

神々の種類

神社に祀られる多彩な神々

神話に登場する神々は意外にも多くいる

神社には、多彩な神々が祀られている。それらを整理してみると、ひとつには「**記紀《きき》神話に登場する神々**」が挙げられる。『**古事記**』や『**日本書紀**』といった古典に登場する。たとえば天之常立神《アメノトコタチノカミ》や天照大御神《アマテラスオオミカミ》、須佐之男命《スサノオノミコト》、大国主神《オオクニヌシノカミ》といった神々である。こうした神々は、天照大御神《アマテラスオオミカミ》は伊勢神宮、大国主神《オオクニヌシノカミ》は出雲大社というように、神話の内容のとおりに所縁《ゆかり》の神社に祀られている。

また、その土地で独自に信仰されてきた**土着の神々**がある。天孫降臨の際、道案内をした猿田毘古《サルタビコ》神《カミ》は伊勢地方の土着の神、すなわち地主神《じぬしがみ》とされる。

さらにインドや中国などからやってきた神や仏などが日本の神と同一視された**習合神《しゅうごうしん》**もある。たとえば、八坂《やさか》神社（京都市東山区）は明治時代までは**＊牛頭天王《ゴズテンノウ》**を祀っていたが、のちに出雲神話で大活躍をする須佐之男命《スサノオノミコト》と習合されるようになった。そのため八坂神社では現在、須佐之男命《スサノオノミコト》を祭神としている。

人間が神として祀られるということ

さらに人間を祭神として祀るケースもある。明治神宮や平安神宮、橿原《かしはら》神宮《じんぐう》などには**天皇**や**皇族**が祀られている。**戦争や治世などに功績のあった人物、優れた文化的業績を残した人物**を、神として祀ることもある。歴史的偉業のあった豊臣秀吉や徳川家康は没後に神に祀られて豊国《とよくに》神社や日光東照宮《にっこうとうしょうぐう》の祭神となった。非業の死を遂げて、死後に祟りを及ぼした人の霊を祀る場合もある。これを**御《ご》霊神《りょうしん》**といい、御霊《ごりょう》神社が有名だ。

以上の神々のほかに、民間で信仰される神も多い。地域社会が祀る神で、日常生活と結びついた多種多様な神々が信仰されている。

＊**牛頭天王**：もとはインドの祇園精舎を守護する神であった。

神々の種類

主な祭神の区分

祭神の区分		主な神々とそれを祀る神社
記紀の神々		天照大御神《アマテラスオオミカミ》（伊勢神宮）、須佐之男命《スサノオノミコト》（氷川神社）など。（➡P146～153）
土着の神々		大物主神《オオモノヌシノカミ》（大神《おおみわ》神社）、寒川比古命《サムカワヒコノミコト》・寒川比女命《サムカワヒメミコト》（寒川神社）など。
習合神《しゅうごうしん》		牛頭天王《ゴズテンノウ》（八坂神社）、熊野三所権現《クマノサンショゴンゲン》（熊野三社）、八幡大菩薩＝応神《おうじん》天皇（宇佐神宮）など。（➡P154）
人格神	天皇・皇族	桓武《かんむ》天皇（平安神宮）、後醍醐《ごだいご》天皇（吉野神宮）、明治天皇（明治神宮）など。（➡P158、162）
人格神	英雄・功労者	楠木正成《くすのきまさしげ》（湊川《みなとがわ》神社）、織田信長《おだのぶなが》（建勲《けんくん》神社）、豊臣秀吉《とよとみひでよし》（豊国《とよくに》神社）、徳川家康《とくがわいえやす》（日光東照宮）、東郷平八郎《とうごうへいはちろう》（東郷神社）など。（➡P156～163）
人格神	御霊神《ごりょうしん》	早良《さわら》親王（御霊《ごりょう》神社）、菅原道真《すがわらのみちざね》（北野天満宮）、平将門《たいらのまさかど》（神田明神）、崇徳《すとく》上皇（白峯《しらみね》神宮）、安徳《あんとく》天皇（赤間神宮《あかまじんぐう》・水天宮《すいてんぐう》）など。（➡P164）

民間で信仰される神々	
自然の神様	自然や大地を司る神々。火の神、水の神、土の神、風の神、雷の神、山の神、海の神、港の神など。
生命の神様	子授け・安産・五穀豊穣を司る。産神《ウブガミ》、子安神《コヤスガミ》、食物の神、穀物の神、宇賀神《ウガジン》、淡嶋《アワシマ》さまなど。
家の中の神様	家屋・台所・厠《かわや》などを司る。敷地の神、家屋の神、台所の神、竈《かまど》の神、厠の神など。（➡P166）
仕事・芸能の神様	農業・漁業・芸能に秀でた神様。農業の神、漁業の神、林業の神、鍛冶の神、芸能の神など。

神道の神々

2

天地創世神話の神々

夫婦神が国と多くの神々を生んだ

国土を生み、さらに神々を生んだ

天地の始まりから**神世七代**《かみよななよ》の終盤に登場する国生み・神生みの神が、**伊耶那岐神**《イザナキノカミ》と**伊耶那美神**《イザナミノカミ》である。二神は結婚して日本の国土をつくり（国生み）、自然現象、生産、土地・家屋などを司る多くの神々を生んだ（神生み）。国土と自然物を形づくり、**人間の生活基盤**を築いた神である。一方で妻・伊耶那美神の死は、**人間の生と死の起源**ともされる（➡P116）。

火の神である***迦具土神**《カグツチノカミ》は、その誕生によって母・伊耶那美神《イザナミノカミ》を死に至らしめてしまった（➡P116）。父・伊耶那岐神《イザナキノカミ》に首をはねられた迦具土神《カグツチノカミ》の死体からは、山々を司る**正鹿山津見神**《マサカヤマツミノカミ》や**奥山津見神**《オクヤマツミノカミ》が、また飛び散った血から**建御雷神**《タケミカズチノカミ》（➡P150）や**石筒之男神**《イワツツノオノカミ》などの神々が誕生した。

この雷を司る建御雷神《タケミカズチノカミ》は剣の神ともされるなど、迦具土神《カグツチノカミ》の体や血から生まれた神々は鉱山や工業など生産に関わる神であるという共通点をもつ。このため、迦具土《カグツチノ》神《カミ》は**金運**や**招福**、また**防火の神**としても信仰された。

最初に生まれた神は流されてしまった

水蛭子神《ヒルコノカミ》は、伊耶那岐神《イザナキノカミ》と伊耶《イザ》那美神《ナミノカミ》との間に最初に生まれた神である。しかし、体が不自由であったため、葦の船に乗せられ、海に流された。***摂津国**《せっつ》に流れ着いた水蛭《ヒル》子神《コノカミ》は、漁師に拾われ、戎三郎《えびすさぶろう》と名乗り、さらに七福神の**恵比寿神**《エビスカミ》と同一視されるようになった。

伊耶那美神《イザナミノカミ》が火傷で苦しみながら生んだ一柱が穀物を司る和久産《ワクム》巣日神《スヒノカミ》で、その御子が**豊宇気毘売**《トヨウケビメ》**神**《カミ》（**豊受大神**《トヨウケノオオカミ》）である。「宇気《うけ》」は食物の意味で、稲作や食物全般の豊饒を司る神である。そのための神は、天照大御神《アマテラスオオミカミ》の食事を整える重要な役目を担うことになり、**伊勢神宮**の外宮に祀られた。

＊**迦具土神**：神名の「カグ」は火が燃えさかる様子を表す。火の神である。

＊**摂津国**：現在の大阪府北中部と兵庫県南東部にあたる。同地の兵庫県西宮市にある西宮神社（➡P201）は水蛭子神を主祭神とし、商売繁盛のご利益があることで有名。

神生みに登場する神々

迦具土神《カグツチノカミ》

破壊と生成の力を象徴する火防の神

誕生の際に母に火傷を負わせて、死に追いやった。そのため父の伊耶那岐神《イザナキノカミ》に惨殺される。

神徳	火災避け・郷土守護
主な神社	秋葉山本宮秋葉神社（静岡県） 愛宕神社（京都府）

伊耶那岐神《イザナキノカミ》と伊耶那美神《イザナミノカミ》

多くの国土と神々を生んだ夫婦神

右の伊耶那岐神は天空の父神となり、左の伊耶那美神は大地の母神として人間の死を司る。

神徳	延命長寿・縁結び・ 夫婦和合・事業成功
主な神社	多賀大社（滋賀県） 伊弉諾神宮（兵庫県）

豊受大神《トヨウケノオオカミ》

天照大御神の食物を司る外宮の祭神

伊耶那岐神と伊耶那美神の間に生まれた和久産日神の御子。手に稲を持つのは、天照大御神の食料を示す。

神徳	農業守護・漁業守護・ 産業の守護
主な神社	伊勢神宮外宮（三重県） 籠神社（京都府）

水蛭子神《ヒルコノカミ》

葦の船に乗せて流された神

伊耶那岐神や伊耶那美神の間で最初に生まれた子。未熟な子だったため、海に流され、のちに恵比寿《エビス》神となった。

神徳	海上安全・豊漁守護・ 商売繁盛
主な神社	西宮神社（兵庫県） 蛭子神社（神奈川県）

神道の神々

3

日本神話の主要な神々
三貴子と出雲神話の神

姉弟の仲たがいによって昼と夜が成立した

死者の世界である黄泉国《よみのくに》から戻った伊耶那岐神《イザナキノカミ》は、死の穢《けが》れを清める禊《みそぎ》を行った。その際に天照《アマテラス》大御神《オオミカミ》、月読命《ツクヨミノミコト》、須佐之男命《スサノオノミコト》の三《さん》貴子《きし》が生まれた（➡P120）。

天照大御神《アマテラスオオミカミ》は光り輝く太陽のような存在だったので、伊耶那岐神《イザナキノカミ》は自分の地位を譲り、神々の世界である高天原《たかまのはら》の統治を任せた。神々の総支配神となった天照大御神《アマテラスオオミカミ》は、現在では**伊勢神宮の内宮**に祀られ、また**皇室の祖先神**として崇められている。

次に夜の国を統治することとなったのが月読命《ツクヨミノミコト》で、月のような男神である。あるとき、月読命《ツクヨミノミコト》は姉の天照大御神《アマテラスオオミカミ》の命令で五穀豊穣を司る＊**保食神**《ウケモチノカミ》のもとを訪れた。

そのとき保食神《ウケモチノカミ》は口から吐き出した食物で月読命《ツクヨミノミコト》をもてなした。「吐き出したものを食べさせるとは汚らわしい」と怒った月読命《ツクヨミノミコト》は保食神《ウケモチノカミ》を斬殺。弟の蛮行をとがめた天照大御神《アマテラスオオミカミ》は月読命《ツクヨミノミコト》と距離を置いた。このため太陽と月は交代で天に現れ、昼と夜が生まれた。

また月読の「月を読む」とは月齢、つまり暦を読むことを意味することから、暦が重要な要素となる**農耕**や**漁猟の神**ともされる。

粗暴な須佐之男命は愛妻家でもあった

海を統治することとなった**須佐之男命**《スサノオノミコト》は暴れ者で、乱行を繰り返したため**高天原**《たかまのはら》から追放されてしまう。その後は出雲に天下り、**ヤマタノオロチ**を退治するなどの活躍を見せ、善神として崇められた（➡P126）。

オロチ退治で須佐之男命《スサノオノミコト》に救出され、その妃となったのが＊**櫛名田**《クシナダ》**比売**《ヒメ》である。「名田」とは稲田のことで、**稲作**を守護し**豊穣**をもたらす神とされる。夫とともに祀られることも多く、**夫婦和合・縁結び**の神としても崇められる。

＊**保食神**：亡骸からは人間が生きるのに必要な食物である牛馬や稲、麦などが生まれた。
＊**櫛名田比売**：須佐之男命は櫛名田比売と結婚すると「八雲立つ　出雲八重垣　妻籠みに　八重垣作る　その八重垣を」という和歌を詠んだ。

三貴子と出雲神話に登場する神々

月読命《ツクヨミノミコト》

月齢や暦を読み、
農耕と漁猟を司る

月のような神であり、夜の世界を統治する。月齢を読むことから農耕と漁猟の守護神とされている。

神徳	五穀豊穣・漁猟守護・海上安全
主な神社	伊勢神宮月読宮（三重県伊勢市） 月山神社（山形県鶴岡市）

天照大御神《アマテラスオオミカミ》

高天原を支配、
皇室の祖先神

父・伊耶那岐神《イザナキノカミ》に、高天原を統治するように委任された。太陽のような、天皇家の祖先神。

神徳	国土平安・五穀豊穣・生命力向上
主な神社	伊勢神宮内宮（三重県伊勢市） 全国の神明社・天祖神社

櫛名田比売《クシナダヒメ》

須佐之男命と結婚した
豊穣の女神

稲を持ち、豊かに実る稲田を神格化している。ヤマタノオロチ退治の後、須賀宮で須佐之男命《スサノオノミコト》と結婚する。

神徳	五穀豊穣・縁結び・夫婦和合
主な神社	八重垣神社（島根県松江市） 須賀神社（島根県雲南市）

須佐之男命《スサノオノミコト》

善悪の二面性をもつ
猛々しい神

高天原では乱暴を働くなどで、追放されるが、出雲ではヤマタノオロチを退治するなど善神として活躍。

神徳	五穀豊穣・厄除け開運・縁結び
主な神社	八坂神社（京都府京都市） 氷川神社（埼玉県さいたま市）

神道の神々

4

国作り・国譲りの神々

日本の国土を治めた神様

葦原中国の国作りを進めた大国主命

皮をむかれた兎を助けた「因幡《いなば》の素兎《しろうさぎ》」のエピソードで知られる*大国主神《オオクニヌシノカミ》は、須佐之男命《スサノオノミコト》の直系の子孫である。大国主神《オオクニヌシノカミ》という名は「国土を治める偉大な神」という意味で、また「大国」を「だいこく」と音読したことから七福神の**大黒天**《ダイコクテン》と同一視された。

根の国《ねのくに》で須佐之男命《スサノオノミコト》の娘の**須世理毘売**《スセリビメ》と結ばれ、さまざまな試練を耐え抜いた大国主神《オオクニヌシノカミ》は、須佐之男命《スサノオノミコト》から日本の国土である葦原中《あしはらのなかつ》国《くに》の支配権を譲られた（⬇P128）。

どのように国作りをするか悩む大国主神《オオクニヌシノカミ》の前に現れたのが**少名毘古那神**《スクナビコナノカミ》である。この神は高天原《たかまのはら》の実力者・神産巣日神《カムムスビノカミ》から派遣された御子《みこ》で、二神は協力して国土の経営にあたった。

神産巣日神《カムムスビノカミ》が「手の指の間からこぼれ落ちた私の子」と称したことから小さな神であることがわかり、一寸法師などの童話の原型とも考えられている。

『日本書紀』に、少名毘古那神《スクナビコナノカミ》は病を除く方法や、虫害や鳥獣害を除く方法を定めたと記されていることから、**医療・薬事**の守護神とも信じられている。

国譲りで活躍した武神たち

建御雷神《タケミカヅチノカミ》は大国主神《オオクニヌシノカミ》と神々へ国譲り（⬇P130）を交渉した武神である鹿島神宮（茨城県）の祭神で、俗に「鹿島様」と呼ばれている。国譲りに最後まで抵抗した大国主神の御子の**建御名方神**《タケミナカタノカミ》を諏訪まで追い詰めて屈服させた。

***経津主神**《フツヌシノカミ》は『日本書紀』にのみ登場し、建御雷神《タケミカヅチノカミ》とともに葦原中国に派遣され、大国主神《オオクニヌシノカミ》と交渉するなど国譲りの成功に尽力した。

のちに藤原氏の氏神として春日大社に祀られる。建御雷神《タケミカヅチノカミ》といくつかの類似性があるため、両者を同一神とする説もある。

---

* **大国主神**：大物主神、大穴牟遅神、葦原色許男命、宇都志国玉神などさまざまな異称をもつ。

* **経津主神**：『日本書紀』によれば、伊耶那岐神が迦具土神を斬殺した際に、高天原の河原にある五百筒磐石に滴った血から生まれた磐筒男神・磐筒女神の御子とされている。

国作りと国譲りに登場する神々

少名毘古那神《スクナビコナノカミ》

国作りを助け医療を司る小さな神

蛾の皮をまとって現れた、稲穂に乗るほど小さな神。のちに常世国へ消えた。穀物と関係が深い神である。

神徳	病気平癒・国土平安・諸産業繁盛
主な神社	御嶽神社（長野県木曽郡） 少彦名神社（大阪府大阪市）

大国主神《オオクニヌシノカミ》

多くの名をもつ葦原中国の支配者

兄弟の迫害や、須佐之男命《スサノオノミコト》の試練の末、葦原《あしはらの》中国《なかつくに》の支配者となって、国作りを推進する。

神徳	夫婦和合・病気平癒・医療・農業・厄除けなど
主な神社	出雲大社（島根県出雲市） 気多神社（石川県羽咋市）

経津主神《フツヌシノカミ》

藤原氏の氏神となった刀剣の神

『古事記』には登場せず、『日本書紀』にだけ登場する。建御《タケミカ》雷神《ヅチノカミ》とともに国譲りを成功させた神。

神徳	勝運・交通安全・災難除け
主な神社	香取神宮（千葉県香取市） 春日大社（奈良県奈良市）

建御雷神《タケミカヅチノカミ》

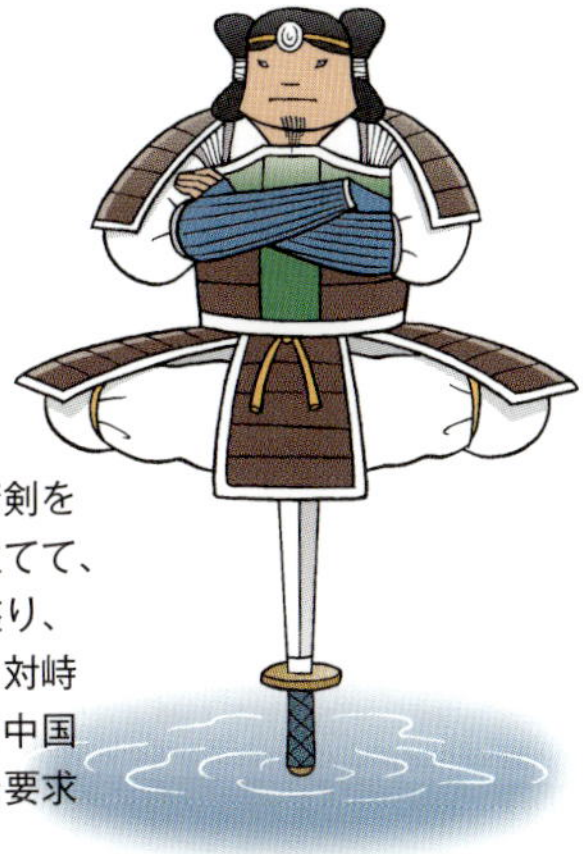

鹿島神宮の祭神となった武神

稲佐の浜で剣を海に突き立てて、その上に座り、大国主神《オオクニヌシノカミ》と対峙する。葦原中国の国譲りを要求した。

神徳	武道守護・国家鎮護病気安寧
主な神社	鹿島神宮（茨城県鹿嶋市） 春日大社（奈良県奈良市）

5 日本の国土は神の子孫の手に渡る
天孫降臨に登場する神々

天照大御神の御孫が地上に降臨する

瓊々芸命《ニニギノミコト》の父は天照大御神《アマテラスオオミカミ》の御子で、母は高天原《たかまのはら》の主導者であった高御産巣日神《タカミムスビノカミ》の娘という、**葦原**《あしはらの》**中国**《なかつくに》を継ぐべくして登場したエリートである。南九州の**高千穂峰***に降臨した瓊々芸命《ニニギノミコト》は、ここを拠点として統治の足がかりとした。

天宇受売命《アメノウズメノミコト》は、天岩屋神話（⬇P124）の際に、岩屋の前で踊りを披露した。これは、巫女に神霊が乗り移ったことを示している。つまり神が天宇受売命《アメノウズメノミコト》の身体を借りて託宣《たくせん》を行うとも考えられている。また天宇受売命の神降ろしの儀礼は、のちに宮中での天皇のための鎮魂祭や神楽の起源となったといわれている。

この天宇受売命《アメノウズメノミコト》はその度胸を買われ、瓊々芸命《ニニギノミコト》が高天原から降臨する「**天孫降臨**《てんそんこうりん》」（⬇P132）に同行することを命じられる。

その際、伊勢の国津神《クニツカミ》の**猿田毘**《サルタビ》**古神**《コノカミ》が現れて天孫一行を出迎え、彼らを案内した。このため猿田毘《サルタビ》古神《コノカミ》は**境界の守護神**、また**道の神**（道祖神）と同一視されて崇められるようになり、天宇受売命《アメノウズメノミコト》は猿《サル》田毘古神《タビコノカミ》の妻となった。

火の中で天皇の祖先神が生まれた

この地で瓊々芸命《ニニギノミコト》の妻となったのが**木花佐久夜毘売**《コノハナノサクヤビメ》である。木花《コノハナノ》佐久夜毘売《サクヤビメ》は結婚して一夜で妊娠した。

そのため夫から国津神との子であると疑われ、その身の潔白を証明するために「*****天津神**《アマツカミ》の御子なら火の中でも死なない」と言って産屋に火を放って火の中で三人の御子を出産した。その中の一柱が**火**《ホ》**遠理命**《オリノミコト》で、その子孫が**天皇家の系譜**につながっていく。

この木花佐久夜毘売《コノハナノサクヤビメ》は**富士山**を祀る**富士山本宮浅間神社**の祭神として崇められ、また**火難厄除**や**安産の神**ともされた。

＊**高千穂峰**：宮崎県と鹿児島県の県境にある実在する山で、標高1573メートル。山頂には、御神体として青銅製の天之逆鉾が祀られている。

＊**天津神**：高天原にあらわれた神、もしくは高天原から降臨してきた神々のこと。

天孫降臨に関わる神々

天宇受売命《アメノウズメノミコト》

芸能や俳優の祖神《そしん》となった

天岩屋の前で胸を開き、神がかり状態になって踊った。巫女として神楽職を司った猿女君《さるめのきみ》の祖となる。

神徳	技芸上達・夫婦和合・縁結び
主な神社	芸能神社（京都府京都市） 大田神社（京都府京都市）

邇々芸命《ニニギノミコト》

高千穂峰に降臨した天孫

天照大御神《アマテラスオオミカミ》の御孫で葦原中国を統治した。稲を持つのは、「斎《ゆ》庭《にわ》の稲穂の神《しん》勅《ちょく》」の約束から。（➡P11）

神徳	国家安泰・五穀豊穣・家内安全
主な神社	霧島神社（鹿児島県霧島市） 高千穂神社（宮崎県西臼杵市）

木花佐久夜毘売《コノハナノサクヤビメ》

強大な火と富士山の霊力を秘める

一夜の契りで身ごもったために、夫・邇々芸命から疑われ、燃え盛る産屋の中で御子を出産した。

神徳	五穀豊穣・火難避け・醸造守護
主な神社	富士山本宮浅間神社（静岡県富士宮市） 箱根神社（神奈川県足柄下郡）

猿田毘古神《サルタビコノカミ》

天孫一行を案内した伊勢の地主神

長い鼻をもつ天狗のような異形の姿をしている。漁猟の際に貝に手を挟まれて謎の溺死をする。

神徳	災難避け・交通安全・殖産興業
主な神社	椿大神社（三重県鈴鹿市） 猿田彦神社（三重県伊勢市）

神道の神々

6 習合神

仏や他の神と同一視されて崇拝された

神仏習合によって神と仏が同一視される

習合神とは、**他の神や神仏習合**《しんぶつしゅうごう》（➡P26）によって仏教の仏と同一視された神のことである。**八幡神**《ハチマンシン》は**誉田別命**《ホンダワケノミコト》ともいい、**応神**《おうじん》**天皇***のことである。のちに仏教の菩薩号を付して**八幡大菩薩**《ハチマンダイボサツ》（＝八幡神）と尊称して広く信仰された。

八幡神は、わが国で最も早く現れた神仏習合《しんぶつしゅうごう》の一つとされる。神仏習合が盛んになると姿は剃髪して袈裟《けさ》を着け、錫杖《しゃくじょう》を持った僧侶の僧形八幡神像《そうぎょうはちまんしんぞう》が作られた。武家の源氏の守護神として信仰されて、武神としての性格が強い。

須佐之男命《スサノオノミコト》（➡P148）の子である**宇迦之御魂神**《ウカノミタマノカミ》は、もとは穀物を司る神だったが、渡来系の氏族・秦氏の氏神である農耕神や仏教の**荼枳尼天**《ダギニテン》、民間で信仰されていた宇賀神《ウガジン》などと習合し、現在では商売繁盛の神「**稲荷**《イナリ》**さん**」（➡P176）として広く親しまれている。

疫病を防ぐために疫神を畏怖して祀る

疫病をもたらす神として恐れられ、**御霊会**《ごりょうえ》（➡P164）で祀られた神に**牛頭天王**《ゴズテンノウ》がいる。インドの神であり、頭に牛の頭を持つ。**須佐之男命**《スサノオノミコト》（➡P26）は薬師如来《やくしにょらい》と同一視され、その本地仏であるともされた。最大の疫神として人々から畏怖され、京都に疫病や悪霊が侵入することを防ぐために祇園御霊会が行われた。各地で祇園祭や天王祭が伝播してゆくにつれ、**災厄除けの神**として信仰された。

熊野三山の主祭神である**熊野権現**《クマノゴンゲン》の三神である**家津御子**《ケツミコ》、**速玉大神**《ハヤタマノオオカミ》、**牟須美大神**《ムスビノオオカミ》（**熊野三所権現**《クマノサンショゴンゲン》）は、仏教の**阿弥陀如来**《あみだにょらい》、**薬師如来**《やくしにょらい》、**千手観音**《せんじゅかんのん》と同一視された。

のちに、それぞれの神が来世の救済、過去世の救済、現世の利益を司るという教義が成立し、天台宗系の**修験道**《しゅげんどう》に体系化されていった（➡P178）。

＊**応神天皇**：仲哀天皇と神功皇后の子。神託を受けた神功皇后が身重の体で新羅に外征し、帰国後に筑紫国（現在の福岡県）で応神天皇を生んだ。この地には宇美八幡宮が鎮座している。

仏や外国の神と同一視された神々

宇迦之御魂神《ウカノミタマノカミ》

稲荷さんと呼ばれ数万の社で信仰

須佐之男命《スサノオノミコト》と神大市比売《カムオオイチヒメ》との間に生まれた御子。稲の霊を神格化し、稲荷神となった。

神徳	五穀豊穣・商売繁盛・諸芸上達
主な神社	伏見稲荷神社（京都府京都市） 全国の稲荷社

誉田別尊《ホンダワケノミコト》（応神《おうじん》天皇）

八幡神として崇拝を集める武神

第十四代仲哀《ちゅうあい》天皇と神功《じんぐう》皇后を両親にもつ。武家の棟梁たる源氏に信仰された。仏教の大《だい》菩薩《ぼさつ》の尊号で呼ばれた。

神徳	勝運招来・国家鎮護・殖産興業
主な神社	宇佐神宮（大分県宇佐市） 鶴岡八幡宮（神奈川県鎌倉市）

熊野三所権現《クマノサンショゴンゲン》

仏と習合された熊野三山の神

本宮の神は阿弥陀如来《あみだにょらい》、新宮の神は薬師如来《やくしにょらい》。那智の神は千手観音《せんじゅかんのん》と同一であるといわれた。

神徳	来世の加護（本宮）・当病気平癒（新宮）・現世の利益（那智）
主な神社	熊野本宮大社・熊野速玉神社・熊野那智大社（すべて和歌山県）

牛頭天王《ゴズテンノウ》

御霊会で祀られる謎の多い疫神

インドから来た疫病の神。のちに須佐之男命《スサノオノミコト》と混同され、仏教では薬師如来《やくしにょらい》と同一視される。

神徳	疫病除け・厄除け・延命
主な神社	八坂神社（京都府京都市） 津島神社（愛知県津島市）

神道の神々

7

人間神① 奈良〜平安時代

怨霊となった人や功労者が神となる

朝廷を左遷された道真が受験生の守護神に

わが国では、人間も神として祀られる場合がある。この世に怨念《おんねん》を残して非業の死を遂げた人の祟りを鎮めるため、あるいは特に技能が傑出した人や目覚しい功績を残した人にあやかるため、その人物を神として祀るのだ。

日本最古の和歌集**『万葉集《まんようしゅう》』**の代表的歌人で、「歌聖《かせい》」と称される**柿本《かきのもと》人麿《ひとまろ》**も神となっている。人麿を祭神とする柿本《かきのもと》神社は兵庫県明石市や、島根県益田市など各地にあり、人麿は和歌はもちろん学問、防火、夫婦和合の神として信仰を集めている。

藤原氏との政争に敗れて、太宰府に左遷された学者で政治家の**菅原《すがわらの》道真《みちざね》**は、死後に藤原氏の実力者が相次いで怪死する事件が道真の祟りとされ、**天満大自在天神《テンマンダイジザイテンジン》**（雷神）として崇められた。

この神は無実の罪に陥れられた人を救う神として発展し、今日では学問の神「天神様」として親しまれ、太宰府天満宮（福岡県）や北野天満宮（京都市）ほか全国の天満宮・天神社に祀られる。

あの有名な歌人や陰陽師も神さまに

晴明《せいめい》神社（京都市）は、占いや呪術を司る陰陽師《おんみょうじ》として有名な**安倍《あべの》晴明《せいめい》**を祀っている。厄除けや病気回復のご利益があるとして人気が高い。

とりわけ強力な怨霊とされているのが、平安時代中期の武将・**平《たいらの》将門《まさかど》**である。関東を平定して自ら新皇《しんのう》と名乗るが、藤原《ふじわらの》秀郷《ひでさと》らに鎮圧され反逆者として首をはねられるが、後に**将門の首塚***で天変地異が頻発し、将門の祟りと恐れられるようになった。将門を祀った神社は御首《おくび》神社（岐阜県大垣市）など各地にあり、なかでも**神田明神**（東京都千代田区）は関東一円の守護神として信仰されている。

＊ **将門の首塚**：平将門の首は胴体を探して飛び去り、関東に落下したという伝説がある。その首塚は各地にみられ、特に東京都大手町の首塚は移転しようとすると祟りがあるとされる。

古代～平安時代の人間神

菅《すが》原《わらの》道《みち》真《ざね》

平安時代に活躍した学者。藤原時平の讒言により、大宰府に左遷され、配所で死去。その後、都で祟りが続き、北野天満宮に祀られた。

神徳 受験合格・学業成就・病気平癒
主な神社 大宰府天満宮（福岡県大宰府市）
北野天満宮（京都府京都市）

柿《かきの》本《もと》人《ひと》麿《まろ》

飛鳥時代の宮廷歌人で三十六歌仙に数えられる。しかし何かの理由で最後は石見国の役人として現地で亡くなった。流刑・死刑などの説もある。

神徳 和歌上達・眼疾治癒
主な神社 柿本人麿神社（島根県益田市）
柿本神社（兵庫県明石市）

平《たいらの》将《まさ》門《かど》

平安時代の武将。新皇を名乗り、関東で反乱を起こすも討伐される。しかし将門の首が怪異を起こすなど死後も怨霊として猛威をふるった。

神徳 除災厄除・武運招来・関東守護
主な神社 神田明神（東京都千代田区）
国王神社（茨城県坂東市）

安《あ》倍《べの》晴《せい》明《めい》

平安時代の陰陽師。朝廷の陰陽道を担った土御門家の祖となる。晴明の死後に、屋敷があった一条戻り橋の近くに晴明神社が創建された。

神徳 除災厄除・病気平癒・安産
主な神社 晴明神社（京都府京都市）
安倍晴明神社（大阪府大阪市）

蝉《せみ》丸《まる》

百人一首の「これやこの行くも帰るも別れては知るも知らぬも逢坂の関」の歌で有名。滋賀県大津市の逢坂の関で庵を作って住んだ琵琶法師。

神徳 諸芸上達
主な神社 関清水蝉丸神社（滋賀県大津市）

坂《さか》田《たの》金《きん》時《とき》

童話の「まさかりかついだ金太郎さん」は、坂田金時がモデルである。山姥と雷神の間にできた子とされる、酒呑童子《しゅてんどうじ》退治に加わったという。

神徳 子育て守護・子の健康祈願
主な神社 金時神社（神奈川県足柄下郡）
足柄神社（滋賀県長浜市）

神田明神、晴明神社、国立国会図書館、著者写真提供

神道の神々

8

忠誠を尽し、神となる
人間神 ② 鎌倉～南北朝時代

死して神となった悲劇の武将たち

白旗神社《しらはた》（神奈川県）は、悲劇の武将・**源義経**《みなもとのよしつね》を祀っている。兄・**頼朝**《よりとも》の命で海に捨てられたという義経の首は、潮に乗って川を上り、この神社の近くに流れ着き、この地で祀られるようになったと伝えている。かつての敷地内には、自害した義経の首を洗ったと伝わる井戸もあったという。

南北朝時代の武将で、鎌倉幕府倒幕を推進して**後醍醐天皇**《ごだいご》の新政権樹立（**建武**《けんむ》**の中興**）に貢献した**楠木正成**《くすのきまさしげ》は、その忠誠心を後世の人々に語り継がれて英雄視された。豊臣秀吉《とよとみひでよし》や徳川光圀《とくがわみつくに》もその忠節を称えて、御墓所《ごぼしょ》の租税を免除したり、墓碑を建てたりしている。特に幕末期になって勤王の精神を再評価され、明治時代には終焉の地と伝えられる場所に**別格官幣社**《べっかくかんぺいしゃ》*として湊川《みなとがわ》神社が創建されることになった。

尊王攘夷思想が神格化の機運となる

同じく、**後醍醐天皇**《ごだいご》の忠臣として有名な**新田義貞**《にったよしさだ》も神となっている。義貞は越前（現在の福井市）で戦死したが、江戸時代になり、義貞の着けていたとされる兜《かぶと》が偶然発掘されたことがきっかけとなり、福井藩主・松平光通がこの地に石碑を建立。

明治時代になって義貞を主祭神とする別格官幣社・**藤島神社**《ふじしま》がこの地に創建された。また、群馬県太田市にある新田神社も、義貞を祀る神社として知られている。

彼らの盟主であった**後醍醐天皇**《ごだいご》も、幕末～明治期の尊王攘夷思想に基づく南朝忠臣顕彰の機運に乗って神に祀られた。

崩御後は吉水院《きっすいいん》に葬られ仏式で供養されていたが、神仏分離令（➡P30）が発令されると後醍醐天皇社と改称され、さらには**官幣大社**に昇格して**吉野神宮**《よしの》となった。

＊**別格官幣社**：官幣社には大社・中社・小社・別格官弊社の別がある。皇室が尊崇した神社、また国のために尽力した偉人を特別に祀る神社（➡P54）。戦後、この制度は廃止された。

鎌倉～南北朝の人間神

楠《くすの》木《き》正《まさ》成《しげ》

鎌倉時代末期に鎌倉幕府倒幕に尽力した武将。後醍醐天皇の建武の中興が破綻した後、天皇側について最後まで戦った忠義の武将。

神徳 国家安泰・開運招福・諸願成就
主な神社 湊川神社（兵庫県神戸市）

源《みなもとの》義《よし》経《つね》

平安時代末期に活躍した武将。幼名を牛若丸といい、源平合戦で活躍し壇ノ浦で平家を滅ぼした。しかし兄の源頼朝の怒りを買い、滅ぼされた。

神徳 学業成就・社運隆昌
主な神社 白旗神社（神奈川県藤沢市）
義経神社（北海道沙流郡）

後《ご》醍《だい》醐《ご》天《てん》皇《のう》

建武の新政を行うも、足利尊氏の離反により吉野に逃れ、南北朝に分かれた時代が始まった。その後、京都奪回を果たせずに吉野にて崩御する。

神徳 国家鎮護
主な神社 吉野神宮（奈良県吉野郡）
吉水神社（奈良県吉野郡）

新《にっ》田《た》義《よし》貞《さだ》

後醍醐天皇の綸旨を賜り、鎌倉の北条氏を倒した。楠木正成とともに建武の新政に尽力する。しかし尊氏に敗北し、最後は越前前島で戦死した。

神徳 国家安泰・家内安全・開運厄除
主な神社 藤島神社（福井県福井市）
新田神社（群馬県太田市）

湊川神社、中尊寺、藤島神社、清浄光寺、国立国会図書館写真提供

安徳天皇像（国立国会図書館）

神道こぼれ話

水天宮に祀られた安徳天皇

安徳天皇は、高倉天皇の第一皇子で、平清盛の娘・建礼門院を母にもつ。三歳で即位するが、源氏の台頭によって平家一門とともに都落ちし、壇ノ浦の戦いで平家軍が壊滅したのち、八歳で入水した。山口県下関市の赤間神宮は遺体が流れ着いた場所といわれる。のちに安徳天皇は、久留米水天宮（福岡県久留米市）の祭神に祀られて、水の神、安産の神、子どもの守護として全国の水天宮に祀られた。

神道の神々

9

神に生まれ変わった戦国武将たち

人間神③戦国時代

自らを神となることを望んだ信長

比叡山《ひえいざん》を焼き討ちし、自らを*第《だい》**六天魔王**《ろくてんまおう》と称した**織田信長**《おだのぶなが》は無神論者のイメージが定着しているが、熱田神宮《あつたじんぐう》に戦勝を祈願し、津島《つしま》神社の本殿造営をしていることから、まったくの無神論者だったわけではない。一方、琵琶湖のほとりに建築した安土城《あづちじょう》の敷地内に摠見寺《そうけんじ》を建立しているが、この寺院は信長自身が御神体で、信長の誕生日を祭日として老若男女すべての者に参拝を命じている。

信長の死から三百年後、朝廷の儀式を復興した功績などが明治政府に評価され、信長を神として祀る神社が創建された。江戸時代に織田家の領地だった山形県天童《てんどう》市と、後に社地を与えられた京都市に**建勲**《たけいさお》**神社**が建立されている。

神として祀られた秀吉、家康、信玄と謙信

豊臣秀吉は、死後に**豊国大明神**《とよくにだいみょうじん》という神号（神としての称号）を朝廷から賜り、**豊国**《とよくに》**神社**（京都市）に祀られた。豊臣家滅亡後は徳川家の意向で神号が無効にされ豊国神社は没落する。しかし徳川幕府が倒れた後は明治天皇によって再興された。大阪市や名古屋市などにも秀吉を祀る同名の神社が建立されている。貧しい足軽から天下人に登りつめたことから、**出世開運の神**として信仰を集めている。

徳川家康も死後に**東照大権現**《とうしょうだいごんげん》の神号を賜り、栃木県の**日光東照宮**《にっこうとうしょうぐう》に祀られている。徳川家の治世では、「東照神君」「権現様」などと呼ばれて崇拝された。

川中島で戦った**武田信玄**《たけだしんげん》と**上杉**《うえすぎ》**謙信**《けんしん》も、それぞれ神に祀られている。信玄は大正天皇の即位記念を契機として、山梨県甲府市の**武田神社**の祭神となった。

謙信は山形県米沢市の**上杉神社**や新潟県上越市の**春日山**《かすがやま》**神社**など、ゆかりの深い地に祀られている。

＊**第六天魔王**：六番目の天界である「第六天」に住むという魔王。日蓮が、仏道修行者を法華経から遠ざけようとして現れると説いたことから、仏道修行を妨げる魔とされる。

戦国時代の人間神

豊臣秀吉《とよとみひでよし》

死後、京都の阿弥《あみ》陀ヶ峰《だがみね》に廟所《びょうしょ》が作られ、朝廷より豊国《とよくに》大明神《だいみょうじん》の神号が下賜され、豊国神社が創設された。出世開運にご利益があるとされている。

神徳 出世開運・学業成就・家内安全
主な神社 豊国神社（京都府京都市）
豊国神社（大阪府大阪市）

織田信長《おだのぶなが》

豊臣秀吉が信長の廟所《びょうしょ》に定めた京都市の船岡山の地に、建勲《たけいさお》神社が明治時代に創建された。長男の織田信忠とともに祀られる。

神徳 国家安泰
主な神社 建勲神社（京都府京都市）
建勲神社（山形県天童市）

武田信玄《たけだしんげん》

大正天皇即位の際に、館のあった躑《つつ》躅ヶ崎《じがさき》館跡に甲斐国の守護神として武田神社が創建された。勝運・産業・経済の神として崇敬を集める。

神徳 甲斐国守護・勝運招来
主な神社 武田神社（山梨県甲府市）

徳川家康《とくがわいえやす》

死後、久能山《くのうざん》に埋葬され、吉田神道によって神葬祭が行われる。しかし天海僧正によって東照大権現《とうしょうだいごんげん》の神号が下賜され、日光山に改葬された。

神徳 国家安泰・病気平癒・安産
主な神社 日光東照宮（栃木県日光市）など
全国の東照宮

上杉謙信《うえすぎけんしん》

上杉神社は、米沢城本丸跡地に建つ。上杉謙信の遺骸を安置していた御堂が、明治に入り仏式から神式に改められ、社殿が建てられた。

神徳 諸願成就
主な神社 上杉神社（山形県米沢市）
春日山神社（新潟県上越市）

政治権力者が祀られるようになった

戦国時代、豊臣秀吉や徳川家康など、国家鎮護の意味から、死後に神号が追贈されて、神として祀られる場合が出てきた。また、その人物が活躍した時代からずっと後になってから神として祀られる場合もある。これらは傑出した人物を神として崇めてその力を分けてもらうために祀った。

高台寺、神戸市立博物館、米沢市上杉博物館、堺市博物館、山梨県立博物館写真提供

神道の神々

10

時代を創り、神になった英雄たち
人間神④江戸時代～近代

憂国の幕末志士も後の世に神となった

薪を背負った銅像で有名な農政家の**二宮尊徳**《にのみやそんとく》（金次郎）は、農村救済の功績が評価されて明治時代に従四位の官位を贈られた。これがきっかけとなり、尊徳の弟子が設立した民間団体・**報徳社**《ほうとくしゃ》が中心となって尊徳生誕の地である神奈川県小田原市に**報徳二宮**《ほうとくにのみや》**神社**が設立され、尊徳はそこに祀られた。尊徳終焉の地となった栃木県日光市、また神奈川県相模原市にも尊徳を祀る同名の神社がある。

幕末維新の登場人物にも、神格化されて神となった人は少なくない。松下村塾《しょうかそんじゅく》で幕末～明治期に活躍する多くの人材を輩出した**吉田**《よしだ》**松陰**《しょういん》は、松陰の墓所がある東京都世田谷区と生誕地である山口県萩市に**松陰**《しょういん》**神社**が建立され、神として祀られた。

維新三傑の一人である**西郷隆盛**《さいごうたかもり》は、鹿児島市の墓所の隣に彼を祀る**南洲**《なんしゅう》**神社**が設立された。南洲神社は、隆盛が一時島流しにされた沖《おきの》永良部《えらぶ》島や、戊辰《ぼしん》戦争で敗れた庄内《しょうない》藩に対する隆盛の寛大な戦後処理がきっかけで交流が生まれた山形県酒田市などに分祀されている。

明治天皇と、それに殉じた乃木希典も神に

明治天皇は、東京都渋谷区の明治神宮に祀られている。明治天皇の皇后・**昭憲**《しょうけん》**皇太后**の崩御後、その遺徳を偲ぶために二人を祀る神社を建立しようという機運が国民の間で高まり造営された。

日露戦争の英雄であり、ともに軍神として称えられた陸軍大将の**乃木希典**《のぎまれすけ》と海軍大将の**東郷平八郎**《とうごうへいはちろう》は、大正～昭和期にその功績が顕彰され神格化された。希典は東京都港区の**乃木神社***に、平八郎は渋谷区の**東郷神社***にそれぞれ祀られている。希典は夫婦そろって明治天皇に殉じたことで、夫婦愛の神としても称えられている。

＊**乃木神社と東郷神社**：希典と平八郎の勝運にあやかり、これらの神社では必勝祈願の勝守《かちまもり》が売られている。特に東郷神社の勝守は、大日本帝国海軍のZ旗があしらわれている。

江戸～近代時代の人間神

吉田松陰《よしだしょういん》

松下村塾を主宰して維新の指導者を出す。安政の大獄で刑死すると、門下生によって遺体が世田谷若林に改葬され、のちに松陰神社となった。

神徳 勉学成就
主な神社 松陰神社（東京都世田谷区）
松陰神社（山口県萩市）

二宮尊徳《にのみやそんとく》

幼少から勉学に励み、のちに農政改革によって藩の財政再建と領民救済を行う。報徳二宮神社は、尊徳の教えを慕う人々によって創建された。

神徳 経済再建・産業発展・勤勉の手本
主な神社 報徳二宮神社（神奈川県小田原市）

明治天皇《めいじてんのう》

王政復古の大号令を出し、明治近代国家の確立を推進した。崩御後、国民が御神霊をお祀りしたいとの声で、東京に明治神宮が創建された。

神徳 国家安泰・家内安全
主な神社 明治神宮（東京都渋谷区）

西郷隆盛《さいごうたかもり》

維新を主導した薩摩藩士。西南戦争で戦死すると、墓に参拝する人々が増えたため、参拝所が設けられたのが、のちに南洲神社となった。

神徳 ー
主な神社 南洲神社（鹿児島県上竜屋尾町）

東郷平八郎《とうごうへいはちろう》

日露戦争でロシアのバルチック艦隊を破った海軍司令官。死後に、日露戦争の英雄を顕彰する動きが出て、東郷神社が創建された。

神徳 勝運招来・強運
主な神社 東郷神社（東京都渋谷区）
東郷神社（福岡県福津市）

乃木希典《のぎまれすけ》

日露戦争で旅順攻略で多くの犠牲を出した。その後、学習院院長となり、若き昭和天皇に影響を与える。明治天皇大葬当日、妻と殉死した。

神徳 文武両道・夫婦和合・勝運招来
主な神社 乃木神社（東京都港区）
乃木神社（山口県下関市）

報徳博物館、松陰神社、国立国会図書館、著者蔵写真提供

11 怨霊を鎮めるために神として祀る
祟りを鎮める御霊神社

権力の座を追われた人々の霊が怨霊に

古来、災害や疫病が発生するのは、**怨念**《おんねん》をもって亡くなった貴人の霊が災厄《さいやく》をもたらすためと信じられていた。これを**御霊**《ごりょう》と呼んで恐れ、その霊を鎮めるために神として祀った。

御霊信仰の始まりは、**桓武天皇**《かんむ》の弟・**早良親王**《さわら》である。親王は藤《ふじ》原種継《わらたねつぐ》の暗殺に関与したとして皇太子の地位につけず流刑となり、親王は天皇を恨みながら絶食して薨《こう》じたが、まもなく疫病の流行や災害、反乱などが発生し、これらは親王の祟りと恐れられるようになった。そこで桓武天皇は弟に「**崇道天皇**《すどう》」の名を贈って京都に近い大和（現在の奈良県）に改葬し、その怨霊を鎮めたという。

御霊を鎮めるための**御霊神社**《ごりょう》は各地で建立された。**上御霊神社**《かみごりょう》（京都市）では崇道《すどう》天皇（早良《さわら》親王）のほか光仁《こうにん》天皇の子・他戸《おさべ》親王、その母の井上皇后《いのうえのきさき》、藤原吉子《ふじわらよしこ》、橘《たちばな》逸勢《のはやなり》、文屋《ふんやの》宮田《みやた》麿《まろ》、吉備真備《きびのまきび》、火雷神《ホノイカズチノカミ》と、失意のうちに死んだ奈良から平安時代の八人の皇族・貴族が***八所御霊**《はっしょごりょう》として祀られる。

御霊神社の祭神として信仰される

また、**崇徳上皇**《すとくじょうこう》は、保元《ほうげん》の乱で弟の後白河《ごしらかわ》天皇に敗れて讃岐《さぬき》（現在の香川県）に流された。上皇の死後、京都で貴族の怪死や天変地異が頻発したため、祟りを恐れた後白河天皇は上皇を祀る御影堂《みえいどう》を建立。のちに明治天皇によって京都に戻され、**白峯神宮**《しらみね》となった。

鎌倉市の鶴岡八幡宮の後方の東谷にある今宮《いまみや》には鎌倉幕府打倒に失敗して追放された**後鳥羽上皇**《ごとば》が祀られているが、これも上皇の御霊を鎮めるために創建されたものである。足利尊氏と対立し、幽閉ののちに処刑された後醍醐天皇の子・**護良親王**《もりよし》も、同じく鎌倉市の**鎌倉宮**《かまくらぐう》に祀られている。

---

* **八所御霊**：その内容は諸説あり、上御霊神社と対をなす下御霊神社では、他戸親王と井上皇后の代わりに桓武天皇の子・伊予親王とその母の藤原吉子が八所御霊として祀られている。

御霊神社に祀られる御霊神

八所御霊《はっしょごりょう》と御霊《ごりょう》神社

左が上御霊神社（京都市上京区）、右が下御霊神社（京都市中京区）。
平安時代に疫病が流行し神泉苑で悪霊退散の御霊会を催したのが、神社の始まりとされる。

上御霊神社に祀られた八所御霊

崇道天皇《すどうてんのう》（早良《さわら》親王）

桓武天皇《かんむてんのう》の同母弟で皇太子だった、早良《さわら》親王《しんのう》のこと。藤原種継《ふじわらたねつぐ》暗殺事件で連座される。無実を訴えて、憤死した。

他戸親王《おさべしんのう》

光仁《こうにん》天皇の皇太子として有力な皇位継承者であったが、突然、母の井上皇后と幽閉され、母とともに急死している。

橘大夫《たちばなのたいふ》（橘逸勢）

平安時代の官人・橘逸勢《たちばなはやなり》。別の親王を皇太子にしようと画策するも、逮捕される。配流先に向かう途中で病没する。

文大夫《ふんたいふ》（文屋宮田麿《ふんやのみやたまろ》）

平安時代初期の官人・文室宮田麿《ふんやのみやたまろ》のこと。謀反の罪により、伊豆国へ配流されたが、のちに無実が判明する。

井上皇后《いのうえのきさき》

光仁《こうにん》天皇の皇后だったが、天皇呪詛《じゅそ》の嫌疑により、幽閉される。幽閉中に息子の他《おさ》戸《べ》親王とともに没する。

藤原大夫人《ふじわらたいふじん》（藤原吉子）

伊予《いよ》親王の母・藤原吉子《ふじわらよしこ》。謀反の容疑により、息子の伊予《いよ》親王とともに幽閉される。飲食を断たれたのち、自害した。

吉備大臣《きびのおとど》（吉備真備《きびのまきび》）

奈良時代の学者、吉備真備《きびのまきび》のこと。無念の死を迎えたわけではないが、八所御霊の一人に数えられる。

火雷神《ホノイカヅチノカミ》

崇道天皇、井上皇后、他戸親王、藤原大夫人、橘大夫、文大夫の荒魂。また太宰府に左遷された菅原道真との説もある。

神道の神々

12 七福神

幸福をもたらす神々として愛される

バラエティに富む神々 その出自もさまざま

福を招くとして親しまれている七福神《シチフクジン》は、縁起がよいとして都市部の商人の間で室町時代に成立し、のちに全国に広まった。

商売繁盛のご利益で人気の恵比寿《エビス》は、七福神唯一の日本生まれの神である。もとは水蛭子神《ヒルコノカミ》だったとされ（➡P148）、漁業や農業の神ともされる。打出の小槌と袋を持ち、財宝と食物の守護神とされる大黒天《ダイコクテン》は、もとインドのシヴァ神*ともいわれ、日本の大国主神《オオクニヌシノカミ》（➡P150）と同一視された。上杉謙信《うえすぎけんしん》が信仰したことで知られる毘沙門天《ビシャモンテン》は、北方守護の軍神。またインドの河の女神弁財天《ベンザイテン》は、日本では琵琶を持ち音楽・芸能の神となった。

ユーモラスな風貌の布袋《ホテイ》は中国の唐代の僧がモデルで、物欲を離れて楽しみながら一生を送ったことから福の神として信仰されるようになったという。福禄寿《フクロクジュ》と寿老人《ジュロウジン》はともに南極老人《なんきょくろうじん》（人の寿命を司るという南極星が神格化されたもの）がモデルとされるため同一視され、寿老人の代わりに吉祥天《キッショウテン》が入る場合もある。

神道こぼれ話

おめでたい正月に欠かせない七福神

七福神は財宝や幸福を積んだ宝船に乗った姿で表されることが多い。これは古来、日本人は幸福が海のかなたの異郷からもたらされると信じられていたからである。七福神は、福をもたらす縁起のよい神々として、めでたい正月には欠かせない存在となっている。

毎年、正月には初詣を兼ねて、七福神を祀った社寺を順に参拝してまわる「七福神巡り」が行われる。発祥は京都で、江戸では谷中七福神巡りが最古とされる。

また正月の元日か二日、あるいは節分の夜に、宝船に乗った七福神の絵を枕の下に置いて寝ると、よい夢が見られるという。それでも悪夢を見た場合は、翌朝、宝船図を川に流して縁起直しをする。

＊**シヴァ神**：ヒンドゥー教で重複する三神の一柱で、破壊を司る。世界の寿命が尽きたとき、世界を破壊して次の世界創造に備える役目をもつという。恩恵をもたらす神である。

室町時代が起源の七福信仰

七福神の神々

七福神	由来
恵比寿《エビス》	西宮《にしのみや》神社の祭神・水蛭子神《ヒルコノカミ》が元となった。海運守護・商売繁盛。
大黒天《タイコクテン》	インドのシヴァ神の化身。のちに大国主神《オオクニヌシノカミ》と同一視された。
毘沙門天《ビシャモンテン》	北方世界を守護し、財宝を護る。仏法を護る守護神としても信仰。
弁財天《ベンザイテン》	インドで水神または芸術・学問の神だったが、日本で福神化した。
福禄寿《フクロクジュ》	中国人で、道教《どうきょう》由来の南極星の化身。幸福・封禄《ほうろく》・長寿を司る。
寿老人《ジュロウジン》	宋の道士。寿老人も道教由来の南極星の化身とされる。
布袋《ホテイ》	十世紀初頭の中国の禅僧・契此《かいし》がモデル。

京都が発祥の七福神巡り

京都の七つの社寺にそれぞれ七福神が祀られ、七カ所巡る七福神巡りが室町時代から流行した。

『貼交七福神図』（日本銀行貨幣博物館蔵）

神道
コラム
6

武神から福神になった 大黒天

七福神の中で人気の福神といえば、恵比寿と大黒天だ。その中で大黒天は、ルーツを探ると意外な姿が見えてくる。

大黒天は、大きな袋を背負い、打出《うちで》の小槌《こづち》を持った姿のものが一般的である。「大黒様」と親しまれ、家庭の台所や玄関などに祀られ福徳神として民衆からの信仰の厚い神である。ところが大黒天は、もとはインドの神であった。シヴァ神の分身で破壊や殺戮を行う恐ろしい神でその形相は六つの手に武器を持つという、三面六臂《さんめんろっぴ》（六本の腕）の憤怒の形相で描かれている。

だが、この大黒天が日本に入ってくると、次第に性格が変化してくる。九州の観世音寺《かんぜおんじ》にある木造大黒天像（平安時代）や静岡県の修善寺《しゅぜんじ》にある木造大黒天半跏像（鎌倉時代）は、平服で左肩に袋を持ち、右手に打ち出の小槌を持って、怖い形相をしている。時代が下ると、袋を持っていることと「大黒《だいこく》」と「大国《だいこく》」の音が通ずることから大黒天は大国主神と同一視され、ふっくらとした優しい顔となり、福徳神として現在知られている姿となった。

8章

全国展開した神社信仰の分布

神社信仰

1

八幡宮と八幡信仰

国家鎮護の神から源氏の氏神へ

国家鎮護の神として崇拝された宇佐神宮

八幡神《はちまんしん》（→P154）を祀る神社を**八幡宮**《はちまんぐう》という。この八幡神社の総本宮は**宇佐神宮**《うさじんぐう》（**宇佐八幡宮**《うさはちまんぐう》）である。宇佐神宮の歴史は古く、六世紀の欽明《きんめい》天皇の時代に大分県宇佐《うさ》郡《ぐん》の御許山《おもとやま》の地に八幡神が現れたと伝わる。八世紀には聖武《しょうむ》天皇の勅願《ちょくがん》により、現在の小椋山《おぐらやま》の地に宇佐神宮が創立された。祭神は、八幡神（**応神天皇**《おうじんてんのう》）・**比売大神**《ひめおおかみ》（海上安全・交通安全を司る海の三女神）・**神功皇后***《じんぐうこうごう》である。

奈良時代、**東大寺大仏**《とうだいじだいぶつ》を鋳造する際、宇佐神宮の八幡神から大仏完成建立の協力をする**託宣**《たくせん》が出たという。また僧侶・**道鏡**《どうきょう》が皇位《こうい》を奪おうとした**道鏡事件**においても、**和気清麻呂**《わけのきよまろ》が宇佐神宮の神託をもって道鏡の野望を阻止した。以後、八幡神は**皇室の守護神**・**国家**《こっか》**鎮護の神**《ちんご》の性格を強め、託宣《たくせん》の神として有名になった。

日本で最も普及した八幡信仰

八幡信仰は、多くの要素から成り立っている。早くから仏教の要素を取り入れ、**神仏習合思想**《しんぶつしゅうごうしそう》（→P26）の要素が強い。

こうした八幡信仰が全国的に有名になったのは、平安時代初期に平安京の鎮守として**石清水八幡宮**《いわしみずはちまんぐう》が京都の男山《おとこやま》に勧請《かんじょう》されてからである。これにより、京の都の**王城**《おうじょう》**鎮護**《ちんご》の神として八幡神が崇敬されるようになった。

さらに鎌倉時代になると、**清和**《せいわ》**天皇**の嫡流である**源氏**の**氏神**《うじがみ》として信仰された。源氏の頭領・**源頼***《みなもとのより》**義**《よし》が石清水八幡宮の分霊を鎌倉に勧請《かんじょう》したのが**鶴岡八幡宮**《つるがおかはちまんぐう》の始まりである。それ以降、八幡神は武家の間で広く信仰された。そのため八幡神は武家の守護神として発展し、各地の荘園にも**鎮守神**《ちんじゅしん》（一定の地域を守護する神）として勧請《かんじょう》され、全国に普及していった。

---

* **神功皇后**：第十四代仲哀天皇の妃であり、八幡神とされた応神天皇の母神にあたる。胎中に応神天皇を宿しながら、住吉大神のご神託によって新羅の国に赴いたという。

* **源頼義**：平安時代初期の武将で、平忠常の乱を平定して、東国への足がかりを築いた。

八幡信仰の展開

全国の主な八幡宮

DATA 宇佐神宮が総本社。祭神は八幡神（誉田別尊＝応神天皇）。全国で約25000社ある。三大八幡宮は、宇佐神宮、石清水八幡宮、鶴岡八幡宮。

宇佐神宮本殿（宇佐神宮写真提供）

石清水八幡宮（石清水八幡宮写真提供）

八幡信仰は宇佐神宮《うさじんぐう》を総本社としている。平安時代初期、京都に勧請された石清水八幡宮《いわしみずはちまんぐう》が国家鎮護の神として尊敬を受け、鎌倉時代に創建された鶴岡八幡宮《つるがおかはちまんぐう》が、源氏の氏神として全国各地に八幡信仰が広まった。

鶴岡八幡宮本殿（鶴岡八幡宮写真提供）

神社信仰

2

皇室の祖先神が庶民の信仰の対象に
伊勢神宮と伊勢信仰

伊勢御師の活動で伊勢信仰が広まる

伊勢信仰《いせしんこう》は、**天照大御神《アマテラスオオミカミ》**を祀る**皇大神宮《こうたいじんぐう》**（**内宮《ないくう》**）と、**豊宇気毘売《トヨウケビメノ》神《カミ》**を祀る**豊受大神宮《とようけのたいじんぐう》**（**外宮《げくう》**）に対する信仰を指す。中でも天照大御神は、天皇家の祖先神であり、**国家鎮護《こっかちんご》**の最高の神として、皇室の崇敬《すうけい》を受けてきた。

かつては伊勢神宮で**幣帛《へいはく》**（供物）を捧げられるのは天皇だけとされ、庶民が参詣できる場所ではなかった。しかし**律令体制《りつりょうたいせい》**が崩れると、伊勢神宮の存在が広く知られるようになる。中世に入ると庶民の間で、「**親神様《おやがみさま》**」として伊勢神宮は厚い尊敬を受けた。

伊勢信仰を民衆の中に浸透させたのは、**御師《おんし》**と呼ばれる人たちである。御師《おんし》とは**祈祷《きとう》**を行いながら**御祓大麻《おはらいたいま》**（***神宮大麻《じんぐうたいま》**）を配って歩く人々で、全国の檀家（崇敬者）との間に***師檀関係《しだんかんけい》**を結んでいった。

伊勢信仰の流行と伊勢参宮の盛行

伊勢信仰は江戸時代に爆発的に流行した。伊勢神宮参拝のための「**伊勢講《いせこう》**」と呼ばれるユニークな組織が誕生する。これは参加者が旅費を積み立て、くじを引いて当たった者が代表として参詣するというものである。

江戸期には、白装束を身にまとった「**おかげ参り**」と称する熱狂的な集団参拝が六十年周期で流行した。その根底には「一生に一度はお伊勢さまへお参りしたい」という人々の願いが根底にあった。

また中部地方では、伊勢の御師の働きかけで「**御鍬《おくわ》さん**」という小型の鍬を御神体にして、村ごとにくじらやお多福などの練り物を出し、**五穀豊穣《ごこくほうじょう》**を祈願する**御鍬祭《おくわまつり》**がたびたび行われた。

このような背景もあり、伊勢神宮の分霊を祭る**神明社《しんめいしゃ》**という神社が全国で建立された。その数は一万八千社にのぼるという。

＊**神宮大麻**：伊勢神宮から授与する神札のこと。毎年、御祓い・祈祷したうえで全国頒布される。
＊**師檀関係**：御師と信者（檀那）の関係を指す。御師は崇敬（檀家）を案内したり、祈祷をしたり、宿泊所の便宜を図ったりした。

伊勢信仰とおかげ参り

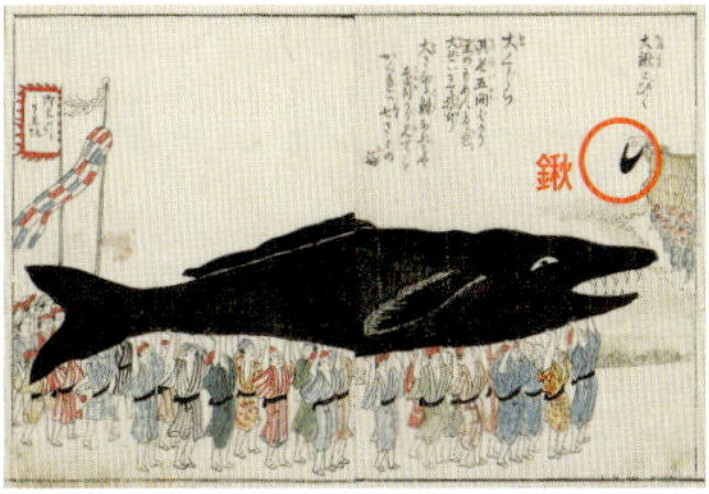

『御鍬祭真景図略』（名古屋市博物館蔵）

江戸時代に伊勢神宮を集団参宮する「おかげ参り」がたびたび大流行した。下の浮世絵は、伊勢神宮の陸路の入り口である、宮川の渡しを描いたものだ。こうしたおかげ参りの流行で、衣装や笠、幟などのお参り関連グッズが登場した（右図）。御鍬祭という、小型の鍬を御神体とした祭礼（上図）が中部地方を中心に盛んに行われた。

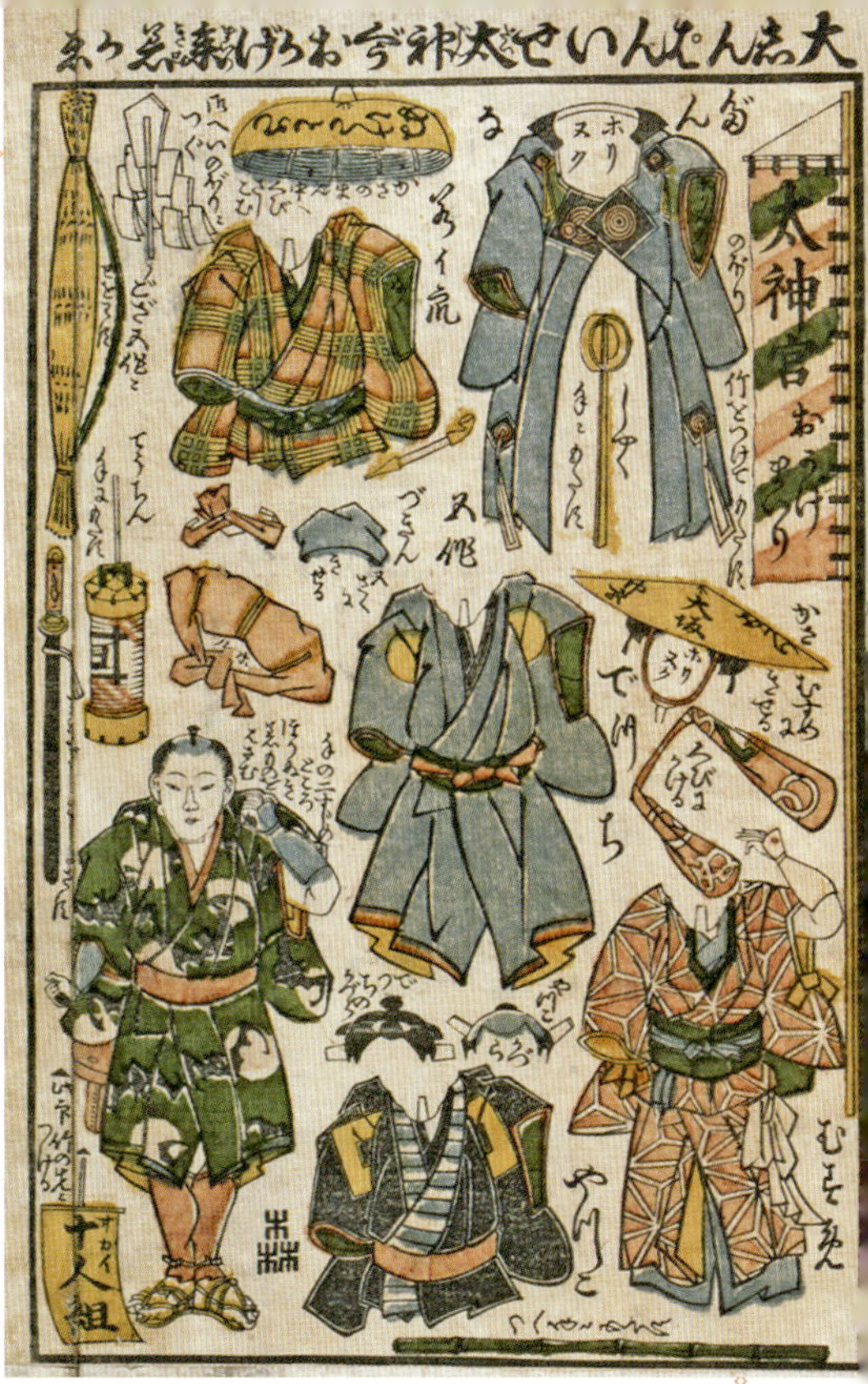

（右）『文政おかげ参り刷物類貼込帳』（大阪大学大学院文学日本史研究科所蔵／名古屋市博物館写真提供）

『伊勢参宮宮川の渡し』歌川広重
（豊橋市二川宿本陣資料館蔵）

神社信仰

3

天満宮と天神信仰

農耕から学問まで多方面で崇拝を集める

菅原道真の悲運が天神信仰と結びついた

天神・天満とは、**天満大自在天神**《てんまんだいじざいてんじん》・**天満天神**《てんまんてんじん》の略称であり、**菅原**《すわわら》**道真**《みちざね》を神格化《しんかくか》した呼び方である。

菅原道真は、平安時代初期に学者・政治家として活躍し、右大臣まで登りつめるが、延喜元（901）年に**藤原時平**《ふじわらのときひら》の讒言《ざんげん》によって、**大宰府**《だざいふ》に左遷されてしまう。

二年後、悲嘆のうちに道真は配所で没した。その墓所の上に廟所《びょうしょ》を建てその霊を祀ったのが、**太宰府天満宮**《だざいふてんまんぐう》の始まりである。

一方、都では天変地異など不穏な出来事が続き、藤原時平《ふじわらのときひら》一族に次々と不幸が襲った。さらに宮中の**清涼殿**《せいりょうでん》に雷が落ちて多数の死者が出るにおよんで、道真のたたりだと噂された。また落雷により、道真の**怨霊**《おんりょう》は京都市北野《きたの》の**地主神**《じぬしがみ》*である**火雷天神**《カライテンジン》と結びついて**雷神**と考えられるようになった。平安時代中期、多治比文子《たじひあやこ》という少女に神託があり、また近江国の神官の子・太郎丸《たろうまる》にも同様の託宣が下ったため、菅原道真の御神霊を祀ったのが、北野天神・**北野天満宮**であり、天神信仰の発祥の社である。

和歌・連歌・学問の神として幅広く信仰される

平安時代中期、天神は**祈雨**《きう》、**避雷**《ひらい》、**農耕**《のうこう》を守る神であったが、鎌倉時代以降は**慈悲**《じひ》の神、**正直**の神、**雪冤**《せつえん》（無実の罪を晴らし潔白を証明すること）の神として霊験やご利益があるとされた。また各地で**天神講**《てんじんこう》*が成立し、その講席で**天神像**《てんじんぞう》が飾られて礼拝された。

室町時代になると和歌や連歌、芸能の神となり、北野天満宮では連歌の会が盛んに催された。また禅思想とも結びつき、法衣をまとった**渡唐天神像**《ととうてんじんぞう》が描かれるようになる。江戸時代に入ると、学問の神として**藩校**《はんこう》や**寺子屋**《てらこや》などで祀られた。現在は学業成就の神として、受験生の信仰を集めている。

---

* **地主神**：その土地にもともと存在し、その土地を守護する神。

* **天神講**：菅原道真の命日にあたる二月二十五日、あるいは月命日の毎月二十五日に行われる天神様の祭。近所の子どもたちが集まり、天神様に供え物をして学業成就を祈願した。

天神信仰と天満宮の分布

菅原道真公
（著者蔵）

全国の主な天満宮

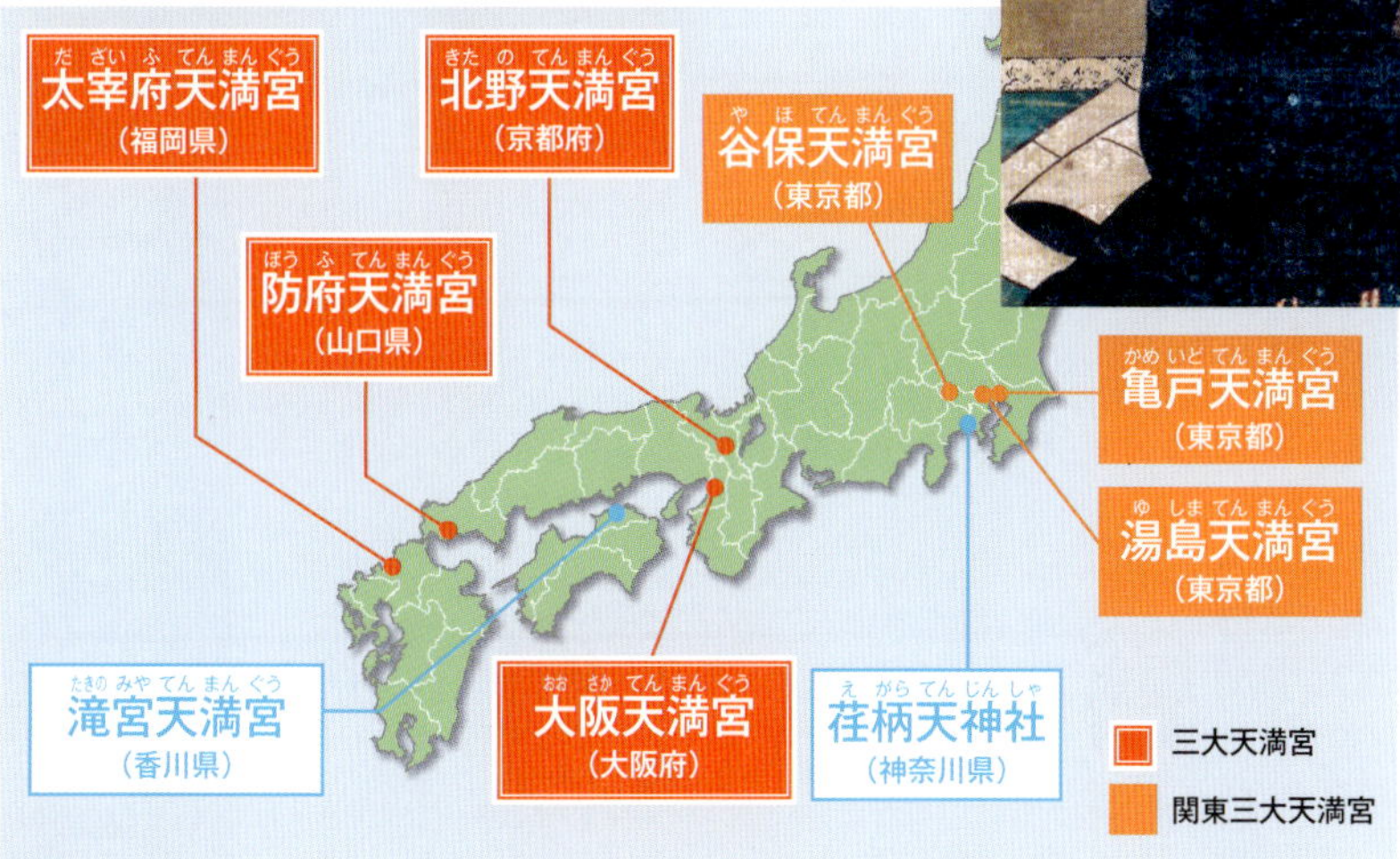

DATA 祭神は菅原道真。天満大自在天神ともいう。全国で10441社ある。三大天満宮は、北野天満宮・太宰府天満宮と大阪天満宮または防府天満宮とされるが諸説ある。

大宰府《だざいふ》に左遷された菅原道真は、配所で没し、その後、京都で天変地異が続いた。とくに宮中に雷が落ちて死者が多数出ると、道真公が火《カ》雷天神《ライテンジン》となったと考えられた。

『北野天満宮縁起』（國學院大學神道資料館蔵）

太宰府天満宮（福岡県／太宰府天満宮写真提供）

北野天満宮（京都府）

神社信仰

4

商人を中心に全国各地で広く信仰される

稲荷神社と稲荷信仰

お稲荷さんは食物を守護する神様

「お稲荷さん」と呼ばれ、多くの人々から親しまれる**稲荷神社**《いなりじんじゃ》は、全国に約三万社あり、全国の神社の三分の一ほどを占めている。稲荷神社の総本宮が、京都府の**伏見**《ふしみ》**稲荷大社**《いなりたいしゃ》だ。伏見稲荷大社の主祭神は、**宇迦之御魂大神**《ウカノミタマノオオカミ》である。「宇《う》迦《か》」は食物のことで、この神は**食物**、**五穀豊穣**を司る。

この主祭神のほかに、**佐田彦**《サタヒコノ》**大神**《オオカミ》、**大宮能売大神**《オオミヤノメノオオカミ》、**田中大神**《タナカノオオカミ》、**四大神**《シノオオカミ》を合せ祀り、稲荷大神と総称する。

『山城国風土記』逸文に**秦公伊呂具**《はたのきみのいろぐ》が、餅を的にして矢で射たところ、餅が白い鳥となり、山の峰に降り立った。そこに稲が成ったので、「**イナリ**」の社名になったという。これが伏見稲荷大社の創祀とされる。また、その山は**現在の稲荷山**で、伏見稲荷大社の重要な神域の一つとなっている。

全国各地で盛んに稲荷社が建てられる

中世に入って**商工業**が盛んになると、稲荷大神は、その守護神とされた。また伏見稲荷大社は、**東**《とう》**寺**《じ》の鎮守神ともなった。さらに**真言密教**のみならず曹洞宗や日蓮宗にも稲荷が取り入れられ、稲荷大神は、**茶枳尼天**《ダギニテン》とみなされ、愛知県豊川市の**豊川稲荷**《とよかわいなり》のように仏教寺院でも祀られた。また江戸時代には、伏見稲荷大社の御分霊を授かり稲荷大神を勧請することが盛んになり、全国に広まった。

稲荷神社には、**神使**《しんし》の**狐*****の像**が据えられる場合が多い。これは主祭神の**宇迦之御魂大神**《ウカノミタマノオオカミ》の別名「**御**《ミ》**饌津神**《ケツカミ》」が転訛《てんか》して「**三狐神**《みけつかみ》」となった説があるがはっきりしない。

伏見稲荷大社には、数多くの**朱***の**鳥居**《とりい》がある。願い事が「通る」あるいは「通った」お礼の意味から、鳥居を奉納することが江戸時代以降に広がったためともいう。

＊**狐**：お稲荷さんに油揚げを供えるという風習がある。これは神使である狐の好物であるため。なお、いなり寿司や油揚げでくるんだ信太寿司をきつね寿司というが、稲荷信仰と直接の関係はない。

＊**朱**：稲荷神社の鳥居に塗られる朱には、一説には魔除けや豊穣を表す意味があるという。

稲荷信仰と稲荷社の分布

全国の主な稲荷社

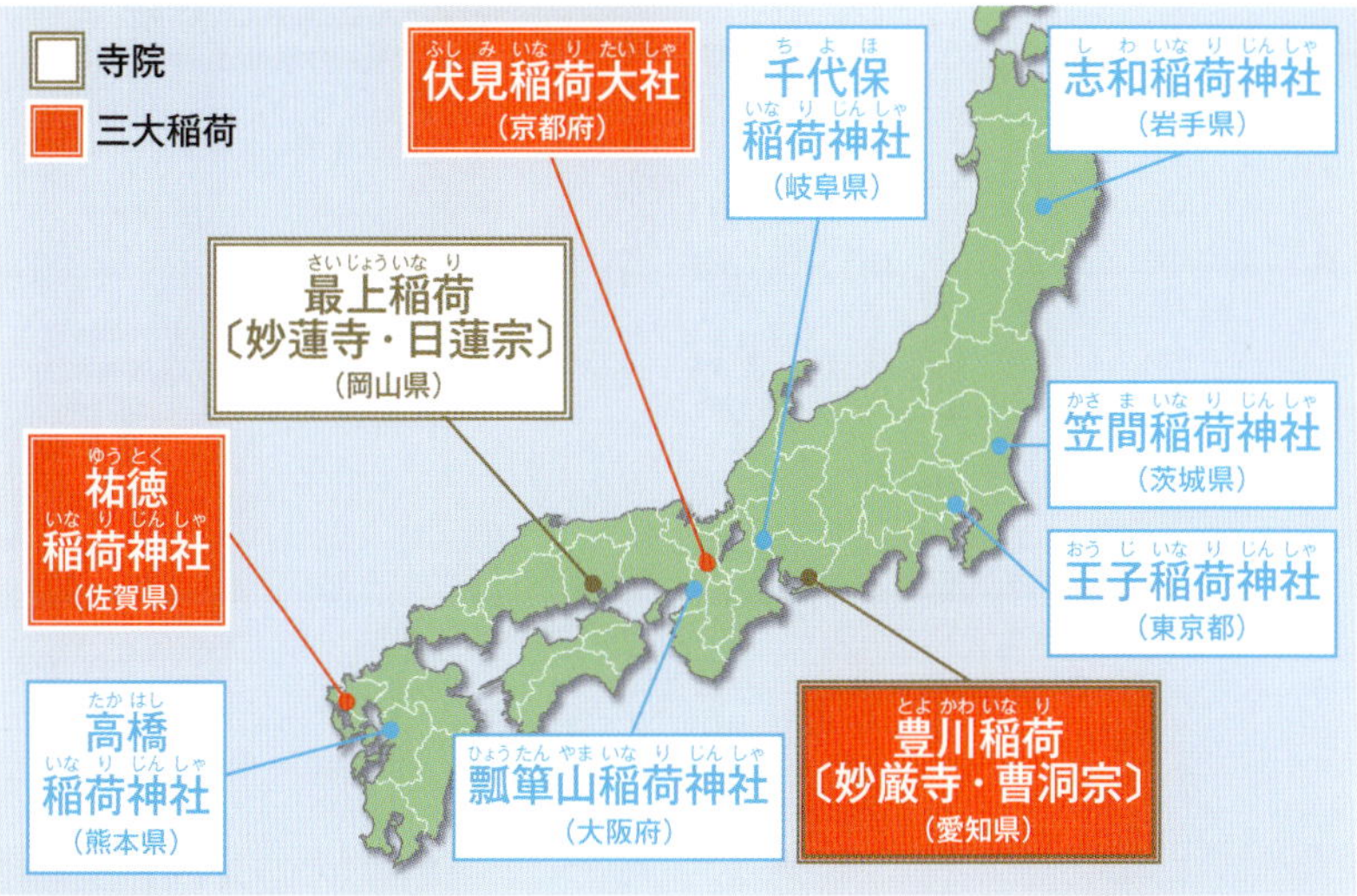

DATA 伏見稲荷大社が総本宮。祭神の稲荷大神は、記紀に登場する宇迦之御魂大神や倉稲魂命にあたる。全国に30750社ある。日本三大稲荷は、伏見稲荷大社・豊川稲荷・祐徳稲荷神社ともいわれるが定義はない。

神道系稲荷	仏教系稲荷
稲荷大社《いなりたいしゃ》	豊川稲荷《とよかわいなり》
宇《ウ》迦《カ》之《ノ》御《ミ》魂《タマノ》大神《オオカミ》	荼枳尼天《ダギニテン》

伏見稲荷大社の楼門
（伏見稲荷大社写真提供）

神道系の稲荷は、記紀に登場する宇迦之御魂大神や倉稲魂命を稲荷神として祀る。一方、稲荷神は、真言密教と結びつき荼枳尼天という女神と同一視されて広まった。

『伏見稲荷曼荼羅』（個人蔵）

神社信仰

5

複数の信仰を統合した聖地
熊野三山と熊野信仰

熊野は死者の国 またよみがえりの聖地

和歌山県南部には、**熊野本宮大社《くまのほんぐうたいしゃ》**（本宮、本地は阿弥陀如来）、**熊野速玉大社《くまのはやたまたいしゃ》**（新宮、本地は薬師如来）、**熊野那智大社《くまのなちたいしゃ》**（那智、本地は千手観音）の三社が鎮座している。これらは**熊野三山《くまのさんざん》**、**熊野三所権現《クマノサンショゴンゲン》**などと総称されている。

神話によれば、日本の母神である**伊耶那美神《イザナミノカミ》**が熊野の有馬村の花窟《はなのいわや》に葬られたという。このことから熊野は古来、**よみがえりの聖地**、また死者も**よみがえる聖地**と信じられ、他界信仰の聖地とされて、祖霊信仰、補陀落渡海《ふだらくとかい》などの信仰を生み出した。

熊野に祀られてきた神々は、**神仏習合《しんぶつしゅうごう》**による神々（➡P154）や熊野が**修験道《しゅげんどう》***の霊場としても重きをなしたことから**修験道《しゅげんどう》**の神も祀られた。つまり神道・**仏教**や修験道の信仰が集まったのが熊野三山なのである。

蟻の行列のように 多くの参詣者が訪れた

熊野信仰の歴史は奈良時代にさかのぼり、その頃から熊野の山にこもって修行する者がいた。平安時代から鎌倉時代にかけては特に皇室からの信仰を集め、**白河上皇《しらかわじょうこう》**をはじめ**鳥羽《とば》**、**後白河《ごしらかわ》**、**後鳥羽《ごとば》**といった上皇・法皇による熊野参詣が盛んに行われた。

これにより熊野は天下一の霊場として称えられ、皇室だけでなく貴族や武家、庶民に至るまで多くの層からの信仰を集め、「**蟻《あり》の熊野詣**」といわれるほど多くの参詣者が熊野三山へ押し寄せた。

熊野信仰は熊野の**御師《おし》***や**熊野比丘尼《くまのびくに》**や勧進聖《かんじんひじり》の活躍により全国に普及した。

その多くは熊野三山の霊験《れいげん》あらたかなことを絵解きした。そして熊野の本地を語り聞かせて布教した。そのような手段で全国各地の武士や農民らを熊野へと導いた。

＊**修験道**：役小角《えんのおづの》を祖とする日本に古来から伝わる山岳宗教にもとづくもので、山へ籠って厳しい修行を行うことによりさまざまな「験」を得ることを目的とする。
＊**御師**：熊野三山へ参詣する人々の案内や宿泊、ときには祈祷の世話をした。

熊野三山と熊野信仰

熊野古道と熊野三社

① 熊野本宮大社《くまのほんぐうたいしゃ》

② 熊野那智大社《くまのなちたいしゃ》

③ 熊野速玉大社《くまのはやたまたいしゃ》

DATA 熊野本宮大社、熊野速玉大社、熊野那智大社（熊野三山）が熊野信仰の中心。祭神は熊野三所権現。全国で約3000社ある。

熊野比丘尼《くまのびくに》は各地へ熊野参詣曼《くまのさんけいまん》茶羅《だら》や観心十界図《かんしんじゅっかい》などを持ち歩きながら絵解きをしてまわった。また熊野牛王神符《くまのごおうしんふ》は、誓約書として用いられた。戦国時代には大名同士が熊野牛王神符に裏書きをして誓約書とした。

熊野本宮大社の熊野牛王神符。烏文字で「熊野山宝印」と記されている。

（熊野本宮大社、熊野那智大社、熊野速玉大社写真提供）

『熊野那智参詣曼荼羅』（國學院大學図書館蔵）

神社信仰

6

祇園・牛頭天王信仰

疫病退散を願う夏の祭礼と密接に関わる

素戔嗚尊を祭神とする祇園社と天王社

京都市の**八坂神社**《やさかじんじゃ》を中心とした信仰を祇園信仰、また愛知県津島市の**津島神社**《つしまじんじゃ》を中心とした、**天王社**《てんのうしゃ》への信仰を**天王信仰**という。

八坂神社は、全国に鎮座している三千社あまりの祇園系神社の総本社、津島神社は中部・東海地方の約三千社の天王系神社の総本社である。いずれも祭神は、**素戔嗚尊**《スサノオノミコト》とされ、**牛頭天王**《ゴズテンノウ》と同一視されている。祇園・牛頭天王は、仏教の開祖・インドの*****祇園精舎**《ぎおんしょうじゃ》の守護神であった。そして八坂神社は明治時代の**神仏分離令**《しんぶつぶんりれい》によって祇園社から改称したもので、**観慶寺**《かんけいじ》（祇園寺）の境内にあった**天神堂**が祇園社の前身とされる。

一方の津島神社は、旧称を**津島**《つしま》**牛頭天王神社**《ごずてんのうじんじゃ》といった。天王社の起源は諸説あるが、九世紀、あるいは十世紀前半とされ、その後、全国各地に広まった。

祇園信仰の本質は疫病除けへの願い

山鉾巡行《やまほこじゅんこう》で有名な京都の**祇園祭**《ぎおんまつり》は、貞観十一（869）年に疫病退散のために行われた「**祇園御霊会**《ぎおんごりょうえ》」が起源とされる。これが中世以降に地方に波及して全国的に**御霊会**《ごりょうえ》が催された。

また**夏越**《なごし》**の祓**《はらえ》の神事で、*****茅**《ち》**の輪**（➡P236）をくぐることや、祇園祭の参加者が、「**蘇民将来之子孫**《そみんしょうらいのしそん》**也**《なり》」の護符をつけた**粽**《ちまき》を受けて、疫病除けとするのも、**防疫神**《ぼうえきしん》である牛頭天王《ゴズテンノウ》への信仰である。

また七月に津島神社で行われる**津島天王祭**では、天王川で豪華な川祭が行われる。その一方で、深夜に**神葭放流神事**《みよしほうりゅうしんじ》を行い、神霊の**依代**《よりしろ》である*****真**《しん》**の神葭**《みよし》に人々の罪穢《つみけが》れを遷《うつ》して、人目にふれることなく川に流し、疫神退去《えきじんたいきょ》を祈願する。こうした夏の祭礼は、疫病退散を祈願する祇園・牛頭天王信仰が根底にある。

＊**祇園精舎**：インドにあった寺院で、釈迦が説法を行ったとされる僧坊。『平家物語』の冒頭「祇園精舎の鐘の声、諸行無常の響あり」という書き出しでも知られる。

＊**真の神葭**：毎年更新し、本殿の中に祀られる植物の葦に人々の罪・穢れを遷し、川に流す。

祇園・牛頭天王信仰の中心となった神社

八坂神社《やさかじんじゃ》（京都府京都市東山区）

DATA 西日本を中心に約3000社の八坂神社の総本社。主祭神は素戔嗚尊＝牛頭天王。

津島神社写真提供

津島神社《つしまじんじゃ》（愛知県津島市）

DATA 中部・東海地方を中心に約3000社の天王社の総本社。主祭神は須佐之男命＝牛頭天王。

牛頭天王信仰《ゴズテンノウしんこう》は二系統存在する

八坂神社《やさかじんじゃ》と津島神社《つしまじんじゃ》は、どちらも牛頭天王《ゴズテンノウ》を祀る。牛頭天王は、頭の上に牛頭を乗せた憤怒の形相に表され、疫病を防ぐ防疫神《ぼうえきしん》として信仰される。関西では主に八坂神社、中部～関東では津島神社が信仰された。

牛頭天王像（著者蔵）

神道こぼれ話

八坂神社のお札にまつわる伝承

逸文によれば、八坂神社の主祭神である素戔嗚尊はある長旅の途中、一夜の宿を乞うたところ、裕福な弟の巨旦には断られるが、貧しい兄の蘇民には快諾され、粟飯でもてなされた。後年、ふたたび蘇民を尋ねた素戔嗚尊は、これから先、疫病が流行ったときは「蘇民将来の子孫なり」と記した茅の輪を腰に下げておけば、難から逃れられる、と教えた。そのため、蘇民の一族は疫病から免れたが、弟の一族は死に絶えたという。この伝承に基づき、祇園社などで配られるお札には「蘇民将来之子孫也」と書かれ、疫病退散のご利益があるとされる。神事として行われる茅の輪くぐりも、この故事に由来する。

＊**茅の輪**：茅で作った輪のこと。夏越《なごし》の祓《はらえ》に、各神社で茅の輪をくぐる神事が行われる。これをくぐることで、身の穢れを祓い清めて、無病息災を願うのである。

神社信仰

7

諏訪大社と諏訪信仰

山や水の神だけでなく武神としても信仰

国譲りに最後まで抵抗した神を祀る

全国に一万社以上の**諏訪神社**《すわじんじゃ》があり、これらの総本社は、*****御柱祭**《おんばしらさい》で有名な**諏訪大社**《すわたいしゃ》（長野県）である。諏訪大社は、諏訪湖をはさんで**上社**《かみしゃ》と**下社**《しもしゃ》に分かれ、さらに上社は**本宮**《ほんみや》と**前宮**《まえみや》、下社は**春宮**《はるみや》と**秋宮**《あきみや》から成る。主祭神として**建御名方神**《タケミナカタノカミ》を上社に、その后神の**八坂刀売神**《ヤサカトメノカミ》を下社に祀る。

『古事記』には建御名方神《タケミナカタノカミ》は**建御雷神**《タケミカズチノカミ》（➡P150）との力比べに敗れ、諏訪湖まで逃げ、降伏して**国譲り**を誓ったという。

一説に建御名方神《タケミナカタノカミ》の「御名方《ミナカタ》」は「製鉄炉の四本の押立柱《おしだてはしら》」を指すともいわれる。つまり建御名方《タケミナカタ》神《カミ》は諏訪地方の製鉄に関わる**南方族**《なんぼうぞく》に信仰されていた**製鉄の神**だと考えられる。

一方、諏訪大社の縁起を記した『諏訪大明神画詞《すわだいみょうじんえことば》』によれば、建《タケ》御名方神《ミナカタノカミ》が土着の**地主神**《じぬしがみ》を退け、鎮座したとされる。もとは**山**、**風**、**水源**などを司る神であり、また**狩猟**や**農耕の守護神**ともされたが、やがて**武勇の神**、**軍神**として崇敬を集めた。

日本一の軍神として崇敬を集める

諏訪大社は古くから朝廷や武家から崇敬され、特に上社への信仰は厚く「**南宮大明神**《なんぐうだいみょうじん》」「**法性大明神**《ほっしょうだいみょうじん》」という尊称で呼ばれた。室町時代から戦国時代にかけては足利、北条、徳川といった大名が武運長久や国家安泰を祈願し、当社は「日本第一大軍神」と称えられた。

特に甲斐《かい》の**武田信玄**《たけだしんげん》は、諏訪大社を厚く敬って戦勝を祈願し、出陣の際には「**南無諏訪南宮法性上下大明神**《なむすわなんぐうほっしょうかみしもだいみょうじん》」と諏訪明神の名を書いた神旗《じんき》を立て、「**諏訪法性兜**《すわほっしょうかぶと》」を身につけて戦場に赴いたという。

信濃の武士勢力が地方に進出するのに伴い、諏訪信仰が全国に広まっていった。

＊**御柱祭**：数えで七年ごとに行われる諏訪大社最大の神事である。御柱に人を乗せたまま急斜面から落とす「木落し」は、祭の最大の見せ場でもある。

諏訪大社と諏訪信仰

諏訪大社上社本宮《かみしゃほんみや》　　諏訪大社写真提供

諏訪大社下社秋宮《しもしゃあきみや》　　諏訪大社写真提供

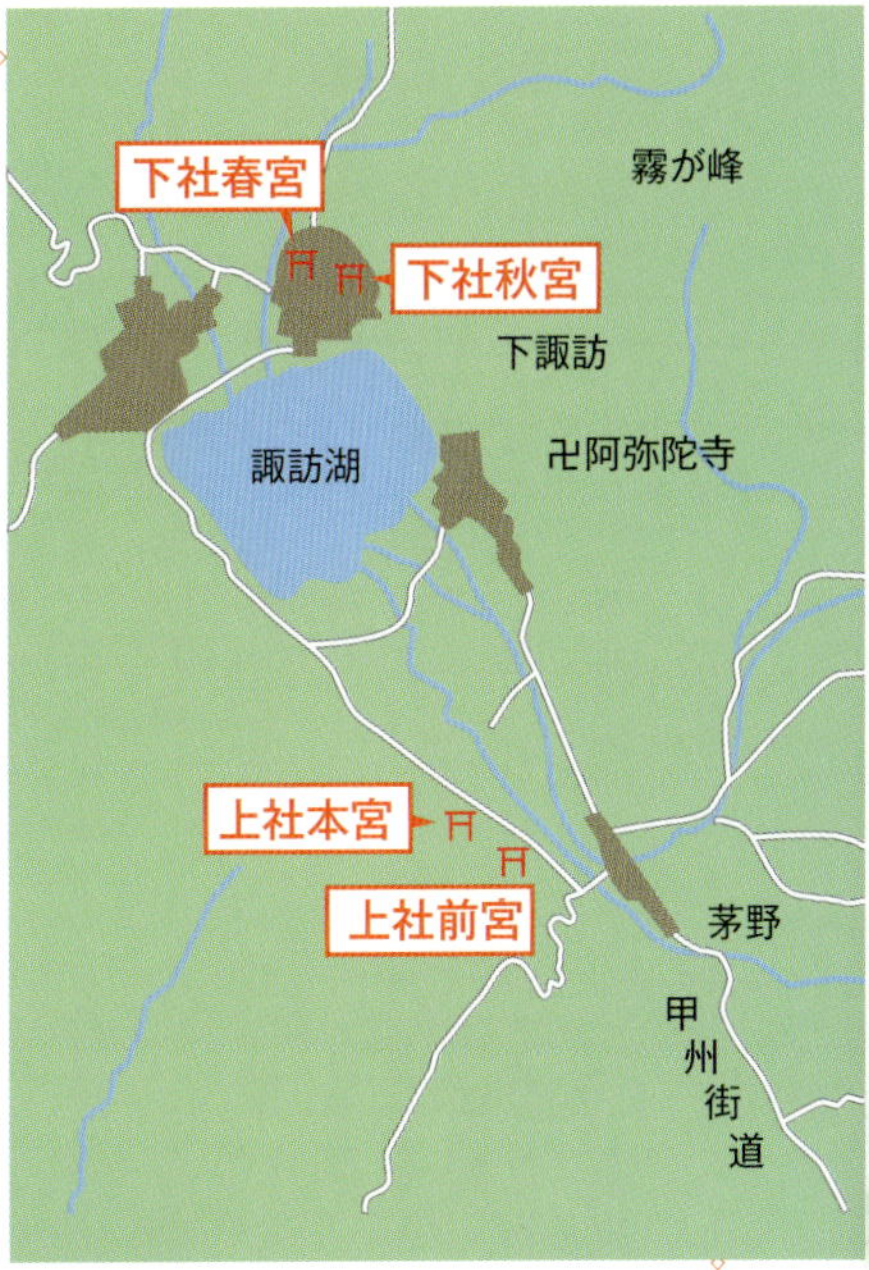

DATA

諏訪大社は上社の本宮と前宮。下社の春宮と秋宮から構成される。また、諏訪神社は全国に1万社以上ある。主祭神は建御名方神と八坂刀売神の二神。

武田信玄と諏訪大社

諏訪法性兜（下諏訪町立博物館蔵）

『武田信玄像』（山梨県立博物館蔵）

武田信玄は、軍神として武士の信仰の厚い諏訪大社に戦勝祈願の祈祷を依頼して、諏訪明神の加護を祈願していた。信玄の諏訪信仰は、諏訪法性《すわほっしょう》の兜《かぶと》を身につけ、諏訪明神旗《すわみょうじんき》を本陣に立てたことからも伺える。

神社信仰

8 航海の守護神として崇められた 住吉大社と住吉信仰

遣唐使の航海安全もここで祈願された

住吉神社《すみよしじんじゃ》は全国に二千社ほどがあり、大阪市の**住吉大社《すみよしたいしゃ》**がそれらの総本社である。住吉神社は**海や河口の近くに鎮座**している場合が多い。それは住吉神社の祭神は***底《ソコ》筒男命《ツツノオノミコト》**、**中筒男命《ナカツツノオノミコト》**、**表筒男命《ウワツツノオノミコト》**という「住吉三神」で、**海神・航海の神**とされているからである。

この三神は、**神功皇后《じんぐうこうごう》**（**息長足姫命《オキナガタラシヒメノミコト》**）に神がかりをし、朝鮮半島の**新羅《しらぎ》**に遠征を促し、神功皇后《じんぐうこうごう》の航海の安全を守った。その後、皇后が三神を**摂津国《せっつのくに》**（現在の大阪府）に祀ったのが住吉大社の始まりとされる。そのため住吉大社では三神に**神功皇后《じんぐうこうごう》**を加えた四神が祀られている。

住吉三神は**航海の守護神**として朝廷から厚く敬われた。また住吉大社は外交・航海の要地にあったため、**遣唐使《けんとうし》**派遣の際には住吉大社で海上安全が祈願された。

さまざまな側面をもつ住吉信仰

住吉三神は、**和歌の神**としても信仰されている。平安時代には、住吉明神を和歌の神とした文学作品が多く書かれており、そのため住吉神社ではしばしば歌会や歌合せが開催された。

この住吉三神は、現人神《アラヒトガミ》として翁や童子の姿であらわれることが多いとされ、白い髭をたくわえた、**老翁**の姿で描かれることが多い。

また結婚披露宴の定番とされる謡曲《ようきょく》『**高砂《たかさご》**』は、高砂の松と住吉の松とは老いても永遠に夫婦であるという伝説に基づき、老人の姿で登場する。

さらに、住吉三神は禊《みそぎ》によって生まれた神々であることから、人々の罪や穢れを除く**禊祓《みそぎはらえ》を司る神**ともされた。このほか、農耕神としての側面をもつことから、全国の住吉神社では御田植神事や**御田祭**など田植の行事が行われている。

＊**底筒男命、中筒男命、表筒男命**：『古事記』によれば、黄泉の国から戻った伊耶那岐神《イザナキノカミ》が、穢れを清めるために禊をした際に生まれた神々の中の三神である。また三神の名前に共通する「筒」の文字は星を意味しているとの説がある。

住吉大社と住吉信仰

❖ 住吉大社の分布

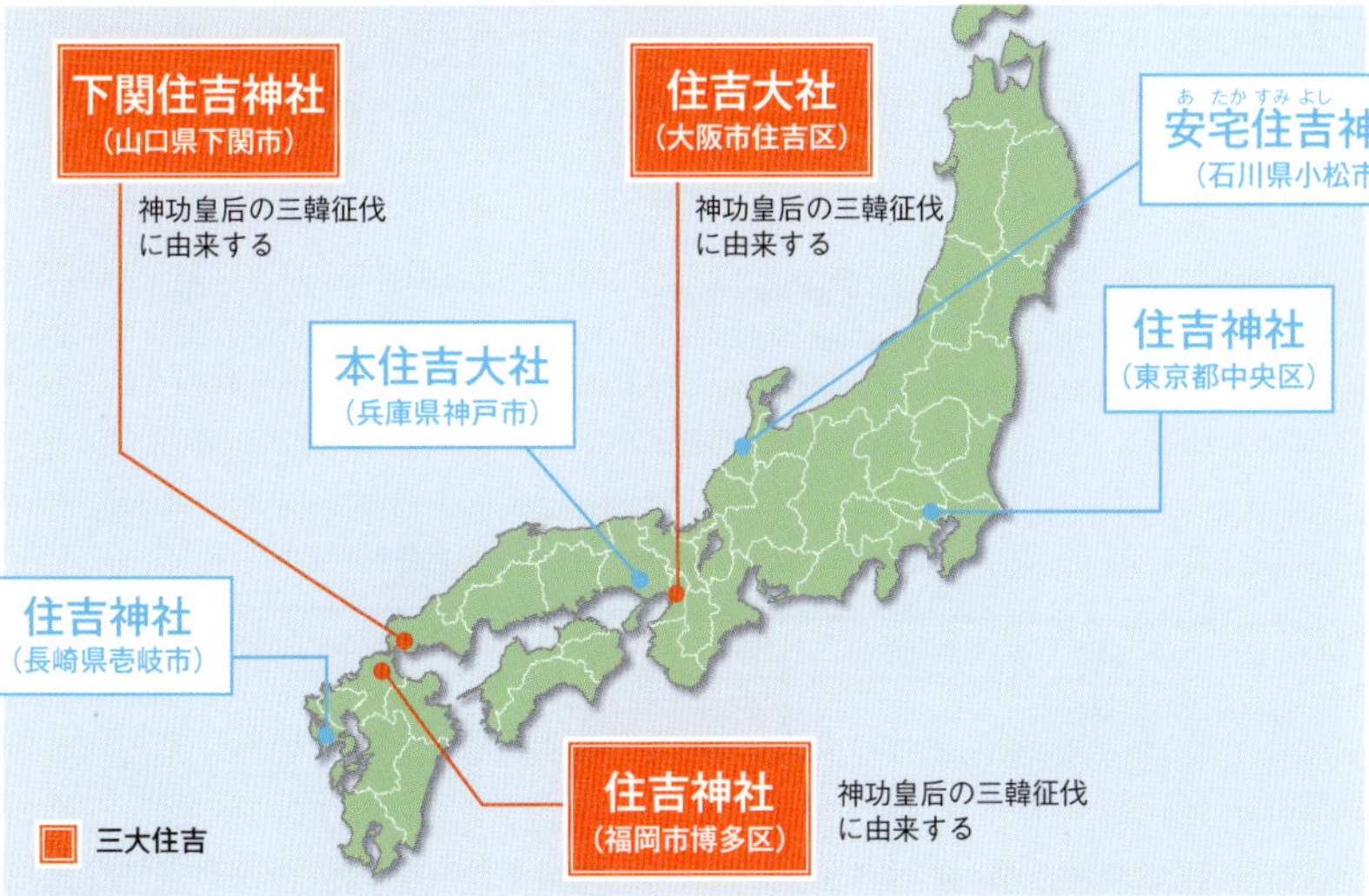

DATA 大阪市住吉区の住吉大社が総本社。全国で約2000社ある。祭神は住吉三神。三大住吉は、大阪府の住吉大社、山口県の下関住吉神社、福岡県の住吉神社。住吉神社は神功皇后の三韓征伐帰途のルートに関連した場所に多い。

住吉大社本殿（住吉大社写真提供）

住吉の神は、記紀で登場する底筒《ソコツツ》之《ノ》男命《オノミコト》、中筒《ナカツツ》之《ノ》男命《オノミコト》、表筒《ウワツツ》之《ノ》男命《オノミコト》である。この三神を総称して住吉三神（住吉大神）という。航海の神として信仰されたが、のちに白い髭の翁の姿で描かれるようになった。

住吉大神神影（個人蔵）

神道コラム 7

日本の女神信仰

日本には、天照大御神《アマテラスオオミカミ》をはじめとして多くの女神が祀られている。今まで登場した女神も含めて、女神を祀る代表的な神社を紹介する。

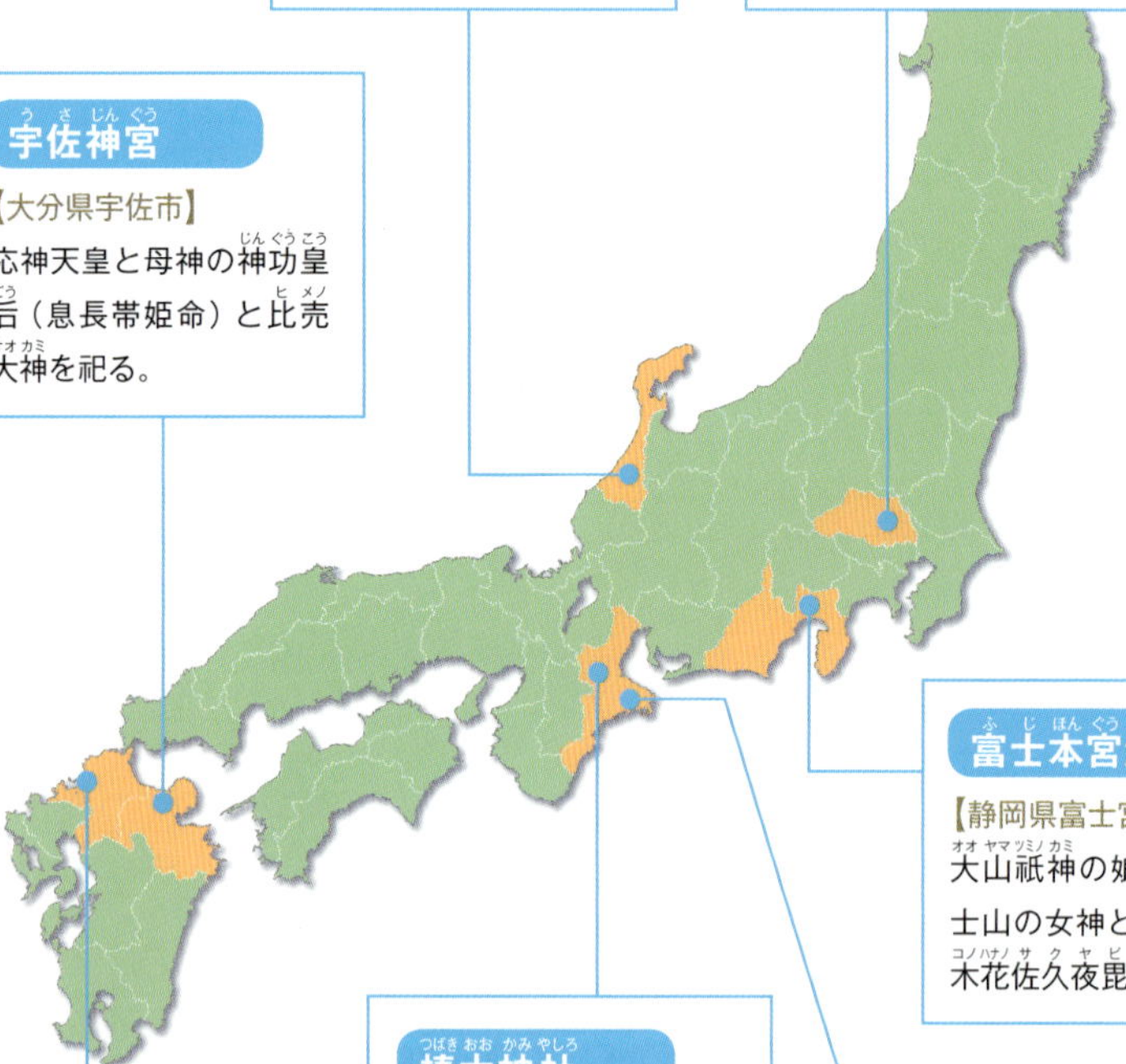

白山比咩神社《しらやまひめじんじゃ》

【石川県白山市】

白山比咩大神《シラヤマヒメオオカミ》（菊理媛神《ククリヒメノカミ》）を祀る。神仏習合で十一面観音の姿にもなる。

氷川神社《ひかわじんじゃ》

【埼玉県さいたま市】

出雲の神である須佐之男《スサノオノ》命《ミコト》とともに、妃の櫛名田《クシナダ》比売《ヒメ》を祀る:

宇佐神宮《うさじんぐう》

【大分県宇佐市】

応神天皇と母神の神功皇《じんぐうこう》后《ごう》（息長帯姫命）と比売《ヒメノ》大神《オオカミ》を祀る。

富士本宮浅間大社《ふじほんぐうせんげんたいしゃ》

【静岡県富士宮市】

大山祇神《オオヤマツミノカミ》の娘であり、富士山の女神とみなされる木花佐久夜毘売《コノハナノサクヤビメ》を祀る。

宗像大社《むなかたたいしゃ》

【福岡県宗像市】

天照大御神《アマテラスオオミカミ》の御子神・田《タ》心姫神《ゴリヒメノカミ》、湍津姫神《タギツヒメノカミ》、そして市寸島姫神《イチキシマヒメノカミ》の宗像三女神を祀る。

椿大神社《つばきおおかみやしろ》

【三重県鈴鹿市】

別宮の椿岸《つばきぎし》神社には本社の祭神・猿田毘古神《サルタビコノカミ》の妻である天鈿女命《アメノウズメノミコト》を祀る。

伊勢神宮《いせじんぐう》

【三重県伊勢市】

内宮に伊耶那岐神《イザナキノカミ》の女《むすめ》・天照大御神《アマテラスオオミカミ》、外宮に食物の女神・豊宇気《トヨウケ》毘売神《ビメノカミ》を祀る。

9章

全国の有名な神社

全国の神社

1 神社の区分

社号の違いで神社の性格がわかる

神社の称号の違いは?

神社の性格を知るには「**社号**《しゃごう》」をみればよい。「社号」とは神社の称号のことである。たとえば熱田神宮なら「熱田」は「**社名**《しゃめい》」、「神宮」は「社号」にあたる。社号には、**大神宮**《だいじんぐう》*・**神宮**《じんぐう》・**宮**《ぐう》・**大社**《たいしゃ》・**神社**《じんじゃ》・**社**《しゃ》などがある。

社号のうち「神宮」を称するものには、**伊勢神宮***・**鹿島神宮**《かしまじんぐう》・**香取神宮**《かとりじんぐう》・**熱田神宮**《あつたじんぐう》などがある。これらは**皇室と関わりの深い神を祀る格式の高い神社**である。しかし伊勢神宮は、「神宮」を正式名称としているため、伊勢神宮の「神宮」は社号にはあたらない。

次に「宮」を名乗る神社には、天満宮《てんまんぐう》・東照宮《とうしょうぐう》などがある。**皇室に関連の神社や人間神など特別な神を祀る神社**のみ許されている。

「大社」の社号を持つ神社としては、**出雲大社**《いずもたいしゃ》・**諏訪大社**《すわたいしゃ》・**春日大社**《かすがたいしゃ》・**伏見稲荷大社**《ふしみいなりたいしゃ》などがある。戦前は「大社」といえば、**出雲大社**を指したが、戦後になって「大社」を名乗る神社が増えた。

社号の中で、「社」は**比較的小規模な神社**に対して用いられる。

朝廷から特別の崇敬を受けた二十二社

「**二十二社**《にじゅうにしゃ》」とは、**国家の重大事にあたり朝廷から格別の崇敬をうけた神社**で、いずれも京とその近辺に鎮座している。その二十二の神社を挙げると、①**伊勢**《いせ》**（内宮・外宮）**、②**石清水**《いわしみず》、③**賀茂**《かも》**（上賀茂・下鴨）**、④**松尾**《まつお》、⑤**平野**《ひらの》、⑥**稲荷**《いなり》、⑦**春日**《かすが》、⑧**大原野**《おおはらの》、⑨**大神**《おおみわ》、⑩**石上**《いそのかみ》、⑪**大和**《おおやまと》、⑫**広瀬**《ひろせ》、⑬**竜田**《たつた》、⑭**住吉**《すみよし》、⑮**日吉**《ひえ》、⑯**梅宮**《うめみや》、⑰**吉田**《よしだ》、⑱**広田**《ひろた》、⑲**祇園**《ぎおん》、⑳**北野**《きたの》、㉑**丹生**《にう》、㉒**貴布禰**《きふね》である。このうち、②石清水、⑧大原野、⑰吉田、⑲祇園のほかは、いずれも**式内社**《しきないしゃ》（⇒P54）である。これらの諸社は、**国家の重大事**や**天変地異**の際に、朝廷から奉幣《ほうへい》を受けた。

＊**大神宮**：皇大神宮と豊受大神宮の総称。伊勢大神宮ともいう。伊勢神宮の主祭神である天照大御神を祀る神社の中には、東京大神宮や船橋大神宮のように「大神宮」を名乗る場合がみられる。

＊**伊勢神宮**：「神宮」が正式名称であり、「伊勢神宮」は通称である。

神社の社号《しゃごう》と二十二社《にじゅうにしゃ》

神社と社号の違い

社号	内容	主な神社
神宮《じんぐう》	天皇や皇室祖先神を祀る、規模の大きな神社。	熱田神宮、石上《いそのかみ》神宮、鹿島《かしま》神宮、香取《かとり》神宮、明治神宮、鵜戸《うど》神宮、橿原《かしはら》神宮 など
宮《みや》	親王など皇室関連人物を祀る神社に多く使用される。	香椎宮《かしいぐう》、北野天満宮、城南宮、聖母宮《しょうもぐう》 など
大社《たいしゃ》	戦前は出雲大社のみを指したが、戦後に社号を変更した神社が多い。	出雲大社、春日大社、熊野本宮大社、多賀《たが》大社、日吉大社、松尾大社 など
社《やしろ》	大きな神社から祭神を勧請《かんじょう》した、比較的小規模な神社。	祇園社、稲荷社、神明社、天神社、八幡社 など

※その他に「大神宮」という社号もある。東京大神宮が有名。明治時代の国家神道になる以前は、「明神」や「大明神」といった社号や、神仏習合の影響を受けた「権現」や「大権現」の社号も使用されていた。

朝廷が崇敬を受けた二十二社《にじゅうにしゃ》

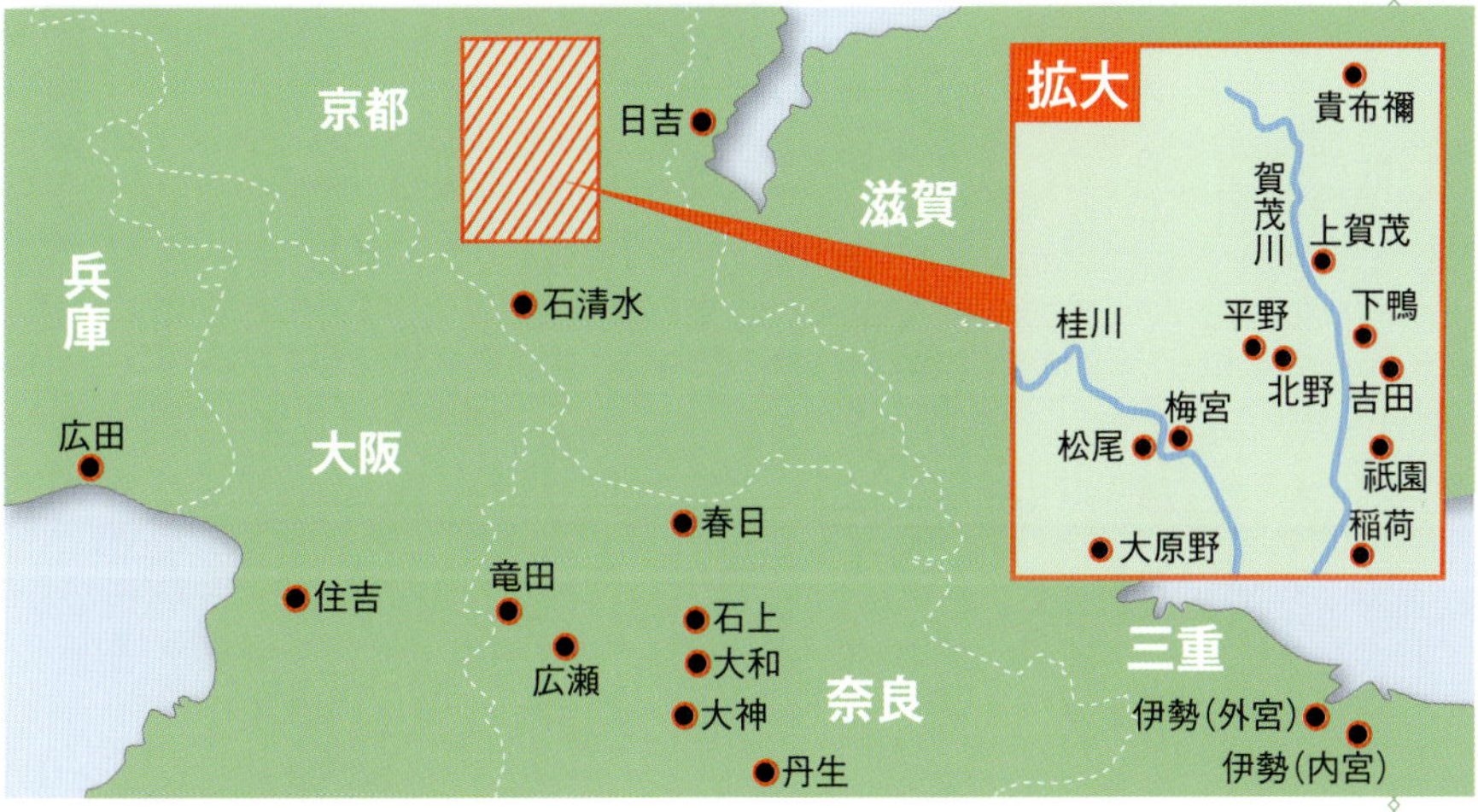

二十二社とは、平安時代中期から中世にかけて、朝廷に特別の崇敬を受けた二十二の神社のこと。年二回の祭の他に朝廷から祈願・奉幣を受けた。

全国の神社

2

至高志貴の神を祀る
伊勢神宮

祭神 天照坐皇大御神（内宮）、豊宇気毘売神（外宮）
住所 三重県伊勢市宇治館町1
アクセス 近鉄宇治山田駅よりバス15分「内宮前」下車（内宮）
JR・近鉄伊勢市駅より徒歩5分（外宮）

太陽のような天照大御神を祀る神宮

伊勢神宮の正式名称は「**神宮**《じんぐう》」である。しかし、一般には「伊勢神宮」「お伊勢さん」などという呼び名で親しまれている。

神宮は国家の宗廟で、**皇大神宮**《こうたいじんぐう》（内宮）と**豊受大神宮**《とようけだいじんぐう》（外宮）との二宮からなる。内宮の主祭神は**天照坐皇大御神**《アマテラシマススメオオミカミ》、外宮は**豊宇気毘売神**《トヨウケビメノカミ》。この内宮・外宮には**別宮**《べつぐう》*・**摂社**《せっしゃ》・**末社**《まっしゃ》・**所管社**《しょかんしゃ》があり、それらを合計すると**百二十五宮社**にのぼる。**天照大御神**《アマテラスオオミカミ》は皇室の祖神であることから、天皇以外の奉幣《ほうへい》は禁じられていた（**私幣禁断***）。だが中世に入ると庶民の間に伊勢参宮が広まり、江戸時代には「**おかげ参り**」が流行した。

神宮が伊勢国に鎮座した由来

内宮には、**天照大御神**《アマテラスオオミカミ》**の御霊代**《みたましろ》の**八咫鏡**《やたのかがみ》が奉斎されている。この鏡は紀元前92年の崇神《すじん》天皇のときまで、同床共殿が守られて、皇居に奉安されていた。しかしやがて天皇は神威を恐れ、大和国**笠縫邑**《かさぬいのむら》に遷し、皇女の**豊鍬入姫命**《トヨスキイリヒメノミコト》に天照大御神を祀らせた。

その八十七年後の垂仁《すいにん》天皇のとき、皇女・**倭姫命**《ヤマトヒメノミコト》が天照大御神《アマテラスオオミカミ》の鎮座する良き地を探し求めて、近江・美濃・伊勢と諸国を巡行した。

伊勢国に来たとき、天照大御神《アマテラスオオミカミ》からこの国に居《お》りたいとの神託《しんたく》があった。その神託のままに**五十鈴**《いすず》**川**《がわ》のほとりに天照大御神《アマテラスオオミカミ》を祀ったのが、内宮の創始である。

その後、雄略《ゆうりゃく》天皇の夢に天照大《アマテラスオオ》御神《ミカミ》が現れて、**大御饌**《おおみけ》（食物）を求められた。そのため丹波国から食物の神である**豊受大神**《トヨウケノオオカミ》が迎えられ、外宮が創祀《そうし》された。

---

* **別宮**：この場合は伊勢神宮において特別な扱いを受けた宮を指す。
* **私幣禁断**：神前に幣帛を捧げるのは天皇に限り、三后や皇太子といえども禁じられてきた。

伊勢神宮関連マップ

元伊勢巡行マップ

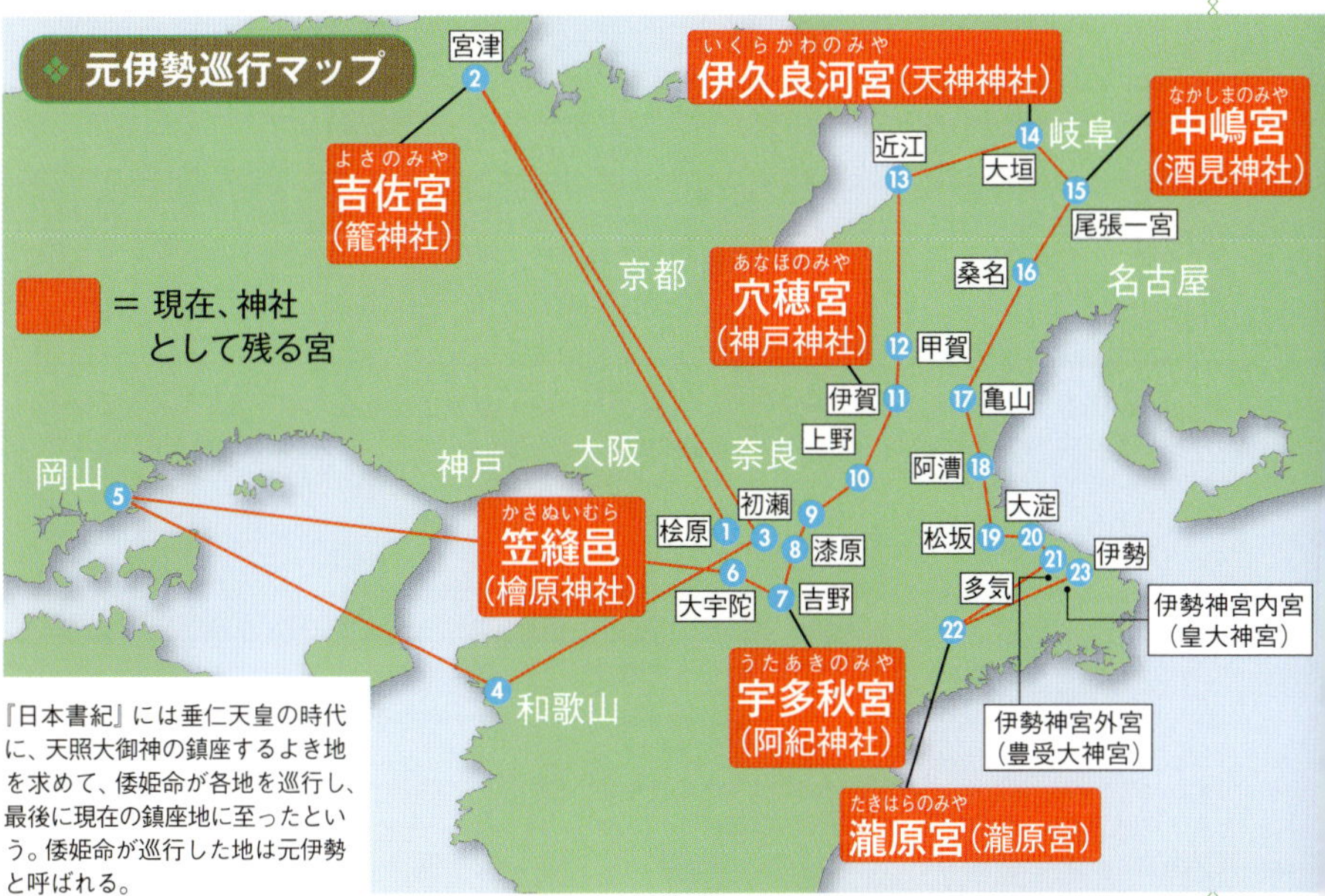

『日本書紀』には垂仁天皇の時代に、天照大御神の鎮座するよき地を求めて、倭姫命が各地を巡行し、最後に現在の鎮座地に至ったという。倭姫命が巡行した地は元伊勢と呼ばれる。

内宮・外宮 境内マップ

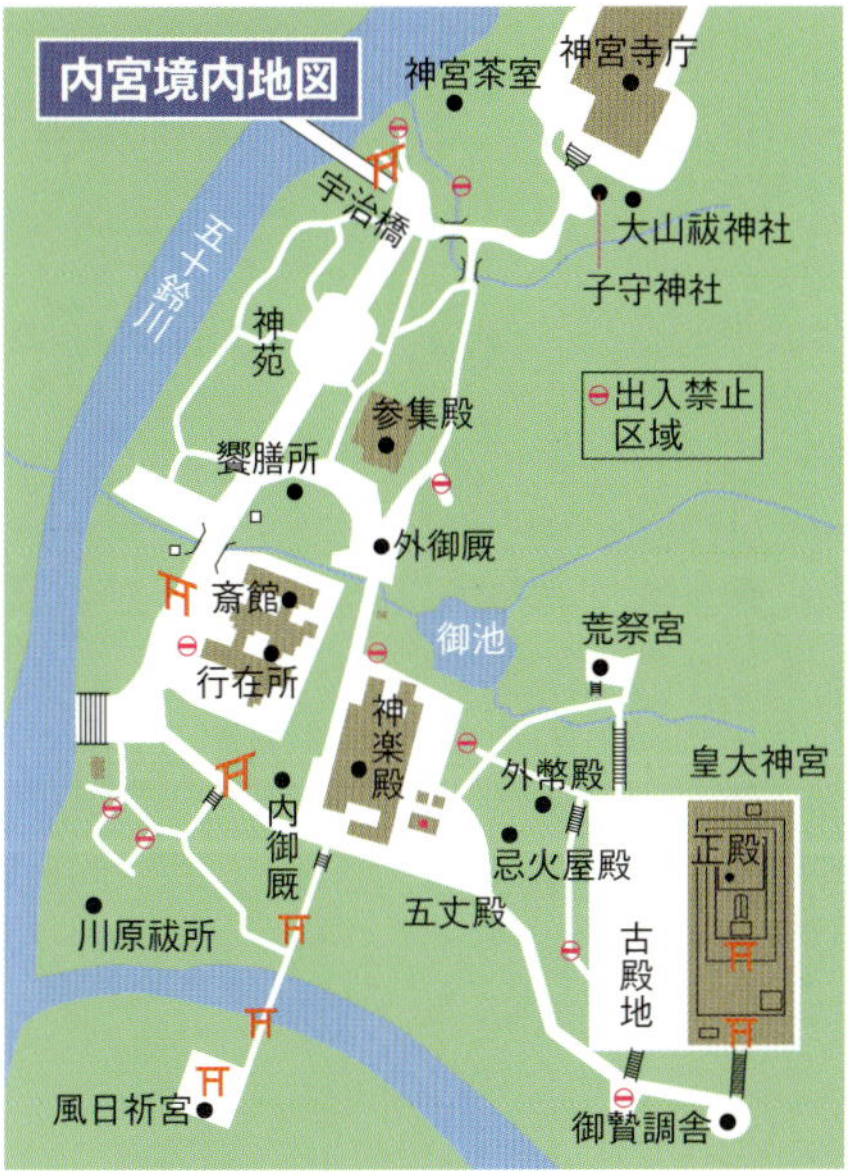

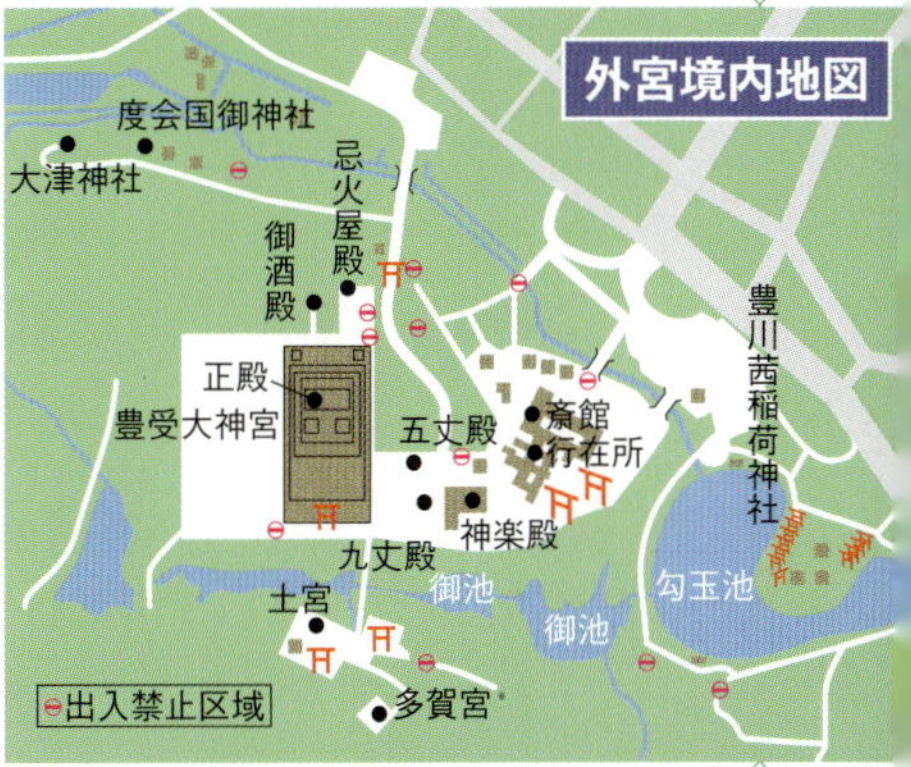

伊勢神宮内宮（皇大神宮）の写真（神宮司庁写真提供）

全国の神社

3 全国の神々が集まる 出雲大社

祭神 大国主大神
住所 島根県出雲市大社町杵築東195
アクセス 一畑電車「出雲大社前」駅より徒歩7分

国譲りの代わりに建てられた社殿

出雲大社は、『**延喜式神名帳**《えんぎしきじんみょうちょう》』には**杵築大社**《きづきのおおやしろ》と記されている。現在の社名に改称されたのは明治四（1871）年のことである。

記紀神話によれば、**素盞嗚尊**《スサノオノミコト》の六世の孫である**大国主神**《オオクニヌシノカミ》（⬇P150）は**葦原中国**《あしはらのなかつくに》で国作りを行ったが、**高天原**《たかまのはら》からの使者の求めに応じてその国を譲った（⬇P130）。その際、千木《ちぎ》が高天原《たかまのはら》に届くほど高々とした天孫《てんそん》の住処と同じぐらい大きな宮を建てることを要求した。こうして造営されたのが、天日隅宮《あめのひすみのみや》で、出雲大社の創祀とされる。

このとき**高天原**《たかまのはら》の主宰神・**天照大御神**《アマテラスオオミカミ》は、国譲りにあたり、第二子の**天穂日命**《アメノホヒノミコト》を**大国主神**《オオクニヌシノカミ》に仕えさせた。その子孫は代々「**出雲国造**《いずものくにのみやつこ》」を名乗り、出雲大社の**宮司職**《ぐうじしょく》を継承している。

さて、十月のことを「**神無月**《かんなづき》」と呼ぶが、出雲地方では「**神在月**《かみありづき》」と呼ぶ。その理由は、全国の神々が出雲に集まり、縁結びの相談をするためだという。毎年、旧暦十月十日には、**稲佐の浜**《いなさのはま》で**神迎え神事**が行われる。

古代の超高層建築だった本殿

出雲大社の**大社造**《たいしゃづくり》は、伊勢神宮の**神明造**《しんめいづくり》と並ぶ最古の神社建築様式である。現在の本殿は、江戸時代の造営で国宝に指定され、高さは、八丈（二十四メートル）ある。一説に平安時代には十六丈（四十八メートル）の高さがあり、さらに古くは三十二丈*（九十六メートル）あったといわれる。東大寺《とうだいじ》大仏殿《ぶつでん》が十五丈（四十五メートル）だった時代に、出雲大社は世界最大規模の木造建築であったのだ。

＊古代の出雲大社の本殿は、これほどの高層建築物があったことは、長らく疑問視されていた。しかし近年直径1.35メートルの杉を３本組みにした鎌倉時代初期造営の本殿の柱が境内から発掘され、一気に信憑性が増した。この高層社殿だが、平安時代には何度も転倒したと伝えられる。

出雲大社関連マップと写真

本殿は、大社造《たいしゃつくり》という古式神社建築様式である。現在の建物は、江戸時代のもので国宝。切妻造《きりつまつくり》で妻入りの建物。一方の拝殿は、昭和の再建で、旧建物は戦国時代の尼子経久《あまこつねひさ》の寄進によるもの。

写真左：出雲大社拝殿／右：出雲大社本殿

上：出雲大社の境内から発掘された宇豆柱《うずばしら》の写真（島根県古代文化センター写真提供）／下：古代の出雲大社本殿復元図（復元：大林組／画：張仁誠）

出雲大社境内マップ

全国の神社

4 大神神社

本殿のない最古の社

祭神 大物主大神、大己貴神、少彦名神

住所 奈良県桜井市三輪1422

アクセス JR三輪駅より徒歩7分、桜井駅（JR・近鉄）よりバス「三輪明神参道口」下車徒歩10分

山を御神体とする日本最古の神社

奈良盆地の中でも秀麗な**三輪山**《みわやま》の麓に鎮座し、日本最古の神社といわれる**大神神社**《おおみわ》。その特徴の一つは本殿をもたないことである。

三輪山そのものが御神体であるといい、これを「**神体山**《しんたいざん》」と呼ぶ。古来、三輪山は**神奈備**《*かんなび》といって神霊の宿る山といわれた。また三輪山の山頂と中腹、山麓には「**磐座**《*いわくら》」と呼ばれる巨石群がある。これは、神が降臨する場所と考えられ、古代には祭祀が行われた。大《おお》神神社《みわ》は、太古の神秘な神祭りの形を今に伝えている。

山を御神体とする考え方は、山や森の聖なる場所に神が宿るという、古代の神信仰の一形態である。現在も大神《おおみわ》神社には拝殿のみで本殿がなく、拝殿の奥の**三輪鳥居**《*みわとりい》（⬇P68）から、山を拝礼する。

また三輪山の祭神は、**大物主大神**《オオモノヌシノオオカミ》である。『古事記』によると、**大国主神**《オオクニヌシノカミ》の国作りを完成した神として登場する。大物主大神《オオモノヌシノオオカミ》は海の彼方からやってきて、「大和を囲む緑の山々の東の山上に、自分の魂を手厚く祀れば、国作りを完成させよう」と申し出たという。大物主大神《オオモノヌシノオオカミ》は三輪山に鎮座し、崇神《すじん》天皇の時代には、大物主大神《オオモノヌシノオオカミ》が自分の子孫である**大田田根子**《おおたたねこ》を神主として祀らせたと伝わる。

大神神社の拝殿。この拝殿から背後の神の鎮まる山を拝礼するという。現在の建物は江戸時代のもので、重要文化財。（大神神社写真提供）

＊ **神奈備**：神が鎮座する場所とされ、特に神聖な森や山を指す。

＊ **磐座**：岩に神を招いてお祭をした場所であり、岩自体も神聖な岩として祀られた。

＊ **三輪鳥居**：三ツ鳥居とも呼び、鳥居を三つ組み合わせた形をし、中央には扉がつく。

全国の神社

5

春日大社

平城京鎮護の社

祭神	武甕槌命、経津主命、天児屋根命、比売神
住所	奈良県春日野町160
アクセス	JR大和路線・近鉄奈良線「奈良駅」からバス15分

平城京の守護社として建てられた

春日大社*の発祥は奈良時代の和銅三（710）年。平城京遷都にあたり、都の守護のため武甕槌《タケミカズチノ》命《ミコト》を鹿島神宮《かしまじんぐう》（茨城県）から御蓋山《みかさやま》に勧請したのが始まりとされる。当初は、社殿がなく、御蓋山《みかさやま》を神山として仰いでいた。現在の地に社殿が造営されたのは神護景雲二（768）年のことという。

春日大社の祭神は武甕槌命《タケミカズチノミコト》、経《フ》*津主命《ツヌシノミコト》、天児屋根命《アメノコヤネノミコト》、比売神《ヒメカミ》の四柱である。武甕槌命《タケミカズチノミコト》は鹿島神宮《かしまじんぐう》の、経津主命《フツヌシノミコト》は香取神宮《かとりじんぐう》の祭神で、いずれも勇猛な武神として知られる。『日本書紀』によれば、武甕槌命《タケミカズチノミコト》と経津主命《フツヌシノミコト》は天照大御神《アマテラスオオミカミ》の使者として高天原から出雲に降り、大国主神に国譲りを承諾させている。

一方、枚岡神社《ひらおかじんじゃ》（大阪府）から勧請《かんじょう》されたのが天児屋根命《アメノコヤネノミコト》と比売神《ヒメカミ》である。天児屋根命《アメノコヤネノミコト》は、天岩屋神話のときに、岩屋の前で祝詞を読むなど祭司の役割を果たした神で、宮廷祭祀を司った中臣氏《なかとみし》（藤原氏）の祖神でもある。

春日大社は平城京鎮護、春日神社の総本社として全国の春日信仰の中心となった。境内には野生の鹿が生息しており、神使《しんし》として、大切にされてきた。

春日大社の中門。本殿の様式は、春日造と呼ばれる。四柱の神を祀るために四棟の御殿が中門の奥東西に並ぶ。（春日大社写真提供）

＊春日大社：現在はユネスコの世界文化遺産に登録されている。
＊経津主命：『日本書紀』にのみ登場する。『古事記』では国譲りを行ったのは武甕槌命だけとされている。

全国の神社

6

賀茂神社

平安時代の祭を伝える

祭神 玉依媛命、賀茂建角身命／賀茂別雷大神

住所 京都市左京区下鴨泉川町59／北区上賀茂本山339

アクセス JR京都駅からバス「下鴨神社前」下車
JR京都駅からバス「上賀茂神社前」下車

平安京の守護神として崇敬を集める

下鴨神社《しもがもじんじゃ》と**上賀茂神社**《かみがもじんじゃ》の正式名は、**賀茂御祖神社**《かものみおやじんじゃ》と**賀茂別雷神**《かもわけいかづちじん》**社**《じゃ》である。これら両社を総称して**賀茂神社**といい、京都最古の神社である。また賀茂神社の祭を**賀茂祭***というが、一般には**葵祭**《あおいまつり》の名で知られている。葵祭は京都三大祭りの一つである。

下鴨神社には、母神である**玉依**《タマヨリ》**媛命**《ヒメノミコト》と祖父の**賀茂建角身命**《カモノタケツヌミノミコト》が祀られ、上賀茂神社には**賀茂別雷大神**《カモノワケノイカズチノオオカミ》が祀られている。賀茂一族の氏神であり、賀茂氏によって代々祀られてきた。

『**山城国風土記**《やましろのくにふどき》』**逸文**《いつぶん》によれば、**玉依媛命**《タマヨリヒメノミコト》が賀茂川で禊をしていると、上流から丹塗矢《にぬりのや》が流れて来た。玉依媛命が、その矢と結婚して生まれたのが、**賀茂別雷大神**《カモノワケノイカズチノオオカミ》である。

京の守護神として皇室の崇敬は厚く、平安京遷都の際には成功祈願が行われている。上賀茂神社は、市内北部の賀茂川の東に、一方の下鴨神社は賀茂川と高野川の合流地点の北に鎮座する。本殿は**流造**《ながれづくり》で国宝である。

上が上賀茂神社、下が下鴨神社。山城国の一宮。世界文化遺産に指定されている。

* **賀茂祭**：平安時代では祭といえば賀茂祭を意味した。源氏物語に登場する賀茂祭は、現在は葵祭の名で知られている。御所での「宮中の儀」、下鴨神社・上賀茂神社に向かう行列の「路頭の儀」そして「社頭の儀」という両社で行われる儀式を中心に、五月の一カ月に及ぶ祭礼である。

全国の神社

7

鹿島神宮

国譲りで活躍した神を祀る

祭神 武甕槌大神
住所 茨城県鹿嶋市宮中2306−1
アクセス JR鹿島神宮駅から徒歩7分

東の守りを固めるべく日本屈指の武神を祀る

鹿島神宮《かしまじんぐう》の祭神は、記紀の中でも武勇の誉れ高い**武甕槌大神**《タケミカズチノオオカミ》である。この神は天照大御神《アマテラスオオミカミ》の神勅《しんちょく》を受けて**大国主神**《オオクニヌシノカミ》に**国譲り**を迫った。そのとき、大国主神《オオクニヌシノカミ》の御子の**建御**《タケミ》**名方神**《ナカタノカミ》が抵抗したが、屈服させ、国譲りを成功に導いたのが、武甕《タケミカ》槌大神《ズチノオオカミ》である（⬇P130）。

常陸国一宮として関東有数の由緒を誇る、鹿島神宮の創建は神武《じんむ》天皇元（紀元前660）年。**神武天皇**が東征の折、熊野で難局に陥った。そのとき武甕槌大神《タケミカズチノオオカミ》が高《タカ》倉下《クラジ》を通じて天皇に**神剣**を授けた。その恩に感謝した天皇は、この地に武甕槌大神《タケミカズチノオオカミ》を祀ったのが始まりだという。

この地は、かつて**蝦夷平定**《エミシ》の最前線基地でもあった。朝廷はこの地に日本屈指の軍神を鎮座させることで、東方の守りとしたのである。鹿島神宮は朝廷の守護神として崇敬され、歴代の権力者にも幅広く信仰された。

なお、『日本書紀』には、武甕《タケミカ》槌大神《ズチノオオカミ》とともに、**経津主神**《フツヌシノカミ》という神が国譲りの交渉にあたったと記されている。この経津主神《フツヌシノカミ》を祀るのが、鹿島神宮とは利根川を挟んで相対する位置にある**香取神宮**《かとりじんぐう》*である。よって二神は、今も力を合わせて、東方の守りを固めている。

鹿島神宮の本殿は、江戸時代のもので重要文化財に指定されている。三間社流造の様式。（鹿島神宮写真提供）

＊**香取神宮**：利根川下流の南岸に鎮座する。下総国一宮である。武甕槌神と同じく武神として崇拝された経津主神を祀る。東国守護の武神として、武家からの尊敬が厚かった。現在の本殿は江戸幕府五代将軍・徳川綱吉によって造営されたものである。

全国の神社

8

石清水八幡宮

国家鎮護の神として祀られた

祭神 応神天皇（誉田別尊）、比咩大神（宗像三女神）、神功皇后（息長帯比賣命）

住所 京都府八幡市八幡高坊30

アクセス 京阪電車「八幡市」駅から男山ケーブルに乗り換え「男山山上」駅下車徒歩5分

伊勢神宮に次ぐ国家の第二の宗廟

石清水八幡宮の本殿には**応神天皇**（**誉田別尊**《ホンダワケノミコト》）を祀る。一般的に八幡神社では、応神天皇とその母神の**神功**《じんぐう》**皇后**、**比咩大神**《ヒメノオオカミ》の三柱を祀り、「八幡神」と総称する。

当宮は、平安時代初期の貞観元（859）年、南都**大安寺**《だいあんじ》の僧・**行教**《ぎょうきょう》が**宇佐八幡宮**《うさはちまんぐう》（➡P170）に参詣したとき、「吾《わ》れ都《みやこ》近き男山《おとこやま》の峯《みね》に移座して国家を鎮護せん」という神託が下ったのを受けて、翌貞観二年、京都府南部にある**男山**《おとこやま》に社殿を造営したのが起源である。

その八十年後、都を揺るがす大事件が起こる。天慶二（939）年に平将門《たいらのまさかど》・藤原純友《ふじわらすみとも》の乱が勃発。朝廷は石清水八幡宮に勝利を祈願した。それにより乱が速やかに平定されたことから、当宮への崇敬がさらに高まった。

そして石清水八幡宮は伊勢神宮に次ぐ**国家の第二の宗廟**《そうびょう》*として崇められ、天皇や上皇も石清水に**行幸**《ぎょうこう》を重ねた。九月十五日の**石清水祭**《いわしみずさい》は、**賀茂祭**《かもさい》（賀茂社）・**春日祭**《かすがさい》（春日大社）とともに「**日本三大勅祭**《ちょくさい》」の一つである。

また、平安時代末期の武将・**源**《みなもとの》***義家**《よしいえ》は七歳の春、当宮神前で元服し「**八幡太郎**《はちまんたろう》」と称した。以後、八幡大神は武神として源氏に厚く信仰された。

石清水八幡宮の本殿と楼門。社殿は、平安後期から室町後期にかけて三度焼失した。現在の社殿は寛永十一（1634）年造営。重要文化財。

＊**宗廟**：皇室の祖先を祀る御霊屋を意味する。石清水八幡宮は、応神天皇など朝廷の祖神を祀る「太祖《タイソ》」であるため、「天下第二の宗廟」と呼ばれる。

＊**源義家**：東国に源氏の勢力根拠を固めた平安時代後期に活躍した武将。源頼朝の祖先にあたる。

全国の神社

9

鶴岡八幡宮

鎌倉幕府の精神的支柱となった

祭神 応神天皇、比売神、神功皇后
住所 神奈川県鎌倉市雪ノ下2−1
アクセス JR横須賀線・江ノ島電鉄「鎌倉」駅から徒歩10分

源氏が厚く信仰した武家の守護神

国家鎮護《こっかちんご》に霊験《れいげん》があるとされた八幡神に対する信仰（➡P170）は、朝廷から武士へと広がった。**奥州《おうしゅう》平定**を命じられた***源頼義《みなもとのよりよし》**は、出陣に際し、京都の**石清水八幡宮《いわしみずはちまんぐう》**に加《か》護《ご》を祈り、凱旋した頼義《よりよし》は、康平六（1063）年、鎌倉の由比《ゆい》ヶ浜《はま》に石清水八幡宮を源氏の氏神として勧請した。これが**鶴岡八幡宮《つるがおかはちまんぐう》**の創始である。

その後、治承四（1180）年、**源頼朝《みなもとのよりとも》**は、由比ヶ浜の八幡宮を現社地に遷し、さらに建久二（1191）年、現在見るような上下両宮の姿となり、当宮は**関東の総鎮守**と位置づけられ、鎌倉幕府の宗社として精神的支柱であった。鶴岡八幡宮は源氏の**氏神《うじがみ》**であるのみならず、武家の守護神として広く崇敬を集めた。

江戸時代に、徳川幕府の庇護を受けて社殿の整備が進んだ。現在の本宮は、第十一代将軍**徳川家斉《とくがわいえなり》**の造営で、若宮（下宮）とともに国の重要文化財に指定されている。

境内には源氏ゆかりの史跡が多い。源頼朝《みなもとのよりとも》・**実朝《さねとも》**を祀る**白旗神社《しらはたじんじゃ》**、***静御前《しずかごぜん》**が**義経《よしつね》**への思いを込めて舞った若宮の回廊跡に建てられた舞殿、頼朝が妻・**政子《まさこ》**の安産を祈ったといわれる「**政子石《まさこいし》**」などがある。

鶴岡八幡宮楼門。重層入母屋造で、江戸時代の建物。扁額の「八」の字は鳩が二羽向かい合った形で表わされている。（鶴岡八幡宮写真提供）

＊**源頼義**：平安時代中期の武将。平忠常の乱を鎮定して、東国支配の拠点を作った。
＊**静御前**：平安時代末期の白拍子。源義経が追われる身になると源頼朝に捕らえられ、鶴岡八幡宮の社前で義経を慕って舞を舞った。

全国の神社

10

嚴島神社

平家が尊崇した海上神殿

祭神 市杵嶋姫命、田心姫命、湍津姫命

住所 広島県廿日市市宮島町1−1

アクセス JR山陽本線宮島口駅より連絡船乗車10分

神の島に造営された海上の社殿

日本三景の一つで、世界文化遺産にも登録された「**安芸《あき》の宮島《みやじま》**」、そこに鎮座するのが**嚴島神社《いつくしまじんじゃ》**である。古来、宮島は島全体が神の島とみなされていた。潮が満ちると、神殿が海上に浮かんでいるように見える。

推古天皇元（593）年、土地の豪族・**佐伯鞍職《さえきくらもと》**が神託により社殿を造営。ついで仁安三（1168）年、**平清盛《たいらのきよもり》**の援助を得て**佐伯景弘《さえきかげひろ》**が現在のような社殿を造営した。本殿や平舞台、高舞台などを回廊で結ぶという優美な海上建築が完成したのである。

祭神は**市杵嶋姫命《イチキシマヒメノミコト》**、**田心姫命《タゴリヒメノミコト》**、**湍津姫命《タギツヒメノミコト》**であり、古来、海上守護の女神として信仰されてきた。瀬戸内海航路を掌握して**日宋貿易《にっそうぼうえき》**を進めた**平家**にとって、航海安全を守護してくれる嚴島神社への参詣は欠くべからざるものであった。こうして嚴島神社は、平清盛の信仰を得て大いに栄えた。

弘治元（1555）年に**毛利元就《もうりもとなり》**が**厳島《いつくしま》の合戦**で勝利すると、毛利氏もまた嚴島神社を深く崇敬し、保護を受けた。**豊臣秀吉《とよとみひでよし》**も武運を祈願するとともに、**千畳閣《せんじょうかく》***（大経堂）の建立を命じている。

大鳥居方面から望む嚴島神社の本殿。現在の建物は、鎌倉時代から桃山時代にかけて建造されたもので国宝。（宮島観光協会写真提供／撮影：新谷孝一）

＊**千畳閣**：現在は厳島神社の末社、豊国神社となっている。豊臣秀吉が戦歿将兵の慰霊のために大経堂として建立した。秀吉の死により工事が中止されて、未完成のまま残る。全部畳を敷くと857畳にもなる巨大な建築物。

全国の神社 11

西宮神社

商売繁盛の恵比寿様の総本社

祭神 蛭児大神（西宮大神）、天照皇大神、大国主大神、須佐之男大神
住所 兵庫県西宮市社家町1－17
アクセス 阪神電鉄西宮駅より徒歩5分

「えべっさん」と親しまれる恵比寿神社の総本社

西宮神社《にしのみやじんじゃ》には蛭児大神《エビスノオオカミ》を祀る。商売繁盛にご利益のある神で、一般庶民からは「**西宮のえべっさん**」と呼ばれて親しまれている。

「恵比寿神《エビスノカミ》」は元来、海の神・漁業の神で、異郷から漂着して福をもたらしてくれると信じられたが、後に、神話に登場する**水蛭児神**《ヒルコノカミ》（➡P146）と同一視されるようになる。

その水蛭児神《ヒルコノカミ》は**伊耶那岐神**《イザナキノカミ》・**伊耶那美神**《イザナミノカミ》の最初の子として生まれたが、不具の子であったので**葦船**《あしふね》に入れられて海へ流された。その後、西宮の地に流れ着き「**恵比寿**《えびす》*」として祀られ、ついには**西宮大神**《ニシノミヤノオオカミ》（蛭児大神）と尊称された。

創祀は不明だが、すでに平安時代に廣田《ひろた》神社の摂社《せっしゃ》の南宮《なんぐう》が現社地にあり、境内に**戎社**《えびすしゃ》が鎮座していた。ここから恵比寿信仰が盛んになり西宮が形成されたという。

西宮神社の恵比寿信仰を全国に広めたのは**傀儡師**《くぐつし》*で、彼らは室町時代に入ると、各地を巡遊して人形操りを演じ、福の神・恵比寿の神徳を説いて回ったという。

また毎年一月九日からの三日間、**十日えびす**《とおか》が行われる。「開門神事福男選び」では、大太鼓を合図に、参拝者が本殿をめざして一斉に駆け出し、一番福をとった者がその年の「**福男**《ふくおとこ》」と呼ばれる。

西宮神社本殿。春日造の社殿を三棟連結した形になっている。三連春日造という。昭和二十（1945）年に焼失した旧国宝を昭和三十六（1961）年に復元。（西宮神社写真提供）

＊**恵比寿**：水蛭児神が流された葦の船は、復活・再生を願う意味を持つ。足が萎えた水蛭子神は、漂流の末、龍宮へ行き、その後、西宮にたどりつき恵比寿神として祀られた。

＊**傀儡師**：操り人形の人形劇を行う芸能集団。芸人として、諸国を回った。

全国の神社

⑫

霊峰富士を御神体とする
富士山本宮浅間大社

祭神 木花之佐久夜毘売命（浅間大神）
住所 静岡県富士宮市宮町1－1
アクセス JR身延線「富士宮」駅から徒歩10分

富士山の神霊をまつる浅間信仰の総本社

古来富士山は神が宿る聖なる山といわれ、『**万葉集**《まんようしゅう》』などにも富士山を詠んだ歌が多い。その霊峰**富士の神霊**を祀るのが**富士山本宮**《ふじさんほんぐう》**浅間大社**《せんげんたいしゃ》であり、多くの浅間神社の総本社といわれている。

社伝によれば、第七代孝霊《こうれい》天皇の御代に富士山が大噴火し、それを鎮めるため、第十一代垂仁《すいにん》天皇三（前27）年に、富士山麓の「山足の地」に**浅間大神**《アサマノオオカミ》を祀った。これが当大社の創始という。

大同元（806）年、*****坂上田村麻呂**《さかのうえのたむらまろ》は、現在ある富士宮市の地に社殿を造営し、「山足の地」より神霊を遷祀《せんし》した。富士山の美しい姿から神話に登場する**木花佐久夜毘売**《コノハナノサクヤビメ》（➡P152）と浅間大神とが同一視されるようになった。

また当社に対する朝廷や武家の崇敬は厚く、現在の社殿は**徳川家康**が造営したものである。江戸時代に入ると、庶民の間で富士登山が流行し、各地に浅間神社が勧請された。

左：『富士曼荼羅図』／右：富士山本宮浅間大社社殿。富士山本宮浅間大社は、多くの人々からの信仰がある。（ともに富士山本宮浅間大社写真提供）

＊**坂上田村麻呂**：平安時代の武官。征夷大将軍として、敵対する陸奥国の蝦夷討伐に功績を残した。

全国の神社

13

延命長寿の霊験で知られる
多賀大社

祭神 伊邪那岐大神、伊邪那美大神、瓊々杵尊、大山祇神

住所 滋賀県犬上郡多賀町多賀604

アクセス 近江鉄道多賀線「多賀大社前」駅より徒歩10分

国生み・神生みの祖神を祀る古社

多賀大社《たがたいしゃ》は古くから「**お多賀**《たが》**さん**」の名で親しまれてきた。祭神は日本の国土や神々を生んだ**伊邪那岐大神**《イザナキノオオカミ》・**伊邪那美大神**《イザナミノオオカミ》（⬇P146）の二柱である。滋賀県における最も有名な古社であり、今も多くの人々の崇敬を集めている。奈良時代初期に成立した『**古事記**』によると、「伊邪那岐大神《イザナキノオオミカミ》は淡海《あふみ》の多賀《たが》に坐《いま》すなり」と見える。

この神社は、長らく**神仏習合**《しんぶつしゅうごう》（⬇P26）の強い影響下にあった。室町時代中期には、天台宗の不動院《ふどういん》が**神宮寺**《じんぐうじ》*として栄え、その神宮寺配下の社僧や坊人たちが全国を行脚《あんぎゃ》して多賀信仰を広めた。結果、多賀は伊勢や熊野に劣らず、多くの参詣者を集めることとなった。「お伊勢参らばお多賀へ参れ　お伊勢お多賀の子でござる」という俗謡《ぞくよう》からも、その隆盛ぶりがわかる。

多賀大社の**延命長寿の霊験***はよく知られている。長寿祈願の縁起物として有名なのは「**お多賀杓子**《たがしゃくし》」である。その由来は古く、奈良時代のこと、**元正天皇**《げんしょうてんのう》*の病気平癒《びょうきへいゆ》を祈っておこわを炊き、シデの木で作った杓子と一緒に奉納したところ、天皇の病気が全快したという。その故事にちなんだ木製のしゃもじが、今も長寿のお守りとして参詣者の人気を集めている。

多賀大社社殿。現在の社殿は、一部は江戸期のもので、残りの部分は昭和七（1932）年の再建。（多賀大社写真提供）

＊**神宮寺**：神仏習合思想に基づいて、神社に附属して作られた寺院のこと。宮寺とも。
＊**延命長寿の霊験**：拝殿東回廊脇に、延命長寿にご利益のある寿命石が置かれている。
＊**元正天皇**：奈良時代初期の女帝。のちの聖武天皇がまだ幼かったために即位した。

全国の神社

14

氷川神社

武蔵国鎮護の勅祭社

祭神　須佐之男命、稲田姫命、大己貴命

住所　埼玉県さいたま市大宮区高鼻町1－407

アクセス　JR埼京線大宮駅から徒歩20分

出雲神話ゆかりの神々を祀る関東の古社

氷川神社《ひかわ》は、**武蔵国一宮**《むさしのくにいちのみや》であり、**勅祭**《ちょくさい》の社《やしろ》である。東京・埼玉・神奈川県を中心として**勧請**《かんじょう》*され、その数は二百八十社を数える氷川神社の総本社である。

氷川神社の創建は今より二千有余年、孝昭《こうしょう》天皇の治世と伝えられ、のちの成務《せいむ》天皇の治世に武蔵の**国造**《くにのみやつこ》（地方官）となった出雲国の**兄多毛比命**《エタモヒノミコト》が一族を連れてこの地に移住し、**杵築大社**《つづきたいしゃ》（現在の**出雲大社**）の分霊を勧請《かんじょう》したことが始まりという。氷川神社という社名は、出雲の**簸川**《ひかわ》の名前にちなんで名付けられたとも伝えられる。

そのため、氷川神社の祭神は出雲神話で有名な**須佐之男命**《スサノオノミコト》とその妻の**稲田姫命**《イナダヒメノミコト》、そして須佐之男命《スサノオノミコト》の子孫である**大己貴命**《オオナムジノミコト》である。また「**大宮**《おおみや》」の地名は、この氷川神社が「大いなる宮居」と称えられたことに由来するという。

氷川神社は、古くから朝廷や武将たちの信仰を集めてきた。古代、**倭建命**《ヤマトタケルノミコト》が東征すると、この地に留まり祈願したと伝わる。鎌倉時代には**源頼朝**《みなもとのよりとも》が社殿の再建と社領の寄進を行い、戦国時代には、**足利**《あしかが》**氏**、**北条氏**《ほうじょう》が崇敬した。

江戸時代、徳川幕府が社領の寄進や社殿の造営を行っている。その後、明治元（1868）年に**明治天皇**が氷川神社に行幸《ぎょうこう》して當《とう》国総鎮守《ごくのそうちんじゅ》**勅祭の社***に定められた。

氷川神社社殿。本殿は流造で銅板葺き。拝殿は入母屋造である。現在の社殿は昭和十五（1940）年に造営された。（氷川神社写真提供）

＊**勧請**：ある神社の神霊を分霊して、他の神社に移して祀ること。

＊**勅祭の社**：鎮守とは一定の地域を守護する神のこと。勅祭とは天皇の使者が派遣されて行われる神社の祭祀のこと。

全国の神社

15

徳川家康を神として祀る
日光東照宮

祭神　東照大権現（徳川家康）
住所　栃木県日光市山内2301
アクセス　JR東武日光駅からバス「西参道」下車徒歩10分

豪華な彫刻で飾られた陽明門が有名

日光東照宮《にっこうとうしょうぐう》の正式名称は「東照《とうしょう》宮《ぐう》」だが、全国にある東照大権現《とうしょうだいごんげん》を祀る東照宮《とうしょうぐう》の総本社であり、他の東照宮《とうしょうぐう》と区別するために日光東照宮と呼ばれる。これ以外の東照宮は、静岡県の久能山東照宮《くのうざんとうしょうぐう》や群馬県の世良田東照宮《せらだとうしょうぐう》などが有名だ。

祭神の徳川家康《とくがわいえやす》は、「私の遺体は久能山《くのうざん》*に収め、一周忌が過ぎたら日光山に小さな堂を建てて勧請《かんじょう》し、神として祀るようにせよ。そうすれば私は、関八州《かんはっしゅう》（関東）の鎮守となるだろう」と言い残して死去した。

一年後、朝廷から東照大権現《とうしょうだいごんげん》の神号を贈られ、家康の遺体は、久《く》能山《のうざん》から日光の地に改葬された。このとき、天海《てんかい》の山王一実神道《さんのういちじつしんとう》（↓P38）で祀られた。

この「大権現《だいごんげん》」の神号《しんごう》は、神仏《しんぶつ》習合《しゅうごう》の影響を受けている。仏が神の姿になり現れた本地垂迹説《ほんじすいじゃくせつ》（↓P26）により、家康は、薬師如来《やくしにょらい》の仮の姿とされた。

絢爛《けんらん》豪華な御本社は権現造《ごんげんづくり》（↓P63）と呼ばれ、江戸幕府三代将軍・家光《いえみつ》の代に造られたものである。有名な彫刻家・左甚五郎《ひだりじんごろう》作の「眠り猫」や「三猿」など極彩色の彫刻で飾られ、彫刻は全部で五百七十三体にものぼり、そのうち陽明門《ようめいもん》*だけで五百八体もある。

日光東照宮社殿。本殿、拝殿、陽明門などが国宝。平成十一（1999）年にユネスコの世界文化遺産に登録された。（日光東照宮写真提供）

＊ **久能山**：静岡県静岡市駿河区にある。現在は、久能山東照宮が鎮座する。
＊ **陽明門**：東の正門。日光東照宮の陽明門は、工芸、装飾の粋が凝縮され、一日中見ても見飽きないことから「日暮の門」と呼ばれる。

全国の神社

16 鹽竈神社

東北鎮護の武神と安産の神

祭神 鹽土老翁神、武甕槌神、経津主神
住所 宮城県塩竈市一森山1−1
アクセス JR仙石線本塩釜駅から徒歩15分

安産の神と武神を併せて祀る社

鹽竈神社《しおがまじんじゃ》は、**陸奥国一宮**《むつのくにいちのみや》で、全国の鹽竈《しおがま》神社の総本社である。また農耕守護神の志波彦《しわひこ》神社が、右側境内に鎮座している。奈良時代、近隣の多賀城《たがじょう》に**国府**《こくふ》・**鎮守府**《ちんじゅふ》が置かれたため東北鎮護の神とされ、古来、朝廷や武家、庶民の崇敬を集めた。中でも**奥州藤原氏**《おうしゅうふじわら》や仙台藩**伊達氏**《だて》が厚く尊崇した。

鹽竈《しおがま》神社の祭神は、『古事記』の山幸彦《ヤマサチヒコ》・海幸彦《ウミサチヒコ》の神話（➡P134）に登場する、**鹽土老翁神**《シオツチオジノカミ》（**塩椎神**《シオツチノカミ》）と大国主神《オオクニヌシノカミ》を説得して国譲《くにゆず》り（➡P130）を遂行した**武甕槌神**《タケミカヅチノカミ》・**経津主神**《フツヌシノカミ》である。

中でも鹽土老翁神《シオツチオジノカミ》は、国譲りの後、東北地方平定の役割を担った武甕槌神《タケミカヅチノカミ》と経津主神《フツヌシノカミ》を先導したといわれている。鹽土老翁神《シオツチオジノカミ》は、奥州平定の後もこの地に留まり、人々に製塩方法を教えた。

そのため、鹽竈神社《しおがまじんじゃ》は導きの神とされ、また潮の満ち引きを司る神であることから海上安全の神、さらに安産守護の神として全国より信仰されている。

鹽竈神社《しおがまじんじゃ》の社殿*は、唐門を入った右手に鹽土老翁神《シオツチオジノカミ》を祀る別宮本殿と拝殿、正面に武甕槌神《タケミカヅチノカミ》と経津《フツ》主神《ヌシノカミ》を祀る左右二棟の本殿と棟の拝殿があり、**三本殿二拝殿一棟**という全国でも珍しい建築様式だ。

鹽竈神社の社殿。社殿は伊達藩主により慶長の造営、寛文の造営、元禄の造営と、何度も造営を繰り返した。(鹽竈神社写真提供)

＊ **社殿**：社殿の配置は、元禄の造営の際、武士の守護神たる武甕槌神と経津主神を仙台城の方角に向け、伊達家藩主が城から遥拝できるようにし、鹽土老翁神は海難を背負っていただくことを願い海に背を向けて造営したとされる。

全国の神社

17

宗像大社

海の三女神を祀る社

祭神 田心姫神、湍津姫神、市杵島姫神
住所 福岡県宗像市田島2331
アクセス JR鹿児島本線東郷駅から西鉄バスで「宗像大社」前下車

交通安全の神様としてドライバーに人気

宗像大社《むなかたたいしゃ》は全国に約六千四百社余りある宗像神を祀る神社の総本宮であり、**嚴島神社**《いつくしまじんじゃ》（⇒P200）の元宮ともいう。宗像大社は、九州本土と朝鮮半島を結ぶ、玄海灘《げんかいなだ》洋上約六十キロに浮かぶ絶海の孤島**沖ノ島**（**沖津**《おきつ》**宮**《ぐう》・**田心姫神**《タゴリヒメノカミ》）、海岸約十キロ沖合にある**大島**《おおしま》（**中津宮**《なかつぐう》・**湍津姫神**《タギツヒメノカミ》）、宗像本土の**田島**《たしま》（**総社辺津宮**《へつぐう》・**市杵島**《イチキシマ》**姫神**《ヒメノカミ》）の三宮を総称している。

この三女神（宗像三女神）は、**素戔嗚尊**《スサノオノミコト》が**天照大御神**《アマテラスオオミカミ》に身の潔白を証明するために行った**誓約**《うけい》で生まれ（⇒P122）、天照大御神より「朝鮮半島へと続く要衝に降臨し、皇室を守護し厚いお祀りを受けよ」と**神勅**《しんちょく》を受けた。

『日本書記』では、「**道主貴**《みちぬしのむち》」と称され、あらゆる「道」を司る神として厚い崇敬を受ける。日本が近代化してからは鉄道関係者が、昭和三十年代から自動車が普及すると自動車の安全祈願が増加し、今日北部九州では**交通安全の神社**として知られている。

また長女神を祀る「沖ノ島」には住人はなく、神職がたった一人十日交代で勤務、女人禁制などの掟によって守られている。昭和二十九年から発掘調査で、八万点にのぼる貴重な宝物が発見され、「**海の正倉院**《しょうそういん》」*とも称されている。

総社辺津宮の本殿と拝殿。桃山時代の建築で重要文化財。奥にある高宮祭場は、宗像大神が降臨した場所と伝えられる。(宗像大社写真提供)

＊**海の正倉院**：発掘調査で発見された金製指輪、銅鏡、勾玉など８万点にもおよぶ貴重な宝物は、すべて国宝。また、同島は現在「沖ノ島と関連遺産群」として世界遺産暫定リストに記載されている。

全国の神社

18 神話の中に見える神社

記紀に登場する神社が残る

記紀神話の舞台となった神社

全国各地には、『古事記』『日本書紀』の神話にゆかりの深い神社が数多く存在する。国生み・神生みを終えた**伊耶那岐神**《イザナキノカミ》は、最初に生み落した淡路島の多賀に**幽宮**《かくりのみや》（終の住処）を構えた。この幽宮《かくりのみや》の跡に創建されたと伝えられるのが、兵庫県淡路市多賀に鎮座する**伊弉諾神宮**《いざなきじんぐう》である。

さて、記紀で有名なのは**天岩屋**《あまのいわや》**神話**のエピソードだ。この天岩屋の舞台とされているのが、宮崎県高千穂町にある**天岩戸神社**《あまのいわと》である。岩戸川を挟んで、東本宮と西本宮がある。西本宮は本殿がなく、断崖中腹に「天岩屋戸」と呼ばれる岩窟があり、岩窟をご神体としている。

また島根県の**八重垣**《やえがき》**神社**[*]は、**素戔嗚尊**《スサノオノミコト》（➡P148）とその妻・**稲田姫命**《イナダノヒメノミコト》を祀る神社であり、縁結びの神社として人気が高い。

天孫降臨の舞台とされる神社は二つある

天孫降臨《てんそんこうりん》（➡P132）の場所については、宮崎県高千穂町と鹿児島県霧島市などの説がある（➡P133）。

前者の宮崎県高千穂町説では、同町にある**高千穂神社**《たかちほ》には、高千穂皇神と総称される**瓊々芸命**《ニニギノミコト》と妻・**木花佐久夜毘売**《コノハナノサクヤビメ》に始まる三代の神々と、その子孫で十社大明神と総称される神々が祀られている。

後者の鹿児島県霧島市説によれば、瓊々芸命《ニニギノミコト》は、**霧島神宮**《きりしまじんぐう》の背後にそびえる**高千穂峰**に降臨したとされる。その山頂にある「**天逆鉾**《あまのさかほこ》」は、瓊々芸命《ニニギノミコト》が降臨の際に突き立てたと伝えている。

上記で記した以外にも記紀に登場する神々の聖跡が各地残っている。たとえば、天孫降臨の道案内をした**猿田毘古神**《サルタビコノカミ》は、現在、三重県伊勢市に伊勢神宮の内宮と外宮のちょうど中間に鎮座している**猿田彦**《さるたひこ》**神社**に祀られている。

＊ **八重垣神社**：本殿の中には６神像を描いた壁画があり、現在は宝物館で保管している。その中の素戔嗚尊と稲田姫命を描いたものが有名である。

神話の中で登場する神社

① 八重垣神社《やえがきじんじゃ》

【島根県松江市】

素盞鳴尊《スサノオノミコト》と稲田姫命《イナダノヒメノミコト》の故事から縁結びとして有名。

② 伊弉諾神宮《いざなぎじんぐう》

【兵庫県淡路市】

伊耶那岐神が鎮座した故事にちなむ。

③ 猿田彦神社《さるたひこじんじゃ》

【三重県伊勢市】

天孫降臨《てんそんこうりん》の際に、先導役となった猿田毘古神《サルタビコノカミ》を祀る。

④ 高千穂神社《たかちほじんじゃ》

【宮崎県高千穂町】

天孫降臨伝承が伝わり邇《ニ》々芸命《ニギノミコト》を祀った神社。

⑤ 霧島神宮《きりしまじんぐう》

【鹿児島県霧島市】

背後の高千穂峰の頂上には天逆鉾がある。

⑥ 天岩戸神社《あまのいわとじんじゃ》

【宮崎県高千穂町】

西本宮からの対岸の天岩戸を遥拝できる。

伊弉諾神宮、猿田彦神社、高千穂町観光協会、霧島神宮、天岩戸神社写真提供

全国の神社

19 諸国の一宮

その国で最も格式の高い神社

平安時代に選定された「国内第一位の神社」

一宮《いちのみや》とは、その国で最も格式が高い**第一位の神社**のことである。一宮制の成立は平安時代後期（十一世紀後半）にさかのぼる。**律令制**《りつりょうせい》に基づく**神祇制度**《じんぎせいど》が確立し、各国（**令制国**《*りょうせいこく》）で**国司**《こくし》が参拝する神社が定められ、それらの神社を巡拝するのが国司の重要な職務であった。このとき、その国で最も格式が高く、国司が最初に参拝すべき神社として定められたのが、**一宮**《いちのみや》である。

一宮《いちのみや》の選定にあたっては、**延喜式**《えんぎしき》**『神名帳』**《じんみょうちょう》に記載の**式内社**《しきないしゃ》（➡P54）から、その国で最も崇敬を集めている格式の高い神社が選ばれるのが通例であった。また一宮《いちのみや》の多くは、**近代社格制度**《きんだいしゃかくせいど》においても、**官国幣社**《かんこくへいしゃ》や**国幣大社**《こくへいたいしゃ》に列せられた。

一宮《いちのみや》は一国の**総鎮守**《そうちんじゅ》として重んじられ、地域によっては一宮《いちのみや》のほかに、二宮《にのみや》、三宮《さんのみや》が定められることもあった。

なお、その国に鎮座する諸社の神々を一カ所に集めて勧請した神社を**総社**《そうしゃ》という。また一宮《いちのみや》が総社《そうしゃ》を兼ねた場合もある。

由緒や逸話に事欠かない全国の一宮

かつて一宮《いちのみや》は、六十八州と二つの島に一社ずつ存在していた。しかし時代の推移とともに、現在は交替したり、また一つの国に複数の一宮《いちのみや》が所在するように変化した国もある。

各国の一宮《いちのみや》の例を挙げてみると、能登《のと》国の**氣多大社**《けたたいじゃ》、尾張《おわり》国の**真清田神社**《ますみだ》、備中《びっちゅう》国の**吉備津神社**《きびつ》、伊予《いよ》国の**大山祇神社**《おおやまづみ》、相模《さがみ》国の**寒川神社**《さむかわ》などであり、その国で厚く信仰される、神格の高い土着の神々が祀られている。

また出雲大社や諏訪大社、香取神宮など記紀神話の神を祀る有名な神社も多数、一宮《いちのみや》に定められている。

＊ **令制国**：律令制に基づいて定められた地方の行政区分。たとえば、東京は武蔵国、京都は山城国、大阪は河内国（現在の都道府県と完全に一致しない）といった形で全部で六十八州に分割された。現代では「旧国名」と呼ばれる。

諸国の一宮❶

氣多大社写真提供

24 氣多大社《けたたいしゃ》

56 吉備津神社《きびつじんじゃ》

吉備津神社写真提供

62 大山祇神社《おおやまづみじんじゃ》

大山祇神社写真提供

32 真清田神社《ますみだじんじゃ》

真清田神社写真提供

16 寒川神社《さむかわじんじゃ》

寒川神社写真提供

① 鹽竈神社《しおがまじんじゃ》（宮城県）	⑪ 氷川神社《ひかわじんじゃ》（埼玉県）
② 鳥海山大物忌神社《ちょうかいさんおおものいみじんじゃ》（山形県）	⑫ 香取神宮《かとりじんぐう》（千葉県）
③ 伊佐須美神社《いさすみじんじゃ》（福島県）	⑬ 玉前神社《たまさきじんじゃ》（千葉県）
④ 都都古別神社《つつこわけじんじゃ》（馬場）（福島県）	⑭ 安房神社《あわじんじゃ》（千葉県）
⑤ 都都古別神社《つつこわけじんじゃ》（八槻）（福島県）	⑮ 鶴岡八幡宮《つるがおかはちまんぐう》（神奈川県）
⑥ 石都々古和気神社《いわつつこわけじんじゃ》（福島県）	⑯ 寒川神社《さむかわじんじゃ》（神奈川県）
⑦ 鹿島神宮《かしまじんぐう》（茨城県）	⑰ 浅間神社《あさまじんじゃ》（山梨県）
⑧ 日光二荒山神社《にっこうふたらさんじんじゃ》（栃木県）	⑱ 諏訪大社《すわたいしゃ》（長野県）
⑨ 宇都宮二荒山神社《うつのみやふたあらやまじんじゃ》（栃木県）	⑲ 彌彦神社《やひこじんじゃ》（新潟県）
⑩ 貫前神社《ぬきさきじんじゃ》（群馬県）	⑳ 居多神社《こたじんじゃ》（新潟県）

諸国の一宮❷

㉑ 度津《わたつ》神社《じんじゃ》（新潟県）

㉒ 高瀬《たかせ》神社《じんじゃ》（富山県）

㉓ 氣多《けた》神社《じんじゃ》（富山県）

㉔ 氣多《けた》大社《たいしゃ》（石川県）

㉕ 白山比咩《しらやまひめ》神社《じんじゃ》（石川県）

㉖ 氣比《けひ》神宮《じんぐう》（福井県）

㉗ 若狭彦《わかさひこ》神社《じんじゃ》（福井県）

㉘ 三嶋《みしま》大社《たいしゃ》（静岡県）

㉙ 富士山本宮浅間大社《ふじさんほんぐうせんげんたいしゃ》（静岡県）

㉚ 小國《おくに》神社《じんじゃ》（静岡県）

㉛ 砥鹿《とが》神社《じんじゃ》（愛知県）

㉜ 真清田《ますみだ》神社《じんじゃ》（愛知県）

㉝ 水無《みなし》神社《じんじゃ》（岐阜県）

㉞ 南宮《なんぐう》大社《たいしゃ》（岐阜県）

㉟ 敢國《あえくに》神社《じんじゃ》（三重県）

㊱ 椿大神社《つばきおおかみやしろ》（三重県）

㊲ 伊雑宮《いざわのみや》（三重県）

㊳ 建部《たけべ》大社《たいしゃ》（滋賀県）

㊴ 賀茂別雷《がもわけいかずち》神社《じんじゃ》（京都府）

㊵ 賀茂御祖《かもみおや》神社《じんじゃ》（京都府）

㊶ 出雲《いずも》大神宮《だいじんぐう》（京都府）

㊷ 元伊勢籠《もといせこの》神社《じんじゃ》（京都府）

㊸ 住吉《すみよし》大社《たいしゃ》（大阪府）

㊹ 枚岡《ひらおか》神社《じんじゃ》（大阪府）

㊺ 大鳥《おおとり》神社《じんじゃ》（大阪府）

㊻ 大神《おおみわ》神社《じんじゃ》（奈良県）

㊼ 日前《ひのくま》神宮《じんぐう》・國懸《くにかかす》神宮《じんぐう》（和歌山県）

㊽ 伊弉諾《いざなぎ》神宮《じんぐう》（兵庫県）

㊾ 伊和《いわ》神社《じんじゃ》（兵庫県）

㊿ 出石《いずし》神社《じんじゃ》（兵庫県）

51 宇倍《うべ》神社《じんじゃ》（鳥取県）

52 倭文《しどり》神社《じんじゃ》（鳥取県）

53 出雲《いずも》大社《たいしゃ》（島根県）

54 物部《もののべ》神社《じんじゃ》（島根県）

55 水若酢《みずわかす》神社《じんじゃ》（島根県）

56 吉備津《きびつ》神社《じんじゃ》（岡山県）

57 吉備津彦《きびつひこ》神社《じんじゃ》（岡山県）

58 嚴島《いつくしま》神社《じんじゃ》（広島県）

59 玉祖《たまのおや》神社《じんじゃ》（山口県）

60 大麻比古《おおあさひこ》神社《じんじゃ》（徳島県）

61 田村《たむら》神社《じんじゃ》（香川県）

62 大山祇《おおやまづみ》神社《じんじゃ》（愛媛県）

63 土佐《とさ》神社《じんじゃ》（高知県）

64 筥崎宮《はこざきぐう》（福岡県）

65 住吉《すみよし》神社《じんじゃ》（福岡県）

66 高良《こうら》大社《たいしゃ》（福岡県）

67 與止日女《よどひめ》神社《じんじゃ》（佐賀県）

68 千栗《ちりく》八幡宮《はちまんぐう》（佐賀県）

69 天手長男《あまのたながお》神社《じんじゃ》（長崎県）

70 海神《わたつみ》神社《じんじゃ》（長崎県）

71 阿蘇《あそ》神社《じんじゃ》（熊本県）

72 宇佐《うさ》神宮《じんぐう》（大分県）

73 西寒多《ささむた》神社《じんじゃ》（大分県）

74 柞原《ゆすはら》八幡宮《はちまんぐう》（大分県）

75 都農《つの》神社《じんじゃ》（宮崎県）

76 鹿児島《かごしま》神宮《じんぐう》（鹿児島県）

77 新田《にった》神社《じんじゃ》（鹿児島県）

78 枚聞《ひらきき》神社《じんじゃ》（鹿児島県）

※一宮は全国に80余社存在している。今回はその中でも全国一宮会に参加している神社で、歴史的に一宮とされている神社を中心に選定し、北から順番に掲載。

10章

日常の中の神道

人生儀礼

1 参拝と手水の作法

心身を清めて神に近づくための準備を整える

神社の正しい参拝マナーを知ろう

神社は神霊が鎮まる聖なる場所であり、鳥居《とりい》をくぐれば、そこは神が占有する領域である。それゆえ、神社参拝するためにはマナーが必要だ。

まず鳥居をくぐるときは、軽く一礼する。**参道《さんどう》**の中央は正中《せいちゅう》といい、そこは神様のための道であるので避ける（➡P78）。**手水舎《てみずや》**を素通りするのは不作法である。社殿の境内では、帽子をかぶったり、肌が露出した服を着たり、喫煙・飲食をするのは慎しむべきである。参拝時間は、早朝か午前中が望ましい。神社参拝によって罪や穢れを祓い、神から新たな力をいただくことができる。

また、初詣や初宮参り、七五三参り、成人式、厄祓《やくばら》いなどの特別な祈願の場合は、本殿に昇って***正式参拝《せいしきさんぱい》**をする。**社務所《しゃむしょ》**で申し込みをして、神職の指示に従う。

心身を洗い清める手水舎の作法

神社を参拝するには、まず手水舎へ進む。手水舎を水飲み場か手洗い場と勘違いしている人がいるが、この建物は**身を清めて神前に出るための準備**をする、大切な場所である。

手水舎での作法は、いわば**禊《みそぎ》**の儀式を簡略化したものである。古来、神事に参加するにさきだち、必ず禊《みそぎ》によって心身を清めなければならなかった。

今では手水舎となっているが、古くは「***御手洗川《みたらしがわ》**」や「**祓川《はらいがわ》**」と呼ばれる川で心身を清めていたのである。

神は穢れを嫌い、清浄をことのほか好む。そのため神と出会うためには、禊《みそぎ》によって心身の穢《けが》れを取り去ることが不可欠になるのである。そのうちのこの禊《みそぎ》を簡略化したものとして、手水舎での作法が生まれた（➡P215）。

＊**正式参拝**：拝殿もしくは神楽殿に昇殿して、お祓いと祝詞奏上、玉串奉奠を受ける。

＊**御手洗川**：京都市の下鴨神社の境内には、御手洗池と御手洗川がある。七月の土用の丑の日には、無病息災を祈って御手洗祭が行われる。

手水《てみず》の作法

45°
一礼する

1 手水舎《てみずや》の前で一礼する。

ひしゃくは
右手で持つ

2 右手でひしゃくを取り、最初に左手からすすぐ。

左手にひしゃく
を持ちかえる

3 左手にひしゃくを持ちかえて、右手をすすぐ。

左手で
口をすすぐ

4 左手をコの字状に丸めて、水を受けて、口をすすぐ。

ひしゃくの
柄を清める

5 ひしゃくを立てて、残った水を流してひしゃくの柄を清める。

ひしゃくは
伏せる

6 ひしゃくをもとの場所に伏せて戻す。

人生儀礼

2

拝礼と拍手の作法

拝礼と拍手は神に従う気持ちの表れ

神様に感謝して礼を尽くす

神社の参拝の基本は、「**二拝《にはい》二拍手《はくしゅ》一拝《いっぱい》**」である。つまり**拍手《はくしゅ》**＊と拝《はい》である。参拝はこの二種類の作法が重要なのである。

まず、**賽銭《さいせん》**を入れて**御鈴《みすず》**を鳴らす。そして拝殿の正面に向かって姿勢を正し、軽く一礼する（**小揖《しょうゆう》**）。次に深々と二回、頭を下げる（**深揖《しんゆう》**）。これが二拝である。

次に両手を合わせ、拍手を二回打つ。神前では拍手を打つ音が高く響くとよいといわれている。そのためにはまず両手を合わせ、次に右手をわずかに下げて最後に拍手を打つと高く響く。両手を合わせて祈る。そしてもう一度深く拝《はい》（**深揖《しんゆう》**）をしてから、後ずさりして拝殿から退くのが正しい作法である。

拍手の音には魔除けの効果もある

神前で拍手を打つのは、神霊を喚起させ、邪気を祓うためとか、神に対して心から従うという気持ちの表現でもあるといわれる。

現在行われている「**二拝《にはい》二拍手《にはくしゅ》一拝《いっぱい》**」という神社参拝は、昭和三十三（１９５８）年に定めたもので比較的新しいものだが、これらの拍手と拝礼の作法は弥生時代にまでさかのぼる古いものである。

ただ、古社では、独自の参拝礼の作法が残っている。たとえば、伊勢神宮では「**八開手《やひらで》**」といって、拍手を八回打つ古来の作法が行われている。また出雲大社や宇佐神宮では、「**二拝四拍手**」が伝統的な作法とされている。

このほか、神道の葬儀である神葬祭では、「**偲手《しのびて》**」といって、音を立てずに拍手を打つ方法が行われている。

ちなみに、寺院では、拍手は打たず、静かに合掌するのが原則である。神社と混同しないように注意したい。

＊**拍手**：柏手「かしわで」とも呼ぶが、これは「拍」と「柏」を見誤ったためといわれる。拍手は儒教で重んじられる『周礼《しゅうらい》』という書物にみえる「振動」と呼ばれる所作に由来するためである。

参拝《さんぱい》の作法

1 賽銭《さいせん》を入れて、御鈴《みすず》を鳴らす。

背中はまっすぐに

2 姿勢を正し、一礼をする。
両手の指先は伸ばす。

90°

3 深く二回拝礼をする。背筋は伸ばしたまま腰から折るように。

右手をわずかにずらして手を丸めるとよい音が響く

4 拍手を二回する。
そして再び手を合わせて祈る。

90°

5 再び深く拝礼をする。

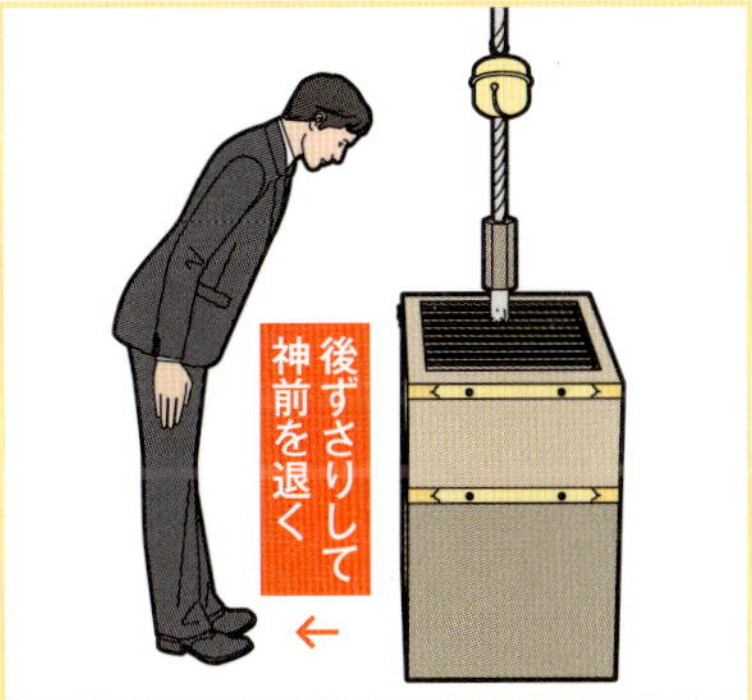
後ずさりして神前を退く
←

6 神前から去る前に、
最後に一礼をする。

人生儀礼

3

神社の身近な授与品 お札とお守り

神札は人の罪や穢れを祓うもの

神社が頒布する授与品の中でも代表的なものが、「**お札**《ふだ》」と呼ばれる神札《かみふだ》である。神札とは、神社が頒布する**護符**《ごふ》の一種である。祈願の内容によって、家内安全、厄除け、商売繁盛、防火といった種類がある。

神札は**陰陽道**《おんみょうどう》を起源とし、のちには**罪や穢れを祓う祓具**として用いられるようになった。鎌倉時代以降になると、神札は**熊野詣**《くまのもうで》や**伊**《い》**勢詣**《せもうで》の隆盛とともに全国に広まる。

特に、伊勢の**御師**《おんし》と呼ばれた人々が、「**神宮大麻**《じんぐうたいま》（伊勢神宮の神札）」の普及に一役買っている。

御師とは参詣者の案内や世話をした**神職**《しんしょく》で、全国各地に飛び、古い神札を回収しては、新しい神札を頒布《はんぷ》して回った。年に一度、神札を更新して息災を祈る慣習は、こうして広まったのである。

神宮大麻は、もと「**御祓大麻**《おはらえたいま》（お祓《はら》えさん）」と呼ばれていて、また神社でお祓《はら》いを受ける際に用いる「**大麻**《おおぬさ》」が名前の由来になっている。その後、近代に入ると「**神**《じん》**宮大麻**《ぐうたいま》」と名称が改められた。

お守りは神霊の力が込められたもの

一般に「**お守り**＊」といわれているものは、神札を携帯できるようにした「**守札**《まもりふだ》」である。錦の小袋に神札が納められた「**懸守**《かけまもり》」が一般的だが、中には水晶や勾玉のお守りを頒布している神社もある。これは、神の**依代**《よりしろ》である呪物を護符として身につけた、古来の習慣の名残と考えられる。

お守りの種類には、懸守《かけまもり》のほかに、子どもの着物の背中に色のついた糸で飾り縫いをする**背守**《せまもり》や、腕に巻く**腕守**《うでまもり》などの肌守がある。

お守りは、平安時代中期に貴族の間で懸守《かけまもり》が広まった。その後、鎌倉時代に入ると武家にも本格的に広まっていった。

＊ **お守り**：最古のお守りは、大阪府の四天王寺にある懸守７点である。これらは平安時代の貴族が身につけていたもので、国宝に指定されている。

お札とお守り

神宮大麻とはなにか？

神宮大麻《じんぐうたいま》とは、伊勢神宮の神札のこと。諸国を巡った伊勢の御師《おんし》が「御祓大麻《おはらいたいま》」を全国各地に広めていった。のちに「神《じん》宮大麻《ぐうたいま》」と呼ばれるようになる。

↓

神宮大麻はお祓いのための祓具と考えられるようになる。

要点 お札は人間の罪・穢れを祓う祓具である。

「神宮大麻《じんぐうたいま》」の名称の由来は、神社でお祓いを受ける際に用いられる「大麻《おおぬさ》」からきている。

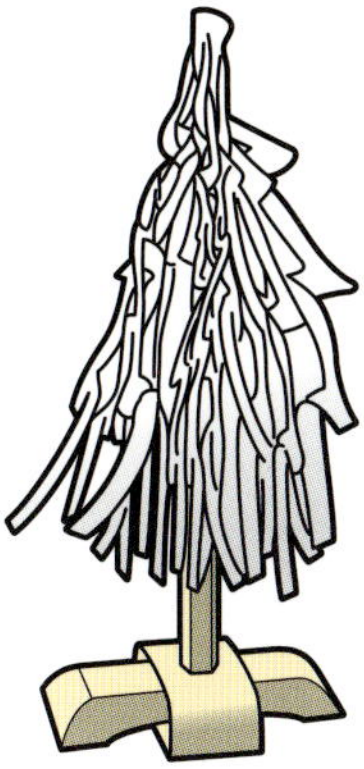

大麻

→

神宮大麻

お守りとはなにか？

お守りは、小さな袋に祓いと祈祷によって神の霊が込められた神札が納められている。

↓

要点 お守りは神職の祈祷によって神の霊力が込められたもので、人を加護するものである。

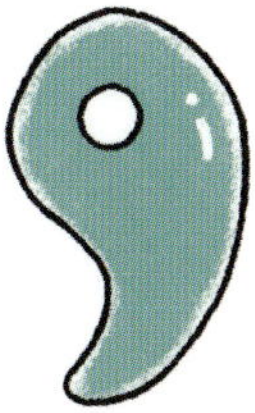

古来、勾玉など神霊が依りつく呪物を懐中にしのばせていた。

↓

のちに懸守《かけまもり》、背守《せまもり》、腕守《うでまもり》といった肌守に変化した。

お守りの取り扱い方

1. 一年で実効性が消えるので、一年に一度は新しいお守りをいただく。
2. 古いお守りは、お守りを受けた神社でお焚き上げをする。
3. お守りは、カバンなどに入れて常に持ち歩くとよい。

人生儀礼

4

おみくじ

おみくじは神様からのメッセージ

神の御心を占うおみくじ

おみくじは、神社の授与品として人気が高い。おみくじは「**御神《おみ》籤《くじ》**」と書き、この結果は神の御心の表れとされる。

古来、政治上の重要な決定は、**神意《しんい》**を占うくじ引きによって行われていた。たとえば室町幕府の六代将軍に就任した**足利義教《あしかがよしのり》**は、石清水八幡宮《いわしみずはちまんぐう》でのくじ引きによって将軍に決められ、「くじ引き将軍」とあだ名されたという。

現代のおみくじのルーツは、一説によると中国の「**天竺霊籤《てんじくれいくじ》**」といわれる。これが日本に伝わり、天台宗の中興の祖と呼ばれた***元三《がんさん》大師《だいし》**（**慈恵大師良源《じえだいしりょうげん》**）の「**観音《かんのん》みくじ**」として広まったのが始まりといわれる。

この「観音みくじ」は**漢詩《かんし》**が使われる。江戸時代、「観音みくじ」が、神社仏閣での主流だった。しかし、明治時代の**神仏分離令《しんぶつぶんりれい》**で仏教色が強い元三大師《がんさんだいし》系の「観音みくじ」は神社で使われなくなり、代わりに祭神にゆかりのある人物の**和歌**を使ったおみくじが使われるようになった。

神道こぼれ話

おみくじで「大吉」が出たら要注意？

おみくじは吉凶がくっきり分かれるだけに、結果に一喜一憂してしまいがちだが、よい結果が出たからと喜ぶのは早計である。

古来、易の世界では「大吉」は最も忌むべき卦《け》とされていた。なぜならば、今が最高の状態であるということは、今後は運気が下がることを意味するからである。逆に凶はこれから運気が上がってゆくと考えられた。

昔の人が、吉凶を超えた最善の結果として歓迎したのは「平《たいら》」であった。神道の基本的な考えとして「平穏無事こそが貴い」と考えるからである。現在、「平」の卦を含むおみくじを今に伝えているのは、京都の賀茂神社や石清水八幡宮だけである。

* **元三大師**：第十八代天台座主で、実在の人物である。厄除け大師、角大師として信仰される。さまざまな伝説を残し、魔物を降伏させるときは角が生えた姿になったとも伝えられる。角大師の像を描いた護符は戸口に張ると厄除け効果があるといわれる。

おみくじとはなにか？

おみくじの歴史

現在のおみくじのルーツは、中国の「天竺霊籤《てんじくれいくじ》」。これが日本に伝わり「元三大師百籤《がんさんだいしひゃくくじ》」、もしくは「観音《かんのん》みくじ」として流行した。元三大師《がんさんだいし》とは、慈恵大師《じえだいし》と呼ばれる平安時代中期の天台宗の高僧のことである。

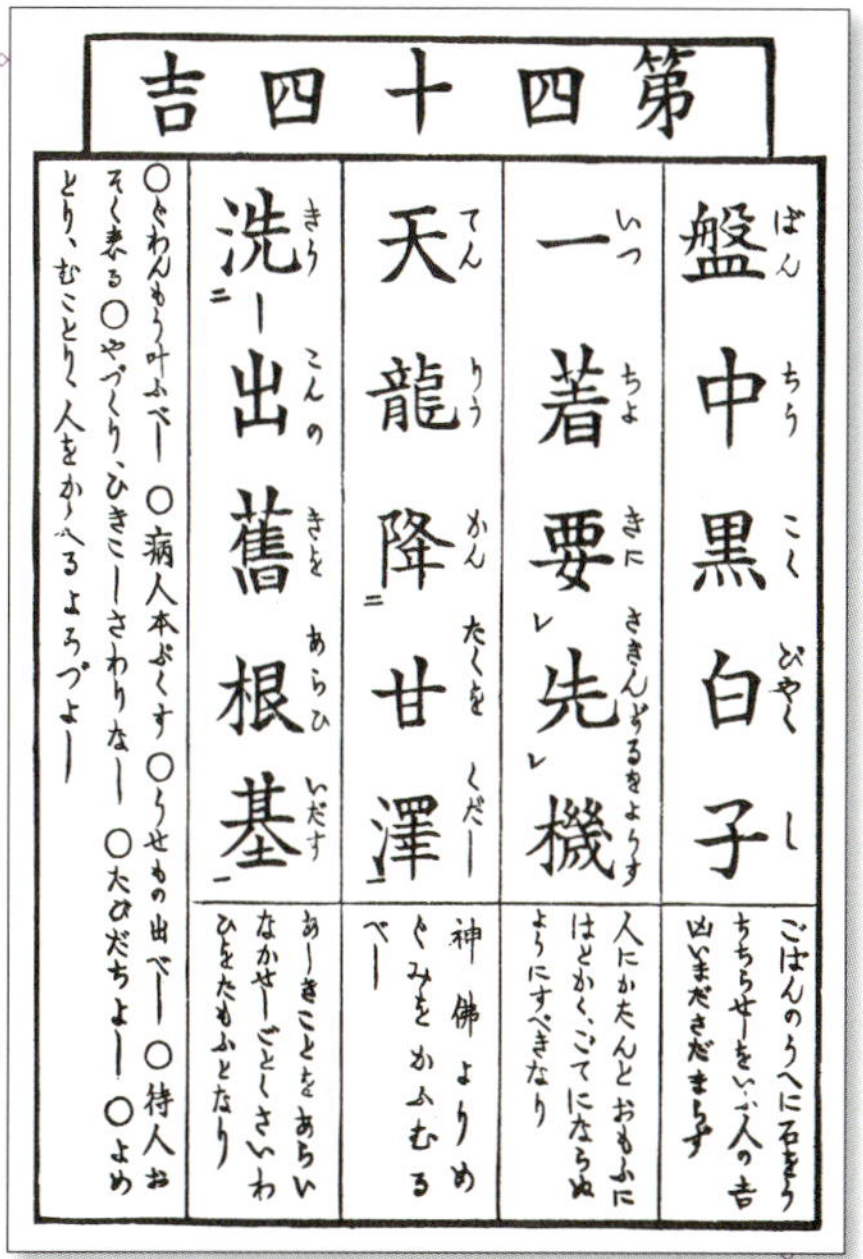

浅草の観音みくじ。おみくじの雛形である元三大師百籤の原型に近いといわれる。

元三大師《がんさんだいし》（角大師《つのだいし》）

おみくじにはこの角大師の鬼の絵が入ることが多い。

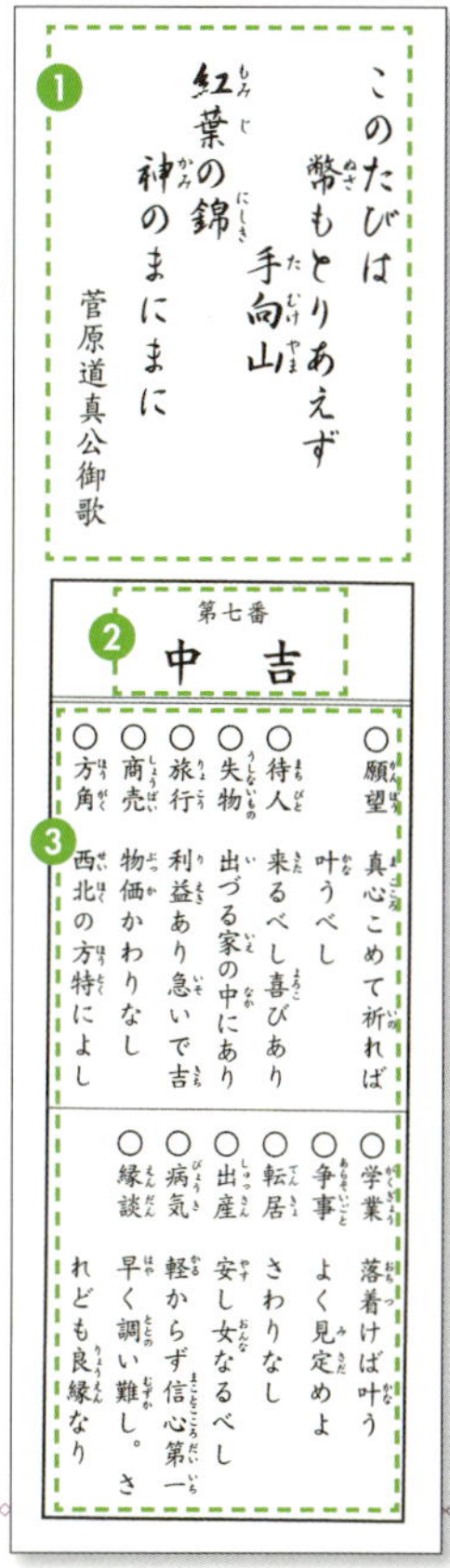

湯島天神（東京都）のおみくじ。和歌を使ったおみくじが使われる。

おみくじの見方

① **和歌の部分。神社のおみくじには和歌系のおみくじが使われることが多い。この和歌がおみくじの核心部分。**

② **「吉凶判断」の部分**

大吉	中吉	吉	小吉	半吉	末吉	末小吉	凶

←

③ **「事象別判断」の部分。個別の運勢をみるところ。**

要点
おみくじは神からのメッセージ。
「再筮《さいぜい》すれば穢《けが》れる」といい、
何度も引くのはNG。

人生儀礼

5

神社で人気の授与品
絵馬・破魔矢・神酒

絵馬はもともと「生きた馬」だった

神社の**授与品**《じゅよひん》としてよく見かけるものに、「**絵馬**《えま》」がある。祈願内容を書いて神に奉納する。古来、馬は重要な輸送手段・労働力であり、日本人の生活に欠かせない存在であったが、「神の乗り物」としても尊重され、かつては生きた**神馬**《じんめ》が神社に奉納されていたのである。

しかし、馬は高価なため奉納するには負担が大きく、また神社の側でも神馬《じんめ》の世話に多額の経費がかかるという問題があった。

このため、神馬を奉納する慣習は次第に簡略化され、しだいに、駒形《こまがた》や神馬《じんめ》の絵を描いた木版の絵馬にとって代わられるようになった。馬以外にもさまざまな図柄を描いた絵馬が出回るようになったのは、江戸時代のことである。

魔を祓う破魔矢と神々に捧げる神酒

破魔矢《はまや》は正月の縁起物として社頭で配布される授与品の一つである。昔、破魔矢は破魔弓とセットで頒布され、男児の**初正月**《はつしょうがつ》や**初節句**《はつせっく》、あるいは**上棟祭**《じょうとうさい》のときなどに飾りつけられる。

破魔矢《はまや》の起源は、***年占**《としうら》としての**弓射**に求められる。これは、各地区が弓射を競い合うもので、勝ったほうの地区が豊作に恵まれるとされた。現在の縁起物の一つである破魔矢には、魔を破って一年の幸運を射止める霊力があるとされ、人気が高い。

ところで、神社の授与品として忘れてはならないものの一つに、**神酒**《みき》がある。稲作民の日本人にとって、米から造る酒は大変重要な意味をもっていた。このため、酒は神が最も喜ぶ神饌《しんせん》の一つとされた。神に捧げた酒を味わえば、神の霊力を体内に取り込むことができる。神酒にはそんな効用が期待されているのである。

---

* **年占**：一年間の吉凶を占うことで、穀物の作柄とそれに伴う天候を占うのが目的。一月十五日や節分に行われることが多い。

絵馬《えま》・破魔矢《はまや》・神酒《みき》

絵馬《えま》とはなにか？

絵馬《えま》の原型は、神に奉納した神馬《じんめ》である。それが転じて、木版に馬の絵を描いて、祈願の言葉を添えるようになった。室町時代になると、絵馬堂が建てられ、大きな額に神馬の絵が掛けられるようになる。

破魔矢《はまや》とはなにか？

破魔矢《はまや》は男児の初正月や初節句に成長を祝って、また上棟祭などに破魔弓と一緒に飾っていたのが始まり。やがて矢だけが魔除けとして、正月に神社で授与されるようになった。

神酒《みき》とはなにか？

神酒《みき》とは、神々に捧げた酒のこと。神々にお供えする神饌《しんせん》には米や酒、水、魚、野菜などがあり、中でも米から作られたお酒が、神を祀るときには不可欠であった。

人生儀礼

6 厄祓いと神道

厄年は人生のターニングポイント

心にたまった穢れが災難を招く

人は一生に三度、「**厄年**《やくどし》」を通過するという。厄年《やくどし》の年齢は地方によって異なるが、男性は**数え年**で二十五歳、四十二歳、六十一歳とするのが一般的だ。また、女性は十九歳、三十三歳、三十七歳を厄年とすることが多い。

中でも男性の四十二歳と女性の三十三歳は「**本厄**《ほんやく》」といって、最も運気が低迷する年といわれてきた。また、本厄の前年を「**前厄**《まえやく》」、後年を「**後厄**《あとやく》」という。この三年間は人生の中でも注意すべき時期として、昔から恐れられてきた。

一般に、厄年は災難に見舞われやすいと考えられている。また、この厄年は、**十二支**と密接な関わりがある。つまり、生まれ年の干支が巡って来る前に、たまった厄《やく》や身の穢《けが》れを祓い清め、疲弊した生命力を甦らせて新たな十二年を迎える、という意味合いがあった。

厄年とは重要な役目をもらう「役年」でもある

神道では古来、清らかで明るく正しい心を理想としてきた。けれども、日々の生活を送るうちに、心の中に暗く汚れた**邪**《よこしま》な部分が**澱**《おり》のようにたまり、気の流れをさまたげて災難を招くと考えられた。こうした災いを避ける方法として広まったのが、厄祓いや厄除け、厄落としなどの慣習である。

しかし厄年とは必ずしも悪い意味ばかりではない。**＊柳田国男**《やなぎたくにお》によれば、「厄」という言葉には「役」の意味もあり、本来の「厄年」は、神社の神事に奉仕する「**神役**《しんやく》」を与えられる年齢だった。

神事を任されることは、社会的に重要な地位に就くことである。「厄年」とはいわば、重要な役目をもらう「役年」でもあるのだ。その意味で、厄年とはまさに人生の転機であり、ピンチをチャンスに変えて大きく飛躍する年である。

＊ **柳田国男**：日本民俗学を確立させた民俗学者。兵庫県に生まれ、貴族院書記官長を経て朝日新聞社に入社したが、のちに民俗学研究所を設立。『遠野物語』など民間伝承に関する多くの著作がある。

人生の節目の厄年

厄年とはなにか？

厄年とは人生の中で三回通過する不吉な年齢といわれてきた。中でも男性の四十二歳と女性の三十三歳は最も厄介な年といわれる。しかし、元来は、村落の中で重要な役（神役＝神に仕える役）を与えられたのが厄年だった。つまり「厄年＝役年」であり、集団生活の中で、いっそう注意して行動しなければならないとされた年のことである。

数え年*で計算する

男性	前厄	24	41	60
男性	本厄	25	42	61
男性	後厄	26	43	62
女性	前厄	18	32	36
女性	本厄	19	33	37
女性	後厄	20	34	38

厄年に関する風習

- さまざまな厄を祓い清めるために神社でお祓いをしてもらう。
- 多くの親戚、知人を招待してもてなし、自分の厄を少しずつ持っていってもらう。
- 身につけている小銭をわざと落として、それを誰かが拾ってくれることで厄を落とす。
- 節分で餅や豆を投げて、一緒に厄を落とす。

要点 厄年は、「役年」ともいわれ、失敗が許されない人生の修練の年である。また、心身ともに注意を払って過ごす年のことである。

神道こぼれ話

社寺での祈祷以外にもある厄落としの方法

厄除けにはさまざまな方法がある。最も一般的なのは、神社仏閣で「厄祓い」を受けることだ。厄祓いは地元の氏神神社でも受けられるが、厄除け祈願で知られる社寺まで足を運ぶ人も多い。須佐之男命を祀る八坂神社（京都市）や、吉田神道とゆかりの深い吉田神社（京都市）、関東では明治神宮（東京都）や大國魂神社（東京都府中市）、寒川神社（神奈川県）などが厄除けで有名である。なお、神社仏閣での厄祓いのほかにも手軽な方法として自分でできる身近な「厄落とし」がある。たとえば、古い手紙や衣類を捨てる、人形を川に流す、あるいは川や海につかって禊をするなどの方法がある。

＊**数え年**：数え年とは、年齢の数え方の一つ。生まれた年を一歳とし、以後正月を迎えるごとに一歳を加える年齢のこと。したがって、十二月に生まれた場合は、翌月には二歳と数えられる。こうした年の数え方は、明治時代になって誕生日ごとに一歳を加えてゆく満年齢の数え方に変更された。

人生儀礼

7

出産に関わる人生儀礼

安産と子どもの健やかな成長を祈る

多産の犬にあやかった帯祝いの儀式

近代医療が発達する以前、乳幼児の死亡率は高かった。このため子どもが無事に誕生し、育つよう、さまざまな儀礼が行われてきた。

たとえば、妊娠五カ月目の**戌《いぬ》の日***には「**帯祝《おびいわ》い**」が行われる。妊婦の下腹部に、お祓《はら》いをしたさらし木綿の腹帯（**岩田帯《いわたおび》**）を巻く習慣である。腹帯をするのは、胎児の位置を安定させるためとも、その霊魂を安定させるためという。

子どもが誕生して七日目を迎えると、家族や親族が集まって「**お七夜《しちや》**」を祝う。この日に命名の儀を行い、生まれた子どもの名前を半紙に書いて神棚に垂らすのが慣例である。新しい家族が加わったことを神に報告し、その加護を祈る行事である。

誕生から一年間は行事がめじろ押し

生後一カ月ほど経つと、「**初宮《はつみや》参《まい》り**」を行う。「お宮参り」とも「産《うぶ》土参《すなまい》り」ともいう。男の子は誕生後三十一日目、女の子は三十二日目にお参りするのが一般的である。地元の**氏神神社《うじがみじんじゃ》**に参詣して生まれた赤ちゃんが初めて氏子入りをし、健やかな成長を祈る。

また、生後百日から百二十日目頃には「**お喰《く》い初《ぞ》め**」の儀式が行われる。一汁三菜の祝い膳を用意し、邪気を祓うとされる白木の柳の箸で、子どもに初めて飯を食べさせる真似をする。「一生食べることに困らぬように」との願いが込められた儀式である。

その他に赤ちゃんが生まれて初めて迎える節句のことを「**初節《はつぜっ》句《く》**」といい、男の子は五月五日、女の子は三月三日にお祝いが行われる。初節句には母方の祖父母から鎧兜《よろいかぶと》や鯉のぼり、ひな人形などが贈られる。これらは、子どもが無事に成長するようにと願いを込めた縁起物である。

＊**戌の日**：帯祝いが戌の日に行われるのは、一説には、犬が多産であることにあやかるためだといわれている。

出産関連の人生儀礼

帯祝い	妊娠五カ月目の戌の日に「帯祝い」が行われる。岩田帯を巻く習慣がある。
お七夜《しちや》	誕生日から七日目に、家族や親戚が集まって命名の儀を行う。名前を書いた紙は神棚に飾る。
初宮参り《はつみやまい》	誕生から一カ月後に、近くの氏神神社に参詣して、赤ちゃんを氏子として神様に報告する。
お喰《く》い初《そ》め	生後百日から百二十日頃に、一汁三菜の祝い膳*を用意して、赤ちゃんに食べさせる真似をする。
初節句《はつぜっく》	誕生した子が初めて迎える節句。男の子は五月五日に、女の子は三月三日に祝う。

初宮参りでは、赤ちゃんの産着の上に晴れ着を着せて、近くの氏神神社に参詣する。また、両親だけでなく、祖父母も一緒に神社にお参りする。

神道こぼれ話

一升餅の一升は一生に通じる

生後一年目の初めての誕生日に祝いの餅をつき、一升の餅を子どもに背負わせるという習俗があった。この習俗は「立ち餅」「尻餅」「力餅」などさまざまな名で呼ばれる。

一升餅の一升は「一生」に通ずるとされ、「一生食うに困らないように」との願いが込められている。また「あまりに早く歩きすぎると家を捨てて遠くに行ってしまう」というので、わざと子どもを転ばせることもあるという。

* **祝い膳**：お喰い初めの赤ちゃんに用意する祝い膳には、小石をのせるしきたりがある。この小石は氏神神社の境内から拾ってくる。その意味は諸説あり、奥歯固めとして歯を丈夫にするためや、産神への供物などといわれる。

8

子どもの成長を祝う七五三 育児に関わる人生儀礼

江戸町人の間で流行した七五三参り

毎年十一月十五日になると、各地の神社では、晴れ着を着た**七五《しちご》三《さん》参り**の親子連れでにぎわう。「**七五三《しちごさん》**」とは、男子が数え年で三歳と五歳、女子が三歳と七歳のときに、***氏神様《うじがみさま》**に参詣し、これまでの成長を感謝し、今後の健やかな成長を祈る行事である。また京都市の法輪寺などでは、十三歳になると**虚空蔵菩薩《こくうぞうぼさつ》**にお参りする**十《じゅう》三参り《さんまいり》**の風習がある。

この七五三は、公家や武家の通過儀礼を起源とする。「**髪置《かみおき》**」といって、男子は三歳になると髪を伸ばし始める。また五歳ないし七歳、古くは三歳になると、初めて袴《はかま》を着ける「**袴着《はかまぎ》**」の儀を行うのが決まりだった。女子は七歳になると、幼児用の着物の**付紐《つけひも》**をやめ、初めて帯を締める「**帯解き《おびとき》**」の儀式が行われた。

こうした慣習は公家や武家の間で行われていたが、江戸時代の元禄期に入ると、町人の間でも広まっていった。子どもの晴れ着の売上アップを狙った江戸の呉服屋の宣伝活動も功を奏し、都市部において七五三参りは庶民の間に急速に浸透していったのである。

七歳で正式に氏子の一員となる

七五三の日が十一月十五日と定められたのは、天和元（1681）年。この日、**五代将軍徳川綱吉《とくがわつなよし》**の子・**徳松《とくまつ》**の髪置《かみおき》祝いが行われたことに端を発するといわれる。

明治時代以降になると、七歳のお宮参りの際に、氏神様《うじがみさま》の神社から**氏子札《うじこふだ》**を授与されるようになる。古来より、子どもは「七歳までは神の子」として、神様の加護を受ける存在と考えられてきた。しかし七歳以降は地域の共同体の一員として神の加護を離れ、正式に氏子の一員になるため、氏子札を授与されたのである。

＊**氏神様**：元来は、同じ血縁関係にある一族の祖先神のこと。のちに、その地域の土地を守る鎮守神や産土神を氏神として共同で祀るようになった。なお、その神を奉ずる人々を氏子ないし産子という。

育児関連の人生儀礼

七五三とは？

男の子が数え年で三歳と五歳、女の子が三歳と七歳になると、近くの氏神神社にお参りして、子どもの成長を感謝するしきたりを、七五三という。晴れ着を着せて、子どもの今後の健康を願う。

男の子	3歳・5歳
女の子	3歳・7歳

七五三の儀式は、それぞれの年齢に合った伝統的な髪置や袴儀などの儀式に由来する。

男の子	3歳	髪置《かみおき》	それまで剃っていたり、切ったりしていた髪の毛を初めて伸ばし始める儀式。
	5歳	袴着《はかまぎ》	男子が初めて袴をつける儀式。
女の子	3歳	髪置《かみおき》	髪の毛を伸ばし始める儀式。
	7歳	帯解《おびと》き	紐を用いる童子の着物をやめ、帯を用いる大人の着物に変える。

七・五・三 → 帯解き、袴着、髪置の通過儀礼を起源とする。

十一月十五日 → 徳川五代将軍徳川《とくがわ》綱吉《つなよし》の子・徳松《とくまつ》の髪置《かみおき》祝いが行われた日に由来している。

要点 七五三は親が神に子の成長を感謝し、今後の健康と幸せを願う行事である。

人生儀礼

9

成人に関わる人生儀礼

責任を伴う成人という人生の大切な節目

子どもとの境界を分ける大人への通過儀礼

子どもが大人の世界へ踏み出すためには、ある種の通過儀礼が必要となる。その一例が、武家の社会の「**元服**《げんぷく》」という成人儀式である。男子は、前髪を剃って**月代**《さかやき》にし、初めて冠をつけた。また、女性は結婚すると、**丸髷**《まるまげ》を結って**鉄**《おは》**漿**《ぐろ》*を行った。これらはいずれも、成人になったことの証だった。

こうした成人儀礼も、今ではすっかり姿を消した。国や地方自治体が催す成人式に、わずかに名残を留めるのみである。

かつて村々には**若者組**《わかものぐみ》（若衆組）と呼ばれる青年男子の集団があった。若者たちは一緒に寝泊まりして共同作業にいそしみ、親睦を深め合った。若者組に加入した者は、一人前とみなされたのである。なお若者組の伝統は明治以降、村内の警備・消防・祭礼などの仕事を担っていた青年団に引き継がれた。

赤ん坊に返る還暦という節目

長寿を祝う風習は中国から伝来し、平安時代には、「**算賀**《さんが》」という儀式が行われるようになった。室町時代末期には「**還暦**《かんれき》」「**古稀**《こき》」「**喜寿**《きじゅ》」といった呼称が生まれ、江戸時代には、長寿を祝う風習が庶民の間に広まった。長寿の祝いには、当人の健康と息災を祝うだけでなく、周囲の人々が長寿の運を分けてもらう意味もある。

代表的な長寿の祝いとしては、**還暦**《かんれき》（六十一歳）、**古稀**《こき》（七十歳）、**喜寿**《きじゅ》（七十七歳）、**傘寿**《さんじゅ》（八十歳）、**米寿**《べいじゅ》（八十八歳）、**卒寿**《そつじゅ》（九十歳）、**白寿**《はくじゅ》（九十九歳）などがある。

還暦《かんれき》は、「**本卦還**《ほんけがえ》**り**」ともいわれ、干支《えと》が六十年で一巡し、生まれた年と同じ干支が巡って来るということを意味する。生まれたばかりの赤子に戻る意味で、**赤い**頭巾・ちゃんちゃんこ・座布団などを贈る風習がある。

＊**鉄漿**：歯を黒く染める化粧法のこと。漆のような真っ黒な歯が美しいとされた。

成人に関する人生儀礼

成人式と元服

二十歳になると、社会的に一人前の成人とみなされる。成人式とは、二十歳になった人が共同体の一員となる通過儀礼である。武家社会では、髷《まげ》を結い、頭に烏帽子《えぼし》を加える「元服《げんぷく》」という成人儀式が行われた。これが大人社会への仲間入りの印になった。元服《げんぷく》の式で後見人を勤める者を「烏帽《えぼ》子親《しおや》」といった。

元服《げんぷく》 烏帽子《えぼし》をつける

成人式 20歳になる

長寿を祝う行事

昔は、四十歳が平均寿命であったため、四十歳が人生の大きな節目と考えられた。四十歳からはじめて十歳成長するごとに長寿を祝う儀式が行われてきた。

還暦のお祝いは赤いちゃんちゃんこと頭巾を着る。

年祝い	年齢	内容
還暦《かんれき》	61歳	干支が六十年で再び生まれた年に戻るため。
古稀《こき》	70歳	杜甫《とほ》の「人生七十、古来稀なり」という一節より。
喜寿《きじゅ》	77歳	喜の草書体「㐂」が七十七と読める。
傘寿《さんじゅ》	80歳	「傘」の略字「仐」が八十に見えることから。
半寿《はんじゅ》	81歳	「八十一」の字を合わせると「半」になることから。
米寿《べいじゅ》	88歳	米の字を分解すると八十八になることから。
卒寿《そつじゅ》	90歳	卒の略字「卆」が「九十」に分解できることから。
白寿《はくじゅ》	99歳	「百」から「一」を引くと「九十九」になることから。

人生儀礼

10

神前結婚式

明治時代に始まった神前結婚式

皇太子の御成婚で“神前婚”のブーム到来

　神職が立ち会い、厳かな雰囲気の中で行われる**神前結婚式**《しんぜんけっこんしき》。神前結婚式が始まったのは、実は明治時代に入ってからである。

　明治三十三（１９００）年五月、皇太子・**嘉仁**《よしひと》**親王**（後の**大正天皇**）と**九条節子**《さだこ》**姫**（後の**貞明**《ていめい》**皇后**）の婚儀が、宮中賢所《かしこどころ》*で行われた。この婚礼の式次第に基づき、日比谷大神宮（現・**東京大神宮**《とうきょうだいじんぐう》）で神前模擬結婚式が行われたのは、翌三十四年のことである。これをきっかけに、神前結婚式は一大ブームとなり、全国に広まった。

　明治時代以前は、家庭において親族や知人・地元の有力者などを招いて婚礼を行うのが一般的だった。床の間に**伊耶那岐神**《イザナキノカミ》・**伊耶那**《イザナ》**美神**《ミノカミ》の尊像や縁起物などの掛け軸をかけ、その前に神酒を供えて、新郎新婦が三三九度の酒杯を交わすのが常だった。しかし、それは神への報告というよりは、社会的なお披露目としての性格のほうが強かった。その後、神前結婚式が普及すると、婚礼の儀はより厳粛なものとなった。

夫婦の絆を固める三三九度の儀式

　現在の神前結婚式の式次第は次のとおりである。まず、神職が**神**《しん》**饌**《せん》や参列者を祓《はら》い清め、神様にお供えをする。次に、神職が**祝詞**《のりと》を奏上して神に結婚の奉告をし、新郎新婦の加護を祈願する。二人が神酒《みき》で**三三九度の盃**を交わすのは、この後である。三三九度は正式には**三献**《さんこん》**の儀**といい、新郎新婦が三杯ずつ九度、盃に口をつけることからこの名がある。さらに神への誓いの言葉、**玉串奉奠**《たまぐしほうてん》と続き、最後に両家の親族が神酒《みき》をいただいて親族間の固めとする。こうして神と人が一体となり、結びつきを強めたところで、婚礼の儀はめでたく終了となる。

＊**賢所**：皇居の吹上御苑の宮中三殿のひとつ。内裏の中で神鏡を奉納している場所。この神鏡は伊勢神宮に奉納されている八咫鏡を写したものである。

神前結婚式の式次第

1	修祓《しゅばつ》	神饌《しんせん》や参列者を祓い清める。
2	斎主一拝《さいしゅいっぱい》	式の開始にあたり斎主（神職）が神前にて一拝する。
3	献饌《けんせん》	神様に供物をする。
4	祝詞奏上《のりとそうじょう》	斎主《さいしゅ》が神前で結婚の祝福のことばを唱える。
5	三献《さんこん》の儀	新郎新婦が三つ組の杯で三度ずつ三回神酒《みき》を飲む。
6	誓詞《せいし》奏上	新郎新婦が神前で誓いの言葉を奏上する。
7	玉串奉奠《たまぐしほうてん》	斎主《さいしゅ》・新郎新婦・媒酌人《ばいしゃくにん》の順で玉串《たまぐし》を捧げ、神前で拝礼する。
8	親族固めの盃	新郎新婦の両家の親族の間で神酒《みき》を飲み交わす。
9	撤饌《てっせん》	供物を下げる。
10	斎主《さいしゅ》一拝	式の終了にあたり、神前にて一拝する。

神前結婚式の由来

以前の婚礼は、神前で神職が結婚式を執り行うことはなかった。

↓

明治三十三（1900）年に大正天皇の婚儀が、宮中の賢所《かしこどころ》で行われた。

↓

全国に普及する

三三九度

一杯を三口で飲む。一口目と二口目は口をつけるだけで、三口目で飲む。「三」と「九」は神道において縁起のよい数字。

人生儀礼

11

神葬祭

仏葬に対抗して生まれた神式の葬儀

死者を神として祀る神道の葬送儀礼

　葬儀といえば仏式のイメージが強いが、**神葬祭**《しんそうさい》が行われることもある。神道には死の穢《けが》れを嫌う傾向が強く、神職であっても葬儀は仏式で行うのが普通だった。

　しかし、室町時代以降から神道の家柄の吉田家によって神葬祭の研究が進められた。江戸時代になると吉田家による***神道裁許状**《しんとうさいきょじょう》を受けた神職が檀家《だんか》を切り離して神葬祭を行うことが幕府に許可された。幕末になると仏教の葬儀に対抗し、神式の葬儀を求める運動が盛んになり、明治五（１８７２）年以降に一般的に認められた。

　神道では、人は死によって神の世界に再び帰ると考える。死者は、子孫を温かく見守る**祖霊**《それい》となるのだ。神葬祭とは死者を神として祀り、家の守護神になってもらうための儀式なのである。神葬祭では仏式の通夜にあたる「**通夜祭**《つやさい》」、告別式にあたる「**葬場祭**《そうじょうさい》」、埋葬後に霊前に奉告する「**帰家祭**《きかさい》」などが行われる。死後五十日目の「五十日祭」で一連の儀式は終了し、死者は神として祀られる。

神道こぼれ話

神葬祭で送られた坂本龍馬

　慶応三（１８６７）年、坂本龍馬は京の近江屋で暗殺された。この龍馬の葬儀は、時宗霊山派の正法寺の朱印地の中にある神道葬祭場霊明社で、有志者の手の葬儀によって神葬祭で執り行われた。

　龍馬暗殺の翌年、明治天皇の詔により霊山官祭招魂社（現在の京都霊山護国神社）が創建された。ここには、神葬祭で送られた坂本龍馬・中岡慎太郎ら幕末の勤王志士千三百五十六柱をはじめ、日清・日露・太平洋戦争の戦死者など、合計七万三千柱が祭神として祀られている。

　毎年、龍馬の命日である十一月十五日には「龍馬祭」が催され、龍馬ゆかりの軍鶏鍋が参拝者にふるまわれる。

* **神道裁許状**：室町時代以降、京都の吉田家（吉田神道）が、諸社の神職らに発給した神道伝授許状類のことで、江戸時代になると、吉田家は全国の多くの神社の神職をその傘下におさめた。

神葬祭の次第

1	通夜祭《つやさい》	「葬場祭《そうじょうさい》」前夜に行う。仏式での通夜にあたる儀式。
2	遷霊祭《せんれいさい》	霊璽《れいじ》（仏式でいう位牌）に霊魂を移しとどめる儀式。
3	発柩祭《はっきゅうさい》	棺を喪家から移動するときに、霊前に報告する。そして葬場に向かう。
4	葬場祭《そうじょうさい》	親族や縁者が最後に別れを告げる告別式。神葬祭で一番大切な儀式。
5	火葬祭《かそうさい》	遺体を火葬にする儀式。火葬場の前で火葬詞が奏上される。
6	埋葬祭《まいそうさい》	遺骨を墓所に納める儀式。遺骨を納めると埋葬詞を奏上する。
7	帰家祭《きかさい》	喪主と縁者が埋葬を終えたあと、帰宅して霊前に葬儀の終了を報告する。

神葬祭の由来

多くの場合、葬儀は仏式であるが、近世中期以降、吉田家の神道裁許状を受けた神職の間で、活発に神葬祭を求める運動が強まった。

↓

一般的に認められるようになったのは明治五（1872）年以降である。

神葬祭の後、五十日経つと忌み日が明ける。それまでは霊前祭が行われる。

恋愛にご利益のある神社

神社名	場所	ご利益
1 東京大神宮《とうきょうだいじんぐう》	東京都 千代田区	日本で最初に神前結婚式を行った神社。 縁結びで女性に人気。
2 縁結《えんむす》び大社《たいしゃ》	千葉県 東金市	七つの神様を順番でお参りする「恋の願かけ参り」が人気。千葉市と東金市にまたがる地にある。
3 地主神社《じしゅじんじゃ》	京都府 京都市	本殿前の「恋占いの石」は、恋の願いが叶うとして有名。
4 武信稲荷神社《たけのぶいなりじんじゃ》	京都府 京都市	坂本龍馬が妻・お龍と縁結びをしたといわれる御神木がある。
5 恋木神社《こいのきじんじゃ》	福岡県 筑後市	御神祭「恋命《こいのみこと》」を祀る日本唯一の神社。 年2回、良縁成就祭を行う。

東京大神宮、縁結び大社、地主神社、恋木神社写真提供

開運にご利益のある神社

① 明治神宮《めいじじんぐう》

② 小網神社《こあみじんじゃ》

⑤ 宇佐神宮《うさじんぐう》

③ 晴明神社《せいめいじんじゃ》

④ 今宮神社《いまみやじんじゃ》

神社名	場所	ご利益
① 明治神宮《めいじじんぐう》	東京都 渋谷区	武将・加藤清正《かとうきよまさ》が掘ったといわれる「清正井戸《きよまさのいど》」がパワースポットとして注目を集めている。
② 小網神社《こあみじんじゃ》	東京都 中央区	弁天井戸で洗ったお金を財布に納めると金運が向上するという。
③ 晴明神社《せいめいじんじゃ》	京都府 京都市	陰陽師《おんみょうじ》安倍晴明《あべのせいめい》の念力によって湧いたという「晴明井戸」がある。
④ 今宮神社《いまみやじんじゃ》	京都府 京都市	願いが叶うか否かを占える「阿呆賢《あほかし》さん」という神占石《かみうらいし》がある。
⑤ 宇佐神宮《うさじんぐう》	大分県 宇佐市	樹齢約800年という楠の御神木に強力なパワーがあると人気。

明治神宮、小網神社、晴明神社、宇佐神宮写真提供

金運にご利益のある神社

① 江島神社《えのしまじんじゃ》

② 金華山黄金山神社《きんかざんこがねやまじんじゃ》

⑤ 祐徳稲荷神社《ゆうとくいなりじんじゃ》

③ 金持神社《かもちじんじゃ》

④ 宝当神社《ほうとうじんじゃ》

神社名	場所	ご利益
①江島神社《えのしまじんじゃ》	神奈川県藤沢市	境内の銭洗池でお金を洗うとお金持ちになるといわれている。
②金華山黄金山神社《きんかさんこがねやまじんじゃ》	宮城県石巻市	弁天様が祀られており、三年続けてお参りすれば一生お金に困らないといわれる。
③金持神社《かもちじんじゃ》	鳥取県日野郡	宝くじに当たり、お礼参りに参拝する人が多くみられる。
④宝当神社《ほうとうじんじゃ》	佐賀県唐津市	宝くじの高額当選者を多数輩出することで全国的に有名。
⑤祐徳稲荷神社《ゆうとくいなりじんじゃ》	佐賀県鹿島市	芸技上達により金運が上がるとされる日本三大稲荷の一つ。

江島神社、金華山小金山神社、金持神社、宝当神社、祐徳稲荷神社写真提供

付録

全国の主な神社一覧

秋葉《あきは》信仰《しんこう》の中心となった
秋葉山本宮秋葉神社《あきはさんほんぐうあきはじんじゃ》

●祭神：火之迦具土大神《ヒノカグツチノオオカミ》
●住所：静岡県浜松市天竜区春野町領家841
●アクセス：JR浜松駅より遠州鉄道西鹿島駅まで。そこからタクシーで40分

火伏《ひぶ》せの神として信仰されている神社である。御祭神は、**火之迦具土大神《ヒノカグツチノオオカミ》**で、諸厄諸病《しょやくしょびょう》を除き、火防開運、家内安全、商売繁盛として信仰を集める。

戦国時代に入ると、武田信玄や豊臣秀吉ら武家からの崇敬《すうけい》を受ける。

「秋葉の火まつり」が有名で、十二月十六日夜半の防火祭には秘伝の弓・剣・火の三舞の神事が行われている。

火除《ひよ》けのお札が有名
愛宕神社《あたごじんじゃ》

●祭神：（本宮）伊弉冉尊《イザナミノミコト》、埴山姫命《ハニヤマヒメノミコト》、天熊人命《アメクマヒトノミコト》、稚産霊神《ワクムスヒノカミ》、豊受姫命《トヨウケヒメノミコト》（若宮）雷神《イカヅチノカミ》、迦遇槌命《カグツチノミコト》、破无神《ハムシンカミ》
●住所：京都市右京区嵯峨愛宕町1
●アクセス：JR京都駅より京都バス「清滝」下車徒歩120分

全国約八百社を数える愛宕神社《あたごじんじゃ》の本社。伊弉冉尊《イザナミノミコト》を主祭神とする。当社は京都の愛宕山の山頂にあり、火除けの神として信仰されている。古くより火伏・防火に霊験のある神社として知られ、京都では多くの家庭で愛宕神社の「**火迺要慎《ひのようじん》**」のお札が貼られている。七月三十一日の夕刻から八月一日早朝にかけての「**千日詣《せんにちもうで》**」は一日で千日分の功徳《くどく》があるといわれる。

草薙神剣《くさなぎのつるぎ》を御神体とする
熱田神宮《あつたじんぐう》

●祭神：熱田大神《アツタノオオカミ》、（相殿）天照大御神《アマテラスオオミカミ》、素盞嗚尊《スサノオノミコト》、日本武尊《ヤマトタケルノミコト》、宮簀媛命《ミヤズヒメノミコト》、建稲種命《タケイナダネノミコト》
●住所：愛知県名古屋市熱田区神宮1・1・1
●アクセス：名鉄神宮前駅下車徒歩3分

三種《さんしゅ》の神器《じんぎ》の一つ「**草薙神剣《くさなぎのつるぎ》**」を御神体とする。景行天皇《けいこうてんのう》の時代、日本武尊《ヤマトタケルノミコト》は東征の途中で**倭姫命《ヤマトヒメノミコト》**から神剣を授かり、草を薙ぎ払って向火を放ち、草薙神剣《くさなぎのつるぎ》賊を平定した。後に、尾張国造の娘、**宮簀《ミヤズ》媛命《ヒメノミコト》**を妃とする。その後、宮簀媛命に草薙神剣《くさなぎのつるぎ》を預けて伊吹山の賊の平定に向かうが、途中で病で亡くなる。残された草薙《くさなぎ》神剣《つるぎ》は、宮簀媛命によって吾湯市《あゆち》の熱田に祀られた。**国家鎮護《ちんご》の神宮**として厚く信仰されている。

人形供養の神社として有名

淡嶋神社《あわしまじんじゃ》

- 祭神：少彦名命《スクナヒコナノミコト》、大己貴命《オホナムチノミコト》、息長足姫命《オキナガタラシヒメノミコト》（神功皇后《じんぐうこうごう》）
- 住所：和歌山県和歌山市加太
- アクセス：南海電鉄加太駅より徒歩20分

安産、子授け、婦人病の神であり、また裁縫の上達や人形供養の神社としても知られる。**淡嶋様《あわしまさま》**は**少彦名命《スクナヒコナノミコト》**ともいわれている。創建の由来は、以下のように伝えられている。新羅からの帰途で激しい嵐に遭った**神功皇后《じんぐうこうごう》**は、船の中で神のお告げを受け、無事に友ヶ島にたどりついた。その後、仁徳天皇《にんとくてんのう》の代に友ヶ島の対岸に社殿が建てられたのが淡嶋神社《あわしまじんじゃ》の創祀という。

神武東征《じんむとうせい》の神剣を祀る

石上神宮《いそのかみじんぐう》

- 祭神：布都御魂大神《フツノミタマノオオカミ》、布留御魂大神《フルノミタマノオオカミ》、布都斯御魂大神《フツシミタマノオオカミ》
- 住所：奈良県天理市布留町384
- アクセス：JR・近鉄天理駅より徒歩30分。タクシー5分

祭神の布都御魂大神《フツノミタマノオオカミ》は、**建御雷神《タケミカヅチノカミ》**から熊野の高倉下《タカクラジ》に降ろされた神剣を神格化したもの。のちに、この神剣は神武天皇に献上された。この神剣を祀ることから当宮は武器・武具の霊威《れいい》を中心とした信仰を集めた。古代は**朝廷の武器庫**であり、軍事を司る物部氏《もののべし》が管理していた。明治七年に行われた禁足地の発掘調査で出た太刀は布都御魂《ふつのみたま》とされ、本殿が造営されて、そこに祀られた。

断崖に位置する洞窟の社

鵜戸神宮《うどじんぐう》

- 祭神：日子波瀲武鸕鷀草葺不合尊《ヒコナギサタケウガヤフキアエズノミコト》
- 住所：宮崎県日南市大字宮浦3232
- アクセス：JR宮崎駅、宮崎空港からバス「鵜戸神宮」下車徒歩10分

鵜戸神宮《うどじんぐう》は、海岸の断崖の洞窟内に社殿がある。ここは、神武天皇《じんむてんのう》の父君**日子《ヒコ》波瀲武鸕鷀草葺不合尊《ナギサタケウガヤフキアエズノミコト》**が生まれた地という。**彦火火出見尊《ヒコホホデミノミコト》**（**山幸彦《ヤマサチヒコ》**）の子をみごもった海神《ワタツミ》の娘である**豊玉姫命《トヨタマビメノミコト》**は、この霊窟《れいくつ》で産んだといわれる。一時は「西の高野」とうたわれ、両部神道の一大道場として盛観を極めていた。念流・陰流の剣法発祥の地としても知られている。

神磯の鳥居が有名

大洗磯前神社《おおあらいそざきじんじゃ》

●祭神：大己貴命《オホナムチノミコト》、少彦名命《スクナヒコナノミコト》
●住所：茨城県東茨城郡大洗町磯浜町6890
●アクセス：鹿島臨海鉄道大洗駅よりバスで20分

大洗磯前神社は海の中に**鳥居**が立つ**神磯《かみいそ》**が有名である。毎年元旦に神職が海岸に降りて、初日の出を奉拝する。この神磯は、御祭神の**大己貴命《オホナムチノミコト》**と**少彦名命《スクナヒコナノミコト》**が御出現になった地であると伝えられる。

社殿は永禄年間の兵乱で焼失したが、江戸時代に水戸藩の**徳川光圀《みつくに》公・綱條《つなえだ》公**によって寄進された。古くより医薬に御神徳があるといわれる。

武将や三島水軍《みしますいぐん》が崇敬

大山祇神社《おおやまづみじんじゃ》

●祭神：大山積神《オオヤマヅミノカミ》
●住所：愛媛県今治市大三島町宮浦3327
●アクセス：JR福山駅より高速バスで大三島に渡ったのち、バスで「大山祇神社前」下車

瀬戸内海に浮かぶ**大三島《おおみしま》**に鎮座する。祭神は**大山積大明神《おおやまづみだいみょうじん》**とも称される。**水軍守護の神**として三島水軍の河野《こうの》氏からの崇敬を受け、北条氏や足利氏など、広く武家の信仰を集めてきた。奉納された甲冑《かっちゅう》・刀剣《とうけん》類の宝物は、質・量ともに日本有数。現在は海上守護、農業、鉱山の神として信仰されている。境内の楠《くすのき》群は国の天然記念物に指定されている。

高千穂宮を神社にしたとされる

鹿児島神宮《かごしまじんぐう》

●祭神：天津日高彦穂穂出見尊《アマツヒコヒコホホデミノミコト》、豊玉比売命《トヨタマヒメノミコト》、帯中比子尊《タラシナカツヒコノミコト》、息長帯比売命《オキナガタラシヒメノミコト》、品陀和気尊《ホムタワケノミコト》、中比売命《ナカヒメノミコト》
●住所：鹿児島県霧島市隼人町内2496
●アクセス：JR日豊本線隼人駅より徒歩20分

大隅国《おおすみのくに》の一宮《いちのみや》として朝野から崇敬された。社伝によれば、神武《じんむ》天皇の頃に、祭神の**彦穂穂出見尊《ヒコホホデミノミコト》**の宮である**高千穂宮《たかちほのみや》**を神社としたという。この穂穂出見尊とは、山幸彦と海幸彦の神話に登場する山幸彦のことで、妻の**豊玉比売命《トヨタマヒメノミコト》**とともに祀られている。のちに八幡神が合祀《ごうし》され、「正《しょう》八幡宮《はちまんぐう》」とも呼ばれた。毎年旧暦の八月十五日の例祭で行われる「**隼人舞《はやとまい》**」は日本最古の舞とされる。

国譲《くにゆずり》神話で活躍した神
香取神宮《かとりじんぐう》

●祭神：経津主大神《フツヌシノオオカミ》
●住所：千葉県香取市香取1697
●アクセス：JR成田線佐原駅よりタクシー10分

『日本書紀』によると、主祭神の**経津主**《フツヌシノ》**大神**《オオカミ》は、**武甕槌大神**《タケミカズチノオオカミ》とともに、天照大御《アマテラスオオミ》神《カミ》の命令により、**稲佐の浜**《いなさ》で**大国主神**《オオクニヌシノカミ》との国譲りの交渉を成功させ、日本各地を平定し、日本統一の基礎を築いたとある。東国守護の武神として、皇室をはじめ武家からの崇敬を集めた。現在の社殿は徳川綱吉《つなよし》将軍によって造営されたもの。宝物館には国宝の「**海獣葡萄鏡**《かいじゅうぶどうきょう》」など多くの貴重文化財が収納されている。

「明神さま」の名で親しまれる江戸の総鎮守《ちんじゅ》
神田神社《かんだじんじゃ》

●祭神：大己貴命《オオナムジノミコト》、少彦名命《スクナビコナノミコト》、平将門命《たいらのまさかどのみこと》
●住所：東京都千代田区外神田2-16-2
●アクセス：JR御茶の水駅、秋葉原駅より徒歩5分

神田神社は、大国様といわれる**大己貴**《オオナムジノ》**命**《ミコト》と恵比寿様といわれる少彦名命《スクナビコナノミコト》と、命をかけて民衆を守った**平将門**《たいらのまさかど》を祀る。将門は承平・天慶年間、関東の政治の改革をはかるが敗死して晒《さら》し首になり、その首は**将門塚**《まさかどつか》に葬られたが、その後、塚の周辺で天変地異が起こり、当社に祀ることになった。徳川家康が江戸に入府すると、江戸の総鎮守、江戸城の**鬼門**《きもん》を守る神となった。

鴨川の水源地に座す水の神
貴船神社《きふねじんじゃ》

●祭神：高龗神《タカオカミノカミ》
●住所：京都府京都市左京区鞍馬貴船町180
●アクセス：叡山電鉄鞍馬線貴船口駅より徒歩25分

京都の北、鴨川の水源地にある場所にあり、古来、水源の神、祈雨《きう》、止雨《しう》の神として崇敬されてきた。平安京が都になってからは王城鎮護《おうじょうちんご》として、また中世からは縁結び、**心願成就**《しんがんじょうじゅ》、**航海安全の神**としても厚い信仰がある。特に結社は縁結びの神として有名で、**和泉式部**《いずみしきぶ》が夫と復縁できたという逸話《いつわ》もある。境内には御神水が湧き、その水に浮かべると文字が現れる水占《みずうら》みくじがある。

航海の守護神こんぴらさん

金刀比羅宮《ことひらぐう》

●祭神：大物主神《オオモノヌシノカミ》、崇徳天皇（相殿）
●住所：香川県仲多度郡琴平町892-1
●アクセス：JR土讃本線琴平駅より参道入口まで徒歩20分

「こんぴらさん」の名で親しまれる全国の金刀比羅宮の総本宮である。御祭神は**大物主神**《オオモノヌシノカミ》と崇徳天皇を合わせ祀る。神仏《しんぶつ》習合《しゅうごう》思想により、江戸時代までは**金毘羅**《こんぴら》**大権現**《だいごんげん》と称した。「一生に一度はこんぴら参り」と庶民に愛された。海上航海安全の守護神として信仰された。江戸時代に金毘羅神に対する信仰は全国に広がった。この金毘羅神は寺院だったが、神仏《しんぶつ》分離令《ぶんりれい》以降は神社に改められた。

全国にある海洋の神「海神《ワタツミ》」の総本社

志賀海神社《しかのうみじんじゃ》

●祭神：底津綿津見神《ソコツワタツミノカミ》、仲津綿津見神《ナカツワタツミノカミ》、表津綿津見神《ウハツワタツミノカミ》
●住所：福岡県福岡市東区志賀島877
●アクセス：JR九州香椎線西戸崎駅より西鉄バスで「志賀島」下車

全国の**綿津見神社**《わたつみじんじゃ》（海神）の総本社と称えられ、**伊邪那岐命**《イザナキノミコト》が**御祓祓**《みそぎはらえ》で出現した**綿津見三神**を奉斎し、代々阿曇《あずみ》族が祭祀を司ってきた。古来より、海上交通の守護神としての信仰が厚く、**神功皇后**《じんぐうこうごう》が**三韓**《さんかん》出兵の際に、航海の安全と無事の帰還を祈願された伝説が残っている。毎年一月の「歩射祭《ほしゃさい》」、四月と十一月の「山誉漁猟祭《やまほめかりすなどりさい》」は県の無形文化財に指定されている。一万本以上の鹿の角が奉納されている。

白山信仰《はくさんしんこう》発祥の地

白山比咩神社《しらやまひめじんじゃ》

●祭神：白山比咩大神《シラヤマヒメノオオカミ》、伊弉諾神《イザナキノカミ》、伊弉冉神《イザナミノカミ》
●住所：石川県白山市三宮町ニ105-1
●アクセス：JR北陸本線金沢駅・北陸鉄道石川線鶴来駅よりバスで「一の宮」下車

全国に約三千社ある**白山**《はくさん》神社の総本宮である。霊峰白山を御神体山とする神社で、山頂に奥宮《おくのみや》が鎮座する。奥宮は奈良時代、**泰澄**《たいちょう》という僧侶が初めて登拝《とうはい》して、山頂に祠《ほこら》を祀ったのが起源とされる。その後、加賀・美濃・越前それぞれに登拝《とうはい》するための拠点が整備された。**白山比咩大神**《シラヤマヒメノオオカミ》は菊理媛神《ククリヒメノカミ》のこととされるが、**白山**《ハクサン》**妙理権現**《ミョウリゴンゲン》とも称され、神仏習合の神として崇敬を集めた。

大化改新《たいかのかいしん》のゆかりの地

談山神社《たんざんじんじゃ》

●祭神：藤原鎌足公《ふじわらのかまたりこう》
●住所：奈良県桜井市多武峰３１９
●アクセス：JR桜井線・近鉄大阪線桜井駅よりバスで「談山神社」下車

中臣鎌足《なかとみのかまたり》（のちの藤原鎌足《ふじわらのかまたり》）と中大兄皇子《なかのおおえのおおじ》が談山神社のある多武峯《とうのみね》で大化の改新の談合をしたことが社号の由来という。鎌足没後、留学中の唐から帰国した長男の僧・定恵《じょうえ》がその遺体を多武峯に移葬し、十三重塔を建立して廟所《びょうしょ》を作った。さらに大宝元（７０１）年に鎌足の木像を安置する。十世紀頃から天台宗《てんだいしゅう》の多武峯妙楽寺《みょうらくじ》と称する寺院だったが、明治の神仏分離令《しんぶつぶんりれい》で神社に改められた。

男体山を御神体とする

日光二荒山神社《にっこうふたらさんじんじゃ》

●祭神：二荒山大神《フタラヤマノオオカミ》、大己貴命《オホナムチノミコト》、田心姫命《タゴリヒメノミコト》、味耜高彦根命《アジスキタカヒコネノミコト》
●住所：栃木県日光市山内２３０７
●アクセス：JR日光線・東武日光線日光駅より徒歩35分

霊峰男体山《なんたいさん》（二《ふた》荒《ら》山《さん》）を御神体とする。祭神の二《フタ》荒《ラ》山《ヤマノ》大《オオ》神《カミ》は、大己貴命《オホナムチノミコト》（男体山）、妃神の田心姫命《タゴリヒメノミコト》（女峰《にょほう》山《さん》）、その御子神《みこがみ》の味耜高彦根命《アジスキタカヒコネノミコト》（太郎《たろう》山《さん》）の総称である。奈良時代後期に勝道《しょうどう》上人《しょうにん》が登拝《とうはい》して祠《ほこら》を祀ったのが始まりという。元和三（１６１７）年には、徳川幕府により東照宮《とうしょうぐう》が創建されると、地主神として厚遇された。日光名所の華厳《けごん》の滝やいろは坂は境内の中にある。

蒙古襲来《もうこしゅうらい》から国を守った

筥崎宮《はこざきぐう》

●祭神：応神天皇《おうじんてんのう》、神功皇后《じんぐうこうごう》、玉依姫命《タマヨリヒメノミコト》
●住所：福岡市東区箱崎１－22－１
●アクセス：JR鹿児島本線箱崎駅より徒歩8分。西鉄バス「箱崎」下車徒歩3分。JR九州バス「箱崎1丁目」下車徒歩2分

日本の著名な八幡宮の一つで、筥崎八幡宮《はこざきはちまんぐう》とも称される。蒙古襲来の際、神風が吹いて勝機を得たということから、厄《やく》除《よけ》・勝運《しょううん》の神として有名になった。また、蒙古襲来により炎上した社殿の再興にあたり、亀山上皇から「敵国降伏」の書を賜ったことは有名。足利尊氏《あしかがたかうじ》、大内義隆《おおうちよしたか》、小早川隆景《こばやかわたかかげ》、豊臣秀吉など、歴代の武将からも信仰された。独特な形をした一の鳥居は筥崎鳥居《はこざきとりい》と呼ばれる。

江戸の総氏神
日枝神社《ひえじんじゃ》

- **祭神**：大山咋神《オオヤマクイノカミ》、国常立神《クニトコタチノカミ》、伊弉冉神《イザナミノカミ》、足仲彦尊《タラシナカツヒコノミコト》
- **住所**：東京都千代田区永田町2・10・5
- **アクセス**：地下鉄東京メトロ銀座線・南北線溜池山王駅より徒歩3分

日枝神社は、江戸城の**鎮守**《ちんじゅ》として歴代の徳川将軍から崇敬を受けてきた。家康が江戸に移封《いほう》してきて、城内の紅葉山へ遷座して城内の鎮守とした。以来、徳川将軍家をはじめ、江戸市民からは江戸の産土神《うぶすながみ》として崇敬された。日枝神社の**山王祭**《さんのうまつり》は将軍も上覧したことから天下祭という。近年は、**厄除け**、**安産**、**縁結び**、**商売繁盛**の神として知られる。

平安遷都の熱意を伝える時代祭
平安神宮《へいあんじんぐう》

- **祭神**：桓武天皇《かんむてんのう》、孝明天皇《こうめいてんのう》
- **住所**：京都府京都市左京区岡崎西天王町97
- **アクセス**：京阪鴨東線神宮丸太町駅、京都市営地下鉄東西線東山下車

明治二十八（1895）年に**平安遷都**《せんと》千百年を記念し、かつて平安遷都を行なった天皇である第五十代**桓武天皇**を祀る神社として創祀《そうし》された。皇紀二千六百年にあたる昭和十五（1940）年、平安京での最後の天皇となった**孝明天皇**が祭神に加えられた。毎年十月二十二日、京都全市域からなる平安講社の人々によって運営される**時代祭**《じだいまつり》が開催されている。

源《みなもとの》頼朝《よりとも》ゆかりの神社
三嶋大社《みしまたいしゃ》

- **祭神**：大山祇命《オオヤマツミノミコト》、積羽八重事代主神《ツミハヤエコトシロヌシノカミ》
- **住所**：静岡県三島市大宮町2・1・5
- **アクセス**：JR東海道線三島駅より徒歩約15分

祭神の**大山祇命**《オオヤマツミノミコト》は山林農産の守護神で、また、**事代主神**《コトシロヌシノカミ》は**恵比寿様**《エビス》とも俗称され、福徳の神である。創建は不明だが、古来、三島《みしま》の地に鎮座し、伊豆国の一宮として信仰されてきた。**源頼朝**《みなもとのよりとも》は伊豆流罪の頃から崇敬し、鎌倉幕府を開いて以降、伊豆・箱根とともに当社を重んじた。夏祭では「源頼朝公旗《はた》挙《あげ》出陣《しゅつじん》奉告《ほうこく》祭《さい》」が行われている。

全国のえびす様の総本社

美保神社《みほじんじゃ》

- 祭神：三穂津姫命《ミホツヒメノミコト》、事代主神《コトシロヌシノカミ》
- 住所：島根県松江市美保関町美保関608
- アクセス：JR松江駅より一畑バスで「美保関ターミナル」下車のち美保関町民バス「美保関」下車

祭神の三穂津姫命《ミホツヒメノミコト》は**大国主神**《オオクニヌシノカミ》の后神《きさきがみ》、また**事代主神**《コトシロヌシノカミ》は御子神《みこがみ》で「**ゑびす様**」ともいわれる。「事代」の事とは「言」の意味で、言葉を司る神である。国譲りの神話に登場、重要な役割を果たした。現在は、商売繁盛のほか、航海安全や大漁を祈願する漁師、船乗りからの信仰が厚い。社殿は**大社**《おおやしろ》**造**《づくり》の本殿を左右二棟並立させるという特別な様式となっており、**美**《み》**保**《ほ》**造**《づくり》と呼ばれる。

明治天皇を祀る代々木の杜

明治神宮《めいじじんぐう》

- 祭神：明治天皇《めいじてんのう》、昭憲皇太后《しょうけんこうたいごう》
- 住所：東京都渋谷区代々木神園町1-1
- アクセス：JR山手線原宿駅より徒歩1分。地下鉄千代田線明治神宮前駅より徒歩1分

明治神宮には、**明治天皇**と后妃《こうひ》の**昭憲皇太**《しょうけんこうたい》**后**《ごう》を祀る。明治天皇は明治四十五（1912）年に昭憲皇太后は大正三（1914）年に崩御された。その後、大正九（1920）年に祭神とゆかりの深い代々木の地に明治神宮が創建された。代々木の杜《もり》は、このときに、国民から献木《けんぼく》された約十万本の木を植林して誕生した。初詣の参拝客は全国一とされ、境内には聖徳記念《せいとくきねん》絵画館や神宮球場などがある。

越後国の開拓の祖神を祀る

彌彦神社《やひこじんじゃ》

- 祭神：天香山命《アメノカゴヤマノミコト》
- 住所：新潟県西蒲原郡弥彦村弥彦2887-2
- アクセス：JR弥彦線弥彦駅より徒歩10分

弥彦山《やひこやま》全体を神域とし、その山麓に鎮座する古社。創建年代は不明だが、『万葉集』に彌彦神社の神を詠んだ歌が二首みえる。祭神の**天香山命**《アメノカゴヤマノミコト》は神武《じんむ》天皇より越後国開拓の詔《みことのり》を受け、住民に漁労や製塩、養蚕、稲作などを教えたと伝えらている。また、源義家《みなもとのよしいえ》や源義経《よしつね》、上杉謙信《うえすぎけんしん》らの武家からの崇敬を受け、重要文化財の**志**《し》**田**《だの》**大**《おお》**太**《た》**刀**《ち》という巨大な太刀を所蔵する。

湊川神社　みなとがわじんじゃ …… 145、158、159
源義経　みなもとのよしつね …… 158、159、199
源頼朝　みなもとのよりとも …… 28、158、159、170、199、204
源頼義　みなもとのよりよし …… 199
宮　みや …… 52
明神系鳥居　みょうじんけいとりい …… 68
明神鳥居　みょうじんとりい …… 66、67、68
神葭神事　みよししんじ …… 180
三輪鳥居　みわとりい …… 68、194
三輪流神道　みわりゅうしんとう …… 36
諸社　しょしゃ …… 54、55
無格社　むかくしゃ …… 54、55
牟須美大神　ムスビノオオカミ …… 155
宗像三女神　むなかたさんにょしん …… 200
宗像大社　むなかたたいしゃ …… 57、122、207
棟　むね …… 60
宗忠神社　むねただじんじゃ …… 69
宗忠鳥居　むねただとりい …… 69
明階　めいかい …… 82、83
明治神宮　めいじじんぐう …… 78、81、144、145、162、163、189、225
明治天皇　めいじてんのう …… 145、160、162、204、234
目黒不動尊　めぐろふどうそん …… 73
女千木　めちぎ …… 60
本居宣長　もとおりのりなが …… 16、48
物部一族　もののべいちぞく …… 141

や

八重垣神社　やえがきじんじゃ …… 149、208、209
八重事代主神　ヤエコトシロヌシノカミ …… 130
八百万の神　やおよろずのかみ …… 16、22、90、124
八上比売　ヤガミヒメ …… 128、150
薬師如来　やくしにょらい …… 38、154、155、205
厄年　やくどし …… 224、225
八坂神社　やさかじんじゃ …… 68、81、100、144、145、149、155、171、180、181、225
八坂戸売神　ヤサカトメノカミ …… 182
八尺瓊勾玉　やさかにのまがたま …… 140、141
八咫鏡　やたのかがみ …… 56、190
八島士奴美神　ヤシマジヌミノカミ …… 129
社　やしろ …… 52、53
靖国神社　やすくにじんじゃ …… 69
靖国鳥居　やすくにとりい …… 69
八十神　ヤソガミ …… 128、129
八十禍津日神　ヤソマガツヒノカミ …… 121
屋台　やたい …… 104
八咫烏　やたがらす …… 136、137
八咫烏神社　やたがらすじんじゃ …… 137
八咫鏡　やたのかがみ …… 140、141、190、232
八千矛神　ヤチホコノカミ …… 129
柳田国男　やなぎだくにお …… 225
八開手　やひらで …… 216
八尋殿　やひろどの …… 116
山崎闇斎　やまざきあんさい …… 46
山幸彦　やまさちひこ …… 134、135、136、206、208
ヤマタノオロチ　やまたのおろち …… 56、126、127、140、141、148、149
倭建命　ヤマトタケルノミコト …… 138、139、140、141、204
倭姫命　ヤマトヒメノミコト …… 138、139、140、190、191
山鉾　やまほこ …… 104
揖　ゆう …… 216
湯島天満宮　ゆしまてんまんぐう …… 175
斎庭　ゆにわ …… 10、80、153
横拝殿　よこはいでん …… 64、65
吉佐宮　よさのみや …… 191
吉川惟足　よしかわこれたり …… 46
吉川神道　よしかわしんとう …… 20、46
吉田兼倶　よしだかねとも …… 40、44
吉田松陰　よしだしょういん …… 162、163
吉田神社　よしだじんじゃ 38、40、44、46、108、161、225
吉田神道　よしだしんとう …… 20
黄泉国　よみのくに 13、118、118、120、148、178、184
黄泉国大神　ヨモツオオカミ …… 118
予母都志許売　ヨモツシコメ …… 118、119
黄泉津比良坂　よもつひらさか　118、119、156、157、174
依代　よりしろ …… 56、57、98、104、180、218

ら

律令体制　りつりょうたいせい …… 24、172
理当心地神道　りとうしんちしんとう …… 46
両界曼荼羅　りょうかいまんだら …… 36
両部神道　りょうぶしんとう …… 20、36、38
両部鳥居　りょうぶとりい …… 68
理当心地神道　りとうしんちしんとう …… 20

わ

和気清麻呂　わけのきよまろ …… 74、170
和豆良比能宇斯能神　ワズライノウシノカミ …… 121
綿津見　わたつみ …… 206
綿津見三神　ワタツミノサンシン …… 120
度会家行　わたらいいえゆき …… 42
度会国御神社　わたらいくにみじんじゃ …… 191
度会延圭　わたらいのぶよし …… 46
度会行忠　わたらいゆきただ …… 42
蕨手　わらびて …… 77
割拝殿　わりはいでん …… 64、65

走水神社　はしりみずじんじゃ ……………………… 139
泰公伊呂具　はたのきみのいろぐ …………………… 176
八幡宮　はちまんぐう …………………… 69、80、171
八幡神　はちまんしん ……… 26、102、145、154、155、170、171、198、199
八幡大菩薩　はちまんだいぼさつ ………… 40、44、152
八幡造　はちまんづくり ……………………………… 60
八幡鳥居　はちまんとりい …………………………… 69
八所御霊　はっしょごりょう ………………… 164、165
初節句　はつせっく ………………………… 222、226、227
初宮参り　はつみやまいり ………………………… 8、226
破魔矢　はまや ……………………………… 222、223
破魔弓　はまゆみ …………………………… 222、223
速秋津日子神　ハヤアキツヒコノカミ ………………… 117
林羅山　はやしらざん ………………………………… 46
速玉大神　ハヤタマノオオカミ ……………………… 155
隼人　はやと ………………………………… 134、135
比叡山延暦寺　ひえいざんえんりゃくじ …………… 38、102
日枝神社　ひえじんじゃ …………………… 75、104
日吉造　ひえづくり ………………………… 60、61、63
氷川神社　ひかわじんじゃ ………… 73、81、149、204
日河比売　ヒカワヒメ ………………………………… 129
曳山　ひきやま ………………………………………… 104
庇　ひさし ……………………………………………… 63
毘沙門天　ビシャモンテン ………………… 166、167
火之迦具土神　ヒノカグツチノカミ …………… 117、150
日比谷大神宮　ひびやだいじんぐう ………………… 232
日向三代　ひゅうがさんだい ………………………… 208
瓢箪山稲荷大社　ひょうたんやまいなりたいしゃ ………… 177
日吉大社　ひよしたいしゃ ……38、68、74、75、102、189
平入り　ひらいり ……………… 61、62、63、64、65
平入り型　ひらいりがた …………………………… 60
水蛭子神　ヒルコノカミ　116、146、147、166、177、201
廣田神社　ひろたじんじゃ ………………………… 201
深淵之水夜礼花神　フカブチノミズヤレハナノカミ ……… 129
福禄寿　フクロクジュ ……………………………… 166
富士山本宮浅間大社　ふじさんほんぐうせんげんたいしゃ …… 153、202
藤島神社　ふじしまじんじゃ ………………… 158、159
富士浅間曼荼羅図　ふじせんげんまんだらず ………… 202
伏見稲荷大社　ふしみいなりたいしゃ ……… 65、73、79、153、176、177、188
藤原種継　ふじわらのたねつぐ ……………… 164、165
藤原鎌足　ふじわらのかまたり ……………………… 31
藤原時平　ふじわらのときひら ……………… 157、174
藤原不比等　ふじわらのふひと ……………………… 195
仏家神道　ぶっかしんとう …………………………… 38
復古神道　ふっこしんとう ………………………… 20、48
経津主神　フツヌシノカミ …… 150、151、195、199、206
布帝耳神　フテミミノカミ …………………………… 129
布刀玉命　フトタマノミコト ………… 70、124、125、133
船橋大神宮　ふなばしだいじんぐう ………………… 188
布波能母遅久奴須奴神　フハノモチクヌスヌノカミ ……… 129
風流踊　ふりゅうおどり ……………………………… 100
平安神宮　へいあんじんぐう ………… 81、144、145
平家物語　へいけものがたり ………………………… 182
平城京　へいじょうきょう ………………… 112、195
幣殿　へいでん ………………………………………… 64
幣帛　へいはく ……………… 24、54、55、172、190
癖邪　へきじゃ ………………………………………… 72
辺疎神　ヘザカルノカミ ……………………………… 121
辺津甲斐弁羅神　ヘツカイベラノカミ ……………… 121
別格官幣社　べっかくかんぺいしゃ ………… 54、55、158
別宮　べつぐう ……………………………… 92、190
別宮摂社　べつぐうせっしゃ ………………………… 190
辺津那芸佐毘古神　ヘツナギサビコノカミ …………… 121
辺津宮　へつみや ……………………………………… 207
弁財天　ベンザイテン ………………………………… 166
報徳社　ほうとくしゃ ………………………………… 162
報徳二宮神社　ほうとくにのみやじんじゃ ………… 162　163
防府天満宮　ほうふてんまんぐう …………………… 175
火遠理命　ホオリノミコト ……………… 134、135、208
法華経　ほけきょう ……………………………… 40、160
祠　ほこら ……………………………………… 52、53
法華神道　ほっけしんとう …………………………… 40
布袋　ホテイ …………………………………………… 166
火照理命　ホデリノミコト ……………… 134、135、152
本地垂迹思想　ほんじすいじゃくしそう ……………… 38
本地垂迹説　ほんじすいじゃくせつ ………… 20、26、30、36、38、205
本地仏　ほんじぶつ ………………………… 26、38
誉田八幡宮　ほんだはちまんぐう …………………… 171
誉田別命　ホンダワケノミコト ……… 154、155、171、198
本殿　ほんでん ……………………………… 58、59

ま

埋葬祭　まいそうさい ………………………………… 235
前垂注連　まえだれじめ …………………………… 70、71
勾玉　まがたま ……… 56、122、123、124、125、140、141、218、219
禍津日神　マガツヒノカミ …………………………… 120
纏向日代遺跡　まきむくひしろいせき ……………… 139
将門の首塚　まさかどのくびづか …………………… 156
正鹿山津見神　マサカヤマツミノカミ ……………… 146
真清田神社　ますみだじんじゃ ……………………… 210
末社　まっしゃ ………………… 58、59、92、164、190
松尾大社　まつのおたいしゃ ……………………… 75、189
客人　マロウド ………………………………………… 38
万葉集　まんようしゅう ………… 48、52、156、204
神酒　みき ……………… 88、222、223、232、233
御饌津神　ミケツカミ ………………………………… 176
御毛沼命　ミケヌノミコト …………………………… 135
巫女　みこ ……………………………………… 82、83
巫女神楽　みこかぐら ………………………………… 98
神輿　みこし …………………………………………… 102
御杣始祭　みそまはじめさい …………………… 92、94
御嶽神社　みたけじんじゃ …………………………… 151
御霊代　みたましろ ……………………………… 56、190
御手洗川　みたらしがわ ……………………………… 214
道之長乳歯神　ミチノナガチハノカミ ……………… 121
三峯神社　みつみねじんじゃ ………………………… 74

武田神社　たけだじんじゃ …… 160、161
建御雷神　タケミカズチノカミ …… 74、130、131、146、150、151、182、195、197、206
建御名方神　タケミナカタノカミ …… 88、130、131、150、182、183、197
田心姫神　タゴリヒメノカミ …… 38、200
太宰府天満宮　だざいふてんまんぐう …… 81、156、174、175
山車　だし …… 104
手力男神　タヂカラオノカミ …… 98、124、125、133、204
橘大夫　たちばなのたいふ …… 165
縦拝殿　たてはいでん …… 64、65
玉串奉奠　たまぐしほうてん …… 214、232、233
玉祖命　タマノオヤノミコト …… 125、133、140、141
魂振　たまふり …… 98
玉依毘売　タマヨリビメ …… 135
玉依媛命　タマヨリヒメノミコト …… 196
談山神社　たんざんじんじゃ …… 31、77
千木　ちぎ …… 60、61、63、132
茅の輪　ちのわ …… 184、181
道俣神　チマタノカミ …… 121
地鎮祭　ちんこんさい …… 90
鎮守　ちんじゅ …… 38、205
鎮守神　ちんじゅしん …… 170、228
鎮守勅祭　ちんじゅちょくさい …… 204
鎮地祭　ちんちさい …… 90、92
衝立船戸神　ツキタツフナトノカミ …… 121
月次祭　つきなみさい …… 96
筑紫の阿波岐原　つくしのあわきはら …… 120
筑紫島　つくしのしま …… 117
月読命　ツクヨミノミコト …… 120、121、148、149
津島神社　つしまじんじゃ …… 155、160、171、180、181
妻入り　つまいり …… 61、62、63、64、65、193
妻入り型　つまいりがた …… 60
鶴岡八幡宮　つるがおかはちまんぐう …… 28、155、164、170、171、199
手名椎　テナヅチ …… 126、129
手水舎　てみずや …… 76
天神　テンジン …… 174
天神講　てんじんこう …… 174
天神様　てんじんさま …… 79、154、155
天神社　てんじんしゃ …… 156、189
天神信仰　てんじんしんこう …… 174、175
天神像　てんじんぞう …… 174
天神堂　てんじんどう …… 180
天孫降臨　てんそんこうりん …… 98、125、132、140、141、152、208、209
天台宗　てんだいしゅう …… 38、154、203、220、221
天満大自在天神　てんまいだいじざいてんじん …… 156
天満宮　てんまんぐう …… 156、171、175
天満自在天神　てんまんじざいてんじん …… 174、175
天武天皇　てんむてんのう …… 112
東京大神宮　とうきょうだいじんぐう …… 188、189、232
東郷神社　とうごうじんじゃ …… 145、162、163
東郷平八郎　とうごうへいはちろう …… 145、162、163
東照宮　とうしょうぐう …… 205
東照大権現　とうしょうだいごんげん …… 38、160、161、205
東大寺大仏　とうだいじだいぶつ …… 170
灯籠　とうろう …… 59、76、77
遠野物語　とおのものがたり …… 225
徳川家康　とくがわいえやす …… 38、80、144、145、160、161、205
十種の神宝　とくさのかんだから …… 141
特殊神事　とくしゅしんじ …… 96
常世国　とこよのくに …… 128、129、149
十拳剣　とつかのつるぎ …… 122、123、126、127、137
登美能那賀須泥毘古　トミノナカスネビコ …… 136
豊受大神宮　とようけだいじんぐう …… 172、190、191
豊受大神　トヨウケノオオカミ …… 36、42、92
豊宇気毘売神　トヨウケビメノカミ …… 146、147、172、190
豊国神社　とよくにじんじゃ …… 144、145、160、161
豊国大明神　とよくにだいみょうじん …… 160、161
豊玉毘売　トヨタマビメ …… 134、135
豊臣秀吉　とよとみひでよし …… 80、144、145、158、160、161、200
鳥居　とりい …… 58、59、66、67、68、69、70、78、79
鳥之石楠船神　トリノイワクスブネノカミ …… 117

な

内侍所御神楽　ないしどころみかぐら …… 98
直会　なおらい …… 64、88
中筒之男命　ナカツツノオノミコト …… 121、184、185
中津綿津見神　ナカツワタツミノカミ …… 121
中山鳥居　なかやまとりい …… 68
流造　ながれづくり …… 60、196、204
夏越の祓　なごしのはらえ …… 180、181
新嘗祭　にいなめさい …… 90、92、96
饒速日命　ニギハヤヒノミコト …… 141
西宮大神　ニシノミヤオオカミ …… 201
二十二社　にじゅうにしゃ …… 188、189
日蓮宗　にちれんしゅう …… 40、179
日光東照宮　にっこうとうしょうぐう …… 63、73、76、77、81、144、145、160、161、205
新田義貞　にったよしさだ …… 158、159
邇々芸命　ニニギノミコト …… 10、125、132、133、134、135、140、141、152、153、208、209
二宮尊徳（金次郎）　にのみやそんとく（きんじろう）162、163
二拝二拍手一拝　にはいにはくしゅいっぱい …… 216
日本書紀　にほんしょき …… 8、14、44、48、112、113、138、140、144、150、151、184、191、195、197
禰宜　ねぎ …… 82、83、102
根の国　ねのくに …… 122、128、129、150
乃木神社　のぎじんじゃ …… 162、163
乃木希典　のぎまれすけ …… 162、163
祝詞　のりと …… 124、125、214、232、233

は

拝殿　はいでん …… 58、59、70、72
廃仏毀釈　はいぶつきしゃく …… 30
筥崎宮　はこざきぐう …… 173
箱根神社　はこねじんじゃ …… 153

神主仏従説　しんしゅぶつじゅうせつ……………… 42、44
神身離脱説　しんしんりだつせつ ……………………… 26
神饌　しんせん………………… 58、88、89、223、232
神葬祭　しんそうさい ……………………………… 234
神託　しんたく ……… 152、154、170、190、198、200
神徳　しんとく ‥ 147、149、151、153、155、161、163
神仏習合　しんぶつしゅうごう………… 20、26、30、38、
68、76、154、170、178、189、203、205
神仏分離令　しんぶつぶんりれい …… 20、30、31、158、
180、220
神木　しんぼく ………………………… 56、57、70
神名帳　じんみょうちょう……… 24、54、55、192、210
神武天皇　じんむてんのう ………134、135、136、137、
197、208
神武東征　じんむとうせい ………………… 136、137
神馬　じんめ……………………………… 222、223
神明系鳥居　しんめいけいとりい ……………………… 69
神明社　しんめいしゃ …………………… 172、189
神明造　しんめいづくり ……………… 60、62、192
神明鳥居　しんめいとりい ……………66、67、69、78
神紋　しんもん ………………………………… 80、81
神役　しんやく ……………………………………… 224
神霊　しんれい‥ 102、140、152、180、194、202、204
垂加神道　すいかしんとう ………………… 20、46
推古天皇　すいこてんのう ……………… 113、141
水天宮　すいてんぐう ………………………… 145、159
垂仁天皇　すいにんてんのう ………… 190、191、202
水盤舎　すいばんしゃ ……………………… 76、77
須賀宮　すがのみや ……………………… 149、126
菅原神社　すがわらじんじゃ ……………………… 79
菅原道真　すがわらのみちざね ………145、156、157、
164、165、174、175
少彦名神社　すくなひこなじんじゃ………………… 151
少名毘古那神　スクナビコナノカミ 130、131、150、151、194
須佐神社　すさじんじゃ ……………………… 62
須佐之男大神　スサノオノオオカミ……………… 201
須佐之男命　スサノオノミコト……… 56、120、121、122、
123、126、127、128、129、140、141、144、145、
148、149、150、151、154、155、178、180、181、
204、207、208、209、225
崇神天皇　すじんてんのう ………………… 190、194
須世理毘売　スセリビメ ………………………… 128
崇道天皇　すどうてんのう ……………98、164、165
崇徳上皇　すとくじょうこう………………… 145、164
住吉三神　スミヨシノサンシン ………… 120、184、185
住吉信仰　すみよししんこう ……………… 184、185
住吉神社　すみよしじんじゃ ………… 171、184、185
住吉大社　すみよしたいしゃ 62、81、120、170、184、185
住吉大明神　スミヨシダイミョウジン ……………… 40
住吉造　すみよしづくり ……………………… 60、62
諏訪信仰　すわしんこう ………………… 182、183
諏訪神社　すわじんじゃ ……………………… 182
諏訪大社　すわたいしゃ ………88、171、182、183、188
諏訪法性兜　すわほっしょうかぶと…………… 182、183
正階　せいかい………………………………… 83
誓詞　せいし ……………………………………… 233
正式参拝　せいしきさんぱい ……………………… 214
生饌　せいせん……………………………………… 88
晴明神社　せいめいじんじゃ ……………… 156、157
摂社　せっしゃ ………………………… 58、59、92
蝉丸　せみまる ……………………………………… 157
浅間神社　せんげんじんじゃ ………63、152、202
浅間大社　せんげんたいしゃ ……………… 57、202
浅間造　せんげんづくり ……………………… 63
宗源宣旨　そうげんせんじ ……………………… 44
底筒之男命　ソコツツノオノミコト …………… 121、185
底津綿津見神　ソコツワタツミノカミ …………… 121
外削ぎ　そとそぎ………………60、61、62、63
蘇民将来　そみんしょうらい ……………………… 181
蘇民招来之子孫　そみんしょうらいのしそん……… 180、181
村社　そんしゃ …………………………… 54、55

た

大安寺　だいあんじ……………………………… 198
大教院　だいきょういん ……………………… 32
大教宣布　だいきょうせんぷ ………………… 32
大元宮　だいげんきゅう ……………………… 44
大元尊神　ダイゲンソンシン ………………… 44
大黒天　ダイコクテン ……………… 150、166、167
太鼓台　たいこだい…………………………… 104
大権現　だいごんげん………………………… 189、205
大根注連　だいこんじめ …………………… 70、71
大社　たいしゃ ……………………………… 54
大社造　たいしゃづくり ………… 60、62、192、193
大嘗会　だいじょうえ ……………………… 62
太政官　だいじょうかん ……………………… 24
大嘗祭　だいじょうさい ………………… 90、104
大正天皇　たいしょうてんのう …………… 158、232
胎蔵界　たいぞうかい…………………………… 36
大明神　ダイミョウジン ………………………… 189
平清盛　たいらのきよもり ……………28、159、200
平将門　たいらのまさかど ……… 145、156、157、198
台輪鳥居　だいわとりい ……………………… 68
多賀大社　たがたいしゃ ……………… 147、189、203
高千穂神楽　たかちほかぐら ……………………… 98
高千穂神社　たかちほじんじゃ ……… 153、208、209
高千穂宮　たかちほのみや………………… 136、137
多賀宮　たかのみや…………………………… 191
高橋稲荷神社　たかはしいなりじんじゃ……………… 177
高天原　たかまのはら ……… 10、114、116、120、122、
124、126、131、140、141、146、148、149、150、
152、192、195
高御産巣日神　タカミムスヒノカミ……………… 114、152
多岐都比売命　タキツヒメノミコト ………………… 123
湍津姫神　タギツヒメノミコト ……………… 200、207
荼枳尼天　ダギニテン ……………… 154、176、177
滝宮天満宮　たきのみやてんまんぐう ……………… 175
瀧原宮　たきはらのみや ………………………… 191
多紀理毘売命　タキリビメノミコト …………… 123、207
建勲神社　たけいさおじんじゃ ……………… 160、161
武田信玄　たけだしんげん ……… 160、161、182、183

傀儡師　ぐぐつし ……………………………… 201
草薙神剣　くさなぎのつるぎ ……… 56、126、127、138、139、140、141
櫛名田比売　クシナダヒメ …………126、127、129、148、149、204、218、219
国津神　クニツカミ ……………… 126、132、150、152
国常立尊　クニトコタチノミコト ……………………… 44
国譲り　くにゆずり ‥130、132、150、182、195、197、206
熊野久須毘命　クマノクスビノミコト ………………… 123
熊野参詣曼陀羅　くまのさんけいまんだら ………… 179
熊野三山　くまのさんざん‥145、154、155、178、178、179
熊野三所権現　クマノサンショゴンゲン 145、154、155、179
熊野信仰　くまのしんこう ………………… 178、179
熊野大社　くまのたいしゃ ………………… 136、171
熊野那智大社　くまのなちたいしゃ ………… 57、75、159、178、179
熊野本宮大社　くまのほんぐうたいしゃ 155、178、179、189
熊野詣　くまのもうで …………………………… 218
建勲神社　けんくんじんじゃ ……………………… 145
後期伊勢神道　こうきいせしんとう ………………… 46
皇室祭祀令　こうしつさいしれい …………………… 90
皇室典範　こうしつてんぱん ………………………… 90
皇大神宮　こうたいじんぐう …………… 172、190、191
護王神社　ごおうじんじゃ …………………………… 74
御形祭　ごぎょうさい ………………………………… 94
国学　こくがく ………………………………………… 20
国幣社　こくへいしゃ …………………………… 54、55
国幣小社　こくへいしょうしゃ ……………………… 55
国幣大社　こくへいたいしゃ ………………… 55、210
護国神社　ごこくじんじゃ …………………………… 69
腰掛神社　こしかけじんじゃ ……………………… 139
古事記　こじき ……… 48、112、113、114、140、144、184、194、195、206
古事記伝　こじきでん ………………………………… 48
御神体　ごしんたい ……… 30、56、57、58、64、92、139、140、144、152、160、172、194
牛頭天王　ゴズテンノウ ………… 30、144、145、154、155、180、181
牛頭天王神社　ごずてんのうじんじゃ ……………… 180
国家神道　こっかしんとう ………………… 20、32
籠神社　このじんじゃ ……………………………… 147
木花之佐久夜毘売　コノハナノサクヤビメ…………132、133、134、135、152、153、202、208
木花知流比売　コノハナチルヒメ ………………… 129
御幣　ごへい……………………… 56、57、98、125
牛蒡注連　ごぼうじめ ………………………… 70、71
護法善神説　ごほうぜんしんせつ …………………… 26
狛犬（高麗犬）　こまいぬ ………………58、59、72、73
駒宮神宮　こまみやじんぐう ……………………… 137
御霊　ごりょう ……………………98、141、164、165
御霊会　ごりょうえ ………… 98、154、155、165、180
御霊神　ごりょうしん ……………………… 144、164
御霊信仰　ごりょうしんこう ………………… 164、165
権宮司　ごんぐうじ ………………………… 82、83
権現　ごんげん………………………………… 30、189
権現造　ごんげんづくり ……………… 61、63、205

さ

酒折の宮　さかおりのみや ………………………… 139
坂田金時　さかたのきんとき ……………………… 157
坂上田村麻呂　さかのうえのたむらまろ…………… 202
刺国若比売　サシクニワカヒメ …………………… 129
佐田彦大神　サタヒコノオオカミ…………………… 176
里神楽　さとかぐら …………………………………… 98
寒川神社　さむかわじんじゃ ……………… 145、210、225
寒川比古命　サムカワヒコノミコト ………………… 145
猿田彦神社　さるたひこじんじゃ ………… 157、208、209
猿田毘古神　サルタビコノカミ …………132、133、152、153、208
三貴子　さんきし ………………………………… 120、148
三十番神　さんじゅうばしん …………………………… 40
三種の神器　さんしゅのじんぎ ‥56、126、138、140、141
山王一実神道　さんのういちじつしんとう………… 38、205
山王信仰　さんのうしんこう …………………………… 38
参道　さんどう ……………………… 58、59、72、78
鹽竈神社　しおがまじんじゃ ……………………… 206
塩土老翁神　シオツチオジノカミ ………………… 206
塩椎神　シオツチノカミ ……………… 134、135、206
潮干珠　しおひのたま ………………………… 134、135
潮盈珠　しおちのたま ………………………………… 134
式内社　しきないしゃ …………… 24、54、188、210
獅子神楽　ししかぐら ………………………………… 98
七福神　しちふくじん ………………… 146、150、166
七福神信仰　しちふくじんしんこう………………… 167
地鎮祭　じちんさい …………………………… 71、92、96
紙垂　しで ………………………………………… 70、71
志那都比古神　シナツヒコノカミ ………………… 117
地主神　じぬしがみ ………… 17、38、58、174、182
注連縄　しめなわ ……………………… 52、70、71、124
注連の子　しめのこ ……………………………… 70、71
下鴨神社　しもがもじんじゃ………………… 63、80、196
下御霊神社　しもごりょうじんじゃ ……………… 164、165
霜月神楽　しもつきかぐら …………………………… 98
社格　しゃかく ………………… 24、58、32、54、81
社号　しゃごう …………………………………… 188、184
社務所　しゃむしょ ………………… 58、59、193、214
習合神　しゅうごうしん …………………… 144、145
修祓　しゅうばつ …………………………………… 233
儒家神道　じゅかしんとう …………………………… 46
寿老人　ジュロウジン ……………………………… 166
招魂社　しょうこんしゃ………………………………… 32
神祇官　じんぎかん ……………………24、32、54、55
神祇制度　じんぎせいど ……………………………… 210
神功皇后　じんぐうこうごう‥‥ 154、155、171、192、198
神宮祭祀　じんぐうさいし ………………………… 86、92
神宮寺　じんぐうじ ………………………… 26、30、203
神宮大麻　じんぐうたいま ……………… 172、218、219
神号　しんごう ……………… 30、44、160、161、205
真言密教　しんごんみっきょう……… 20、36、176、187
神使　しんし ………………………………… 74、176、195
神社祭祀　じんじゃさいし …………………… 86、88、96
神社本庁　じんじゃほんちょう……………32、82、83、96

大宜都比売神　オオゲツヒメノカミ …… 117
大事忍男神　オオコトオシオノカミ …… 117
大田田根子　おおたたねこ …… 194
大津神社　おおつじんじゃ …… 191
大年神　オオトシノカミ …… 129
大戸日別神　オオトヒワケノカミ …… 117
大直毘神　オオナオビノカミ …… 121
大己貴神　オオナムチノカミ …… 194
太安万侶　おおのやすまろ …… 113
大祓大麻　おおはらいたいま …… 218
大禍津日神　オオマガツヒノカミ …… 121
大御饌　おおみけ …… 190
大宮（大比叡）　オオミヤ（オオヒエ） …… 38
大宮能売大神　オオミヤノメノオオカミ …… 176
大神神社　おおみわじんじゃ …… 22、56、57、68、74、75、81、130、131、144、145、150、194
大物主大神　オオモノヌシノオオカミ …… 194
大八嶋国　おおやしまくに …… 116、117
大屋毘古神　オオヤビコノカミ …… 117
大山祇神社　おおやまづみじんじゃ …… 210
大山津見神　オオヤマツミノカミ …… 117、129、132、133
大倭豊秋津島　おおやまととよあきつしま …… 117
大綿津見神　オオワタツミノカミ …… 117
おかげ参り　おかげまいり …… 172、173、190
奥疎神　オキザルノカミ …… 121
奥津甲斐弁羅神　オキツカイベラノカミ …… 121
奥津那芸佐毘古神　オキツナギサビコノカミ …… 121
息長足姫命　オキナガタラシヒメノミコト …… 184
息長帯比賣命　オキナガタラシヒメノミコト …… 198
隠岐之三子島　おきのみつごのしま …… 117
御木曳初式　おきひきそめしき …… 92、94
置山　おきやま …… 104
お喰い初め　おくいぞめ …… 226、227
奥山津見神　オクヤマツミノカミ …… 146
お鍬さん　おくわさん …… 172
御鍬祭　おくわまつり …… 172
忍壁皇子　おさかべのみこ …… 113
お七夜　おしちや …… 226、227
お多賀さん　おたがさん …… 203
お多賀杓子　おたがしゃくし …… 203
織田信長　おだのぶなが …… 38、145、160、161
弟宇迦斯　オトウカシ …… 134
男神社　おとこじんじゃ …… 137
弟橘比売命　オトタチバナヒメノミコト …… 139
淤能碁呂島　おのごろしま …… 116、117
男之水門　おのみなと …… 136
鉄漿　おはぐろ …… 230
お祓えさん　おはらえさん …… 218
御祓大麻　おはらいたいま …… 172、219
帯祝い　おびいわい …… 226
帯解き　おびとき …… 228、229
大碓命　オホウスノミコト …… 138
淤美豆奴神　オミヅヌノカミ …… 129
思金神　オモイカネノカミ …… 124、125
御師　おんし …… 172、178、218、219
陰陽師　おんみょうじ …… 156
陰陽道　おんみょうどう …… 20、44、218

か

迦具土神　カグツチノカミ …… 116、118、119、146、147
賢所　かしこどころ …… 232、233
橿原神宮　かしはらじんぐう …… 136、137、144、189
白檮原宮　かしはらのみや …… 136、137
鹿島神宮　かしまじんぐう …… 74、75、150、151、188、189、195、197
鹿島鳥居　かしまとりい …… 69
春日大社　かすがたいしゃ …… 63、74、75、150、151、188、189、195、198
春日造　かすがづくり …… 60、63、195、201
春日灯籠　かすがとうろう …… 76、77
風木津別之忍男神　カゼモクツワケノオシオノカミ …… 117
月山神社　がっさんじんじゃ …… 149
香取神宮　かとりじんぐう …… 151、188、189、195、197
神生み　かみうみ …… 116、117、122、146、147、208
上賀茂神社　かみがもじんじゃ …… 63、80、196
神倉神社　かみくらじんじゃ …… 137
上御霊神社　かみごりょうじんじゃ …… 164、165
神棚　かみだな …… 8
神大市比売　カムオオイチヒメ …… 129、159
神直毘神　カムナオヒノカミ …… 121
神産巣日神　カムムスビノカミ …… 114、128、150
賀茂神社　かもじんじゃ …… 196
賀茂建角身命　カモノタケツヌミノミコト …… 196
賀茂別雷神社　かもわけいかつちじんじゃ …… 196
賀茂別雷大神　カモワケイカツチノオオカミ …… 196
鹿屋野比売神（野の神）　カヤノヒメノカミ …… 117
観慶寺　かんけいじ …… 180
元三大師　がんさんだいし …… 220、221
勧請　かんじょう …… 26、40、80、204、205
観音みくじ　かんのんみくじ …… 220、221
官幣社　かんぺいしゃ …… 54、55、158
官幣大社　かんぺいたいしゃ …… 54、55、210
桓武天皇　かんむてんのう …… 227、164、165
還暦　かんれき …… 230、231
祇園御霊会　ぎおんごりょうえ …… 154
祇園社　ぎおんしゃ …… 180、189
祇園祭　ぎおんまつり …… 96、154、180、100、104、107
北野天満宮　きたのてんまんぐう …… 68、75、79、145、156、174、175、189
杵築大社　きづきのおおやしろ …… 192、204
吉祥天　キッショウテン …… 166
吉水院　きっすいいん …… 158
祈年祭　きねんさい …… 96
吉備津神社　きびつじんじゃ …… 210
宮中祭祀　きゅうちゅうさいし …… 86、90
宮中三殿　きゅうちゅうさんでん …… 86、90
霧島神宮　きりしまじんぐう …… 208、209
霧島神社　きりしまじんじゃ …… 153
切妻造　きりつまづくり …… 60、61、62、63、193
近代社格制度　きんだいしゃかくせいど …… 210
宮司　ぐうじ …… 82、83

索引

あ

飽咋之宇斯神　アキグイノウシノカミ ………… 121
秋葉山本宮秋葉神社　あきはさんほんぐうあきはじんじゃ‥ 147
浅間大神　アサマノオオカミ ………… 202
足名椎　アシナヅチ ………… 126、129
葦原色許男神　アシハラノシコオノカミ ………… 129、150
葦原中国　あしはらのなかつくに ………… 124、128、129、130、131、132、133、136、141、150、151、152、153、192
葦船　あしふね ………… 116、146、147、201
安宅住吉神社　あたかすみよしじんじゃ ………… 185
愛宕神社　あたごじんじゃ ………… 147
熱田神宮　あつたじんぐう ………… 56、57、139、140、141、160、188、189
熱田大明神　あつただいみょうじん ………… 40
安倍晴明　あべのせいめい ………… 156、157
安倍晴明神社　あべのせいめいじんじゃ ………… 157
天津神　アマツカミ ………… 116、152
天津日子根命　アマツヒコネノミコト ………… 123
天津日高日子波限建鵜葺草葺不合命
アマツヒタカヒコナギサタケウカヤフキアヘズノミコト 111、135
天津日子番能邇々芸命　アマツヒコホノニニギノミコト ‥‥ 153
天照大御神　アマテラスオオミカミ ………… 10、36、40、42、46、48、60、66、70、90、92、120、121、122、123、124、125、126、130、132、138、140、141、144、145、146、147、148、149、152、153、172、188、190、191、192、195、197、201、207
天照皇太神宮　アマテラスコウタイジングウ ………… 44
天岩戸神社　あまのいわとじんじゃ ………… 208、209
天岩屋　あまのいわや ………… 66、90、98、122、124、125、141、152、153、195、208、209
天岩屋神話　あまのいわやしんわ ………… 140、208
天逆鉾　あまのさかほこ ………… 208、209
天の御柱　あまのみはしら ………… 116
阿弥陀如来　あみだにょらい ………… 26、38、154、155
天磐樟船　あめのいわくすふね ………… 147
天宇受売命　アメノウズメノミコト ………… 98、124、125、132、133、152、153
天忍穂耳命　アメノオシホミミノミコト ………… 123、132
天児屋命　アメノコヤネノミコト ………… 124、125、133、195
天之都度閇知泥　アメノツドヘチネノカミ ………… 129
天之常立神　アメノトコタチノカミ ………… 144
天沼矛　あめのぬほこ ………… 116、117、147
天之吹男神　アメノフキオノカミ ………… 117
天之冬衣神　アメノフユキヌノカミ ………… 129
天菩比神　アメノホヒノカミ ………… 130、131
天穂日命　アメノホヒノミコト ………… 192
天之菩卑能命　アメノホヒノミコト ………… 123
天御中主神　アメノミナカヌシノカミ ………… 42、114
天叢雲剣　あめのむらくものつるぎ ………… 140、141
天安河原　あめのやすのかわら ………… 124、140
天若日子　アメワカヒコ ………… 130、131
荒垣　あらがき ………… 76、77
淡道之穂之狭別島　あわじのほのさわけじま ………… 116、117
淡嶋さま　あわしまさま ………… 145
安徳天皇　あんとくてんのう ………… 145、159
活津日子根命　イクツヒコネノミコト ………… 123
伊久良河宮　いくらかわのみや ………… 191
伊弉諾神宮　いざなぎじんぐう ………… 208、209
伊耶那岐神　イザナキノカミ ………… 116、117、118、119、120、121、122、146、147、148、149、201、203、208、209、232
伊耶那美神　イザナミノカミ ………… 116、117、118、119、144、145、178、201、203、232
伊斯許理度売命　イシゴリドメノミコト ‥ 125、133、140、141
伊豆能売　イズノメ ………… 121
出雲　いずも ………… 131、148、149、195
出雲神楽　いずもかぐら ………… 98
出雲大社　いずもたいしゃ ………… 60、62、70、71、130、151、144、145、188、189、192、193、204、210
出雲国　いずものくに ………… 130、138、141、151
伊勢神宮　いせじんぐう ‥ 26、32、36、42、54、176、177
誓約　うけい ………… 122、123、207
宇佐神宮　うさじんぐう ………… 38、74、81、102、145、155、170、171、216
宇佐八幡宮　うさはちまんぐう ………… 170、198
氏神　ウジガミ ………… 8、28、150、151、154、170、171、195、196、199、200、228
氏神神社　うじがみじんじゃ ………… 225、226、227、228
氏子　うじこ ………… 8、228
宇都志国玉神　ウツシクニタマノカミ ………… 129、150
産土神　うぶすながみ ………… 16、228
海幸彦　うみさちひこ ………… 134、135、206
宇美八幡宮　うみはちまんぐう ………… 154、171
表筒男命　ウワツツノオノミコト ………… 184
雲伝神道　うんでんしんとう ………… 36
兄宇迦斯　エウカシ ………… 136
荏柄天神社　えがらてんじんじゃ ………… 175
江田神社　えだじんじゃ ………… 120
兄多毛比命　エタモヒノミコト ………… 204
恵比寿　エビス ………… 166、167
夷三郎　えびすさぶろう ………… 201
恵比寿神社　えびすじんじゃ ………… 201
烏帽子　えぼし ………… 231
延喜式　えんぎしき ………… 24、54、55、192、210、
応神天皇　おうじんてんのう ………… 145、154、155、170、171、198
小碓命　おうすのみこと ………… 138
大麻　おおぬさ ………… 8、12、218、219、
大穴牟遅神　オオアナムジノカミ ………… 128、129、150
大神杜女　おおがのもりめ ………… 102
オオカミ信仰　おおかみしんこう ………… 74
大国主大神　オオクニヌシノオオカミ ………… 201、204
大国主神　オオクニヌシノカミ‥ 74、128、129、130、131、144、150、151、166、167、192、194、195、197、206

主な参考文献一覧

三橋健・白山芳太郎『日本神さま事典』(大法輪閣)/三橋健『子どもに伝えたい日本人のしきたり』(家の光協会)/三橋健『神社と神道がわかるQ&A』(大法輪閣)/三橋健『神社の由来がわかる小事典』(PHP研究所)/三橋健『神道の常識がわかる小事典』(PHP研究所)/三橋健『図説 あらすじでわかる!日本の神々と神社』(青春出版社)/三橋健『日本の神々 神徳・由来事典』(学習研究社)/三橋健『厄払い入門』(光文社)/三橋健監修『図説 あらすじで読む日本の神様』(青春出版社)/三橋健監修『目からウロコの日本の神々と神道』(学習研究社)/『伊勢神宮と東海の祭』(神宮展(6)霞会館 2010)/『神様と神社入門』FEB.2010 No.117/『エソテリカ事典シリーズ2 日本の神々の事典』(学研)/『サライ2008年⅓号 「一宮」詣で』(小学館)/『週刊 神社紀行』(学研)/『祭礼・山車・風流』(四日市市市立博物館)/岩井宏實・日和裕樹『ものと人間の文化史 神饌』(法政大学出版社)/上杉千郷『日本全国 獅子・狛犬物語』(戎光祥出版)/加藤隆久監修『イチから知りたい日本の神様1 熊野大神』(戎光祥出版)/北川央・出水伯明写真『神と旅する太夫さん』(岩田書院)/坂本勝監修『古事記と日本書紀』(青春出版社)/菅田正昭監修『日本の祭 知れば知るほど』(実業之日本社)/鈴木武司『伊勢大神楽探訪』(私家版)/住吉大社編『住吉大社』(学生社)/諏訪大社監修・鈴鹿千代乃・西沢形一編『お諏訪さま 祭と信仰』(勉誠出版株式会社)/外山晴彦・サライ編集部編『神社の見方』(小学館)/薗田稔編『神道 日本の民俗宗教』(弘文堂)/たくきよしみつ文・写真『狛犬かがみ』(バナナブックス)/武光誠『神道』(青春出版社)/多田元監修『図解 古事記・日本書紀』(西東社)/作美陽一『大江戸の天下祭』(河出書房新社)/西牟田崇生編『〔平成新編〕祝詞辞典』(戎光祥出版)/丹羽基二『神紋』(秋田書店)/三上敏視『神楽と出会う本』(アルテスパブリッシング)/三橋健『日本人と福の神』(丸善株式会社)/三橋健『日本の神々と神社』(青春出版社)/茂木貞純『神社新報ブックス12 神道と祭の伝統』(神社新報社)/山口佳紀・神野志隆光校注・訳者『新編 日本古典文学全集 古事記』(小学館)/脇田晴子『中世京都と祇園祭』(中央公論新社)/伊勢神宮ホームページ http://www.isejingu.or.jp//伊藤聡ほか『日本史小百科 神道』(東京堂出版)/井上順孝『図解雑学 神道』(ナツメ社)/鎌田東二『神道用語の基礎知識』(角川書店)/鎌田東二『神様に出会える聖地めぐりガイド』(朝日新聞出版)/岩井宏實監修『日本の神々と仏』(青春出版社)/宮元健次『図説 日本建築の見方』(学芸出版社)/宮元健次『神社の系譜 なぜそこにあるのか』(光文社)/戸部民夫『「日本の神様」がよくわかる本』(PHP文庫)/渋谷申博『総図解 よくわかる日本の神社』(新人物往来社)/小松和彦『欲望をかなえる神仏ご利益案内』(光文社・知恵の森文庫)/神社本庁研修所編集『わかりやすい神道の歴史』(神社新報社)/西田長男・三橋健『神々の原影』(平河出版社)/石毛忠ほか編『日本思想史辞典』(山川出版社)/前久夫『寺社建築の歴史図典』(東京美術)/前久夫『東京美術選書25 社殿のみかた図典』(東京美術)/梅原猛『古事記』(学研M文庫)/八幡和郎・西村正裕『「日本の祭」はここを見る』(祥伝社)/武光誠『知識ゼロからの神道入門』(幻冬舎)/武光誠監修・ペン編集部編『pen BOOKS 神社とは何か? お寺とは何か?』(阪急コミュニケーションズ)/武光誠監修『すぐわかる日本の呪術の歴史』(東京美術)/豊島泰国『図説日本呪術全書』(原書房)/歴史民俗探究会『日本の神様と神社がわかる本』(大和書房)/國學院大学日本文化研究所編『神道事典』(弘文堂)

取材協力・写真提供

天岩戸神社、出雲大社、伊勢大神楽講社、嚴島神社、今宮神社、石清水八幡宮、上賀茂神社、上杉博物館、宇陀市商工観光課、宇和島市役所、大神神社、大阪大学大学院文学研究科、大林組、大山祇神社、男神社、橿原神宮、鹿島神宮、春日大社、神倉神社、川越市立博物館、神田明神、氣多大社、吉備津神社、貴船神社、霧島神宮、高台寺、甲府観光課、神戸市立博物館、護王神社、國學院大學神道資料館、國學院大學図書館、国立国会図書館、腰掛神社、小山市観光協会、御霊神社、堺市博物館、桜井市埋蔵文化財センター、寒川神社、猿田彦神社、鹽竈神社、下鴨神社、島根県浜田市役所(観光振興課)、島根大学附属図書館、松蔭神社、神宮司庁、神宮徴古館、神社本庁、住吉大社、諏訪湖記念館、諏訪大社、晴明神社、大豊神社、多賀神社、高千穂神社、高千穂町観光協会、武信稲荷神社、太宰府天満宮、中尊寺、張仁誠、調神社、津島神社、鶴岡八幡宮、手向山八幡宮、東大史料編纂所、戸隠神社、豊橋市二川宿本陣資料館、豊橋商工会議所、名古屋市博物館、奈良国立博物館、西宮神社、日光東照宮、日本サッカー協会、花窟神社、日枝神社、東栄町観光協会、氷川神社、日高川町まちみらい課、日野町役場、日南市観光課、日吉大社、平田神社、藤島神社、富士浅間大社、伏見稲荷大社、報徳博物館、真清田神社、湊川神社、三峰神社、宮島観光協会、宗像大社、明治神宮、本居宣長記念館、八重垣神社、大和文華館、山梨県立博物館、横須賀市観光課、吉田神社、伊弉諾神宮、江島神社、国立歴史民俗博物館、小網神社、清浄光寺、地主神社、島根県庁教育委員会古代文化センター、東京大神宮、日本銀行金融研究所貨幣博物館、宝当神社、祐徳稲荷神社、恋木神社

●著者紹介 三橋 健
[みつはし たけし]
1939年、石川県生まれ。神道学者。神道学博士。國學院大學文学部日本文学科を卒業。同大学院文学研究科神道学専攻博士課程を修了。1971年から74年までポルトガル共和国のコインブラ大学へ留学。帰国後、國學院大學講師、助教授を経て教授となる。1992年、「国内神名帳の研究」により國學院大學から神道学博士の称号を授与。定年退職後は「日本の神道文化研究会」を主宰。近著に『図説　神道』『伊勢神宮と日本人』（以上、河出書房新社）、『かぐや姫の罪』（新人物文庫）、『伊勢神宮―日本人は何を祈ってきたか』（朝日新書）などがある。

●イラスト――内山弘隆　桔川 伸　平井きわ　平松ひろし　原山 恵
●デザイン・DTP―櫻井ミチ
●編集協力――スタジオポルト　柴田真里
●制作協力――吉田圭子　九鬼門須太郎　鈴木ゆかり

※本書は、当社刊『決定版 知れば知るほど面白い！ 神道の本』（2010年12月発行）をオールカラーにリニューアルし、書名・判型・価格を変更したものです。

カラー版《ばん》 イチから知《し》りたい！ 神道《しんとう》の本《ほん》

●著　者――三橋 健［みつはし たけし］
●発行者――若松 和紀
●発行所――株式会社西東社《せいとうしゃ》
〒113-0034 東京都文京区湯島2-3-13
営業部：TEL（03）5800-3120　FAX（03）5800-3128
編集部：TEL（03）5800-3121　FAX（03）5800-3125
URL：http://www.seitosha.co.jp/

ISBN978-4-7916-2165-1